Auxiliando a humanidade a encontrar a Verdade

Ramatís uma Proposta de Luz

Ramatís

RAMATÍS UMA PROPOSTA DE LUZ

Volume I

Obras mediúnicas
ditadas pelo espírito
Ramatís ao médium
Hercílio Maes

© 1955-1999
Hercílio Maes

Ramatís uma Proposta de Luz
Ramatís (obra psicografada por Hercílio Maes)

Todos os direitos desta edição
reservados à
CONHECIMENTO EDITORIAL LTDA.
Caixa Postal 404
CEP 13480-970 — Limeira — SP
Fone/Fax: 19 34510143
www.edconhecimento.com.br
conhecimento@edconhecimento.com.br

Nos termos da lei que resguarda os direitos autorais, é proibida a reprodução total ou parcial, de qualquer forma ou por qualquer meio — eletrônico ou mecânico, inclusive por processos xerográficos, de fotocópia e de gravação — sem permissão, por escrito, do Editor.

Organização e projeto gráfico: Sérgio Carvalho
Ilustração da Capa: Cláudio Gianfardoni
Colaboraram nesta edição:
Margareth Rose Fonseca Carvalho
Mariléa de Castro
Paulo Gontijo de Almeida
Sebastião de Carvalho

ISBN 85-7618-93-6 — 3ª EDIÇÃO - 2006

• Impresso no Brasil • Presita en Brazilo

Produzido no Departamento Gráfico de
CONHECIMENTO EDITORIAL LTDA
Fone/Fax: 19 3451-5440
e-mail: grafica@edconhecimento.com.br

Dados Internacionais de Catalogação na Publicação (CIP)
(Câmara Brasileira do Livro, SP, Brasil)

Ramatís (Espírito)
    Ramatís uma Proposta de Luz / Ramatís ; obra mediúnica ditada pelo espírito Ramatís ao médium Hercílio Maes. — 3ª ed. — Limeira, SP : Editora do Conhecimento, 2006.

ISBN 85-87619-93-6

1. Espiritismo 2. Psicografia I. Maes, Hercílio, 1913-1993. II. Título.

CDD — 133.93

Índice para catálogo sistemático:
1. Mensagens mediúnicas : Espiritismo : 133.91
2. Psicografia : Espiritismo 133.91

Ramatís

RAMATÍS UMA PROPOSTA DE LUZ

Volume I

Coletânea das obras de
Ramatís por meio da
mediunidade de
Hercílio Maes

3ª edição — 2006

Obras psicografadas por Hercílio Maes

- A Vida no Planeta Marte e os Discos Voadores - 1955
- Mensagens do Astral - 1956
- A Vida Além da Sepultura - 1957
- A Sobrevivência do Espírito - 1958
- Fisiologia da Alma - 1959
- Mediunismo - 1960
- Mediunidade de Cura - 1963
- O Sublime Peregrino - 1964
- Elucidações do Além - 1964
- Semeando e Colhendo - 1965
- A Missão do Espiritismo - 1967
- Magia de Redenção - 1967
- A Vida Humana e o Espírito Imortal - 1970
- O Evangelho à Luz do Cosmo - 1974
- Sob a Luz do Espiritismo (Obra póstuma) - 1999

A data após o título é referente à primeira edição

Sumário

Apresentação 9

Quem é Ramatís 11

Capítulo das obras de Ramatís/Hercílio Maes 17

A Vida no Planeta Marte e os Discos Voadores
Capítulo 4 - Família 27

Mensagens do Astral
Capítulo 14 - A verticalização do eixo da Terra 39

A Vida Além da Sepultura
Capítulo 9 - Considerações sobre a desencarnação 54

A Sobrevivência do Espírito
Capítulo 3 - Noções sobre o perispírito e suas
delicadas funções 83

Fisiologia da Alma
Capítulo 20 - Considerações sobre a origem do câncer 96

Mediunismo
Capítulo 8 - As dificuldades nas comunicações
mediúnicas com o Alto 113

Mediunidade de Cura
Capítulo 6 - Os passes mediúnicos e o receituário
da água fluidificada 125

O Sublime Peregrino
Capítulo 5 - Jesus de Nazaré e o Cristo Planetário 141

Elucidações do Além
Capítulo 19 - O duplo etérico e suas funções 150

Semeando e Colhendo
Capítulo 16 - Anjos rebeldes 180

A Missão do Espiritismo
Capítulo 1 - A missão do espiritismo..............................219

Magia de Redenção
Capítulo 10 - O mau-olhado..245

A Vida Humana e o Espírito Imortal
Capítulo 5 - Problemas do trabalho 255

O Evangelho à Luz do Cosmo
Capítulo 3 - O Evangelho é a lei do Cosmo 273

Sob a Luz do Espiritismo
Capítulo 7 - A mente...278

Ramatís e seus conceitos 305

Apresentação

A Editora do Conhecimento apresenta o livro *Ramatís - uma Proposta de Luz* possibilitando àqueles que não conhecem os ensinamentos deste instrutor espiritual uma visão global de sua obra.

Este novo projeto foi editado em dois volumes, sendo o primeiro composto de obras psicografadas por Hercílio Maes, e o segundo volume de ensinamentos recebidos por outros médiuns que também psicografam mensagens de Ramatís, como Norberto Peixoto, Maria Margarida Liguori, Sidnei Carvalho e Márcio Godinho. Faz parte do segundo livro, capítulo referente a obra "Mensagens do Grande Coração", psicografado por América Paoliello Marques, médium desencarnada.

Desde o primeiro momento em que nos envolvemos com as obras de Ramatís, identificamos um preconceito "velado" por parte de alguns espíritas aos ensinamentos deste amigo espiritual.

Sabemos que um dos fatores que marginalizam as correntes do pensamento é justamente a falta de informação, ou informações incorretas que se divulgam sobre elas. É exatamente isso o que ocorre com a obra de Ramatís.

Dentro do movimento espírita, muitos são os que foram "orientados" a não ler os seus livros, sob a alegação de tratar-se de literatura não doutrinária. Outros a rotulavam como espiritualista, sem saber que a doutrina espírita foi classificada por Allan Kardec como uma doutrina espiritualista.

É de conhecimento de todos que foi afirmado por Kardec

que outros ensinamentos ainda estariam por vir. Isto porque a humanidade teria de ampliar sua capacidade de absorção de ensinamentos à medida que se desenvolvesse no campo moral, científico e espiritual.

A exemplo das mensagens de André Luiz e de Emmanuel, as obras de Ramatís foram repassadas pelo Alto no momento compatível com a capacidade de compreensão do homem encarnado.

Não podemos concordar com as críticas a Ramatís, pois a grande maioria dos que o julgam não teve sequer a iniciativa de ler as suas obras. Baseia-se em pontos de vista de dirigentes conservadores, que não sentem a vibração de amor que compõe os ensinamentos deste espírito de escol.

Faz parte das funções do dirigente espírita prestar orientação educacional e moral aos médiuns por meio da vivencia do Evangelho. Porém, não se deve cercear o indivíduo da liberdade da escolha intelectual, nem tão pouco ofuscar as características natas que ele traz do passado e que os mantêm ligados às falanges ou aos agrupamentos espirituais, a exemplo da Fraternidade da Cruz e do Triângulo, da qual faz parte Ramatís.

Esse tipo de indução na formação do iniciante espírita gera discriminação e separatividade dentro das correntes de amor regidas por Jesus, além de ser contrário aos postulados espíritas formulados por Kardec.

Esta coletânea possibilitará um passeio pela maravilhosa obra de Ramatís, servindo como uma "amostra" do que poderão encontrar em toda a sua obra.

Reconhecemos em nosso papel de divulgadores dos ensinamentos superiores enviados pelo Plano Espiritual a importância que têm os novos conhecimentos na formação da humanidade do Terceiro Milênio.

Portanto, cabe a todos um esforço diferenciado, na tentativa de esclarecer ao maior número possível de criaturas as diretrizes morais deixadas por Jesus, e a necessidade desse modelo ser vivenciado, já que no Evangelho encontram-se as premissas básicas para a formação do homem do Terceiro Milênio.

Os Editores.

Quem é Ramatís?[1]

RAMATÍS VIVEU NA INDOCHINA, NO SÉCULO X, E FOI instrutor em um dos inumeráveis santuários iniciáticos da Índia. Era de inteligência fulgurante e desencarnou bastante moço. Espírito muito experimentado nas lides reencarnacionistas, já se havia distinguido no século IV, tendo participado do ciclo ariano, nos acontecimentos que inspiraram o famoso poema hindu *Ramaiana*.[2] Foi adepto da tradição de Rama, naquela época, cultuando os ensinamentos do "Reino de Osíris", o senhor da Luz, na inteligência das coisas divinas. Mais tarde, no Espaco, filiou-se definitivamente a um grupo de trabalhadores espirituais, cuja insígnia, em linguagem ocidental, era conhecida sob a pitoresca denominação de "Templários das Cadeias do Amor". Trata-se de um agrupamento quase desconhecido nas colônias invisíveis do Além, junto à região do Ocidente, onde se dedica a trabalhos profundamente ligados à psicologia oriental. Os que lêem as mensagens de Ramatís, e estão familiarizados com o simbolismo do Oriente, bem sabem o que representa o nome "RAMA-TYS", ou "SWAMI SRI RAMA-TYS", como era conhecido nos santuários da época. É quase uma "chave", uma designação de hierarquia ou dinastia espiritual, que explica o emprego de certas expressões que transcendem às próprias formas objetivas.

---

1 — Texto retirado do livro *Mensagens do Astral* 14ª edição, pág. 17 a 23.

2 — Nota do Revisor — No poema hindu *Ramaiana*, o feliz casal Rama e Sita é símbolo iniciático de princípios masculino e feminino. Mas, unindo-se Rama e atis, ou seja, Sita ao inverso, então resulta Ramaatis, como realmente se pronuncia em indochinês.

Fomos informados de que, após significativa assembléia de altas entidades, realizada no Espaço, no século findo, na região do Oriente, procedeu-se à fusão entre duas importantes "Fraternidades" que dali operam em favor dos habitantes da Terra. Trata-se da "Fraternidade da Cruz", com certa ação no Ocidente (que divulga os ensinamentos de Jesus), e da "Fraternidade do Triângulo", ligada à tradição iniciática e espiritual do Oriente. Após a memorável fusão dessas duas Fraternidades Brancas, consolidaram-se melhor as características psicológicas e objetivo dos seus trabalhadores espirituais, alterando-se a denominação para "Fraternidade da Cruz e do Triângulo". Seus membros, no Espaço, usam vestes brancas, com cintos e emblemas de cor azul-clara esverdeada. Sobre o peito, trazem suspensa delicada corrente como que confeccionada em fina ourivesaria, na qual se ostenta um triângulo de suave lilás luminoso, emoldurando uma cruz lirial. É o símbolo que exalça, na figura da cruz alabastrina, a obra sacrificial de Jesus e, na efígie do triângulo, a mística oriental.

Asseguram-nos alguns mentores que todos os discípulos dessa Fraternidade que se encontram reencarnados na Terra são profundamente devotados às duas correntes espiritualistas: a oriental e a ocidental. Cultuam tanto os ensinamentos de Jesus, que foi o elo definitivo entre todos os instrutores terráqueos, tanto quanto os labores de Antúlio, de Hermes, de Buda, assim como os esforços de Confúcio e de Lao-Tsé. É esse um dos motivos pelos quais a maioria dos simpatizantes de Ramatís, na Terra, embora profundamente devotados à filosofia cristã, afeiçoam-se, também, com profundo respeito, à corrente espiritualista do Oriente.

Soubemos que da fusão das duas "Fraternidades" realizada no Espaço, surgiram extraordinários benefícios para a Terra. Alguns mentores espirituais passaram, então, a atuar no Ocidente, incumbindo-se mesmo da orientação de certos trabalhos espíritas, no campo mediúnico, enquanto que outros instrutores ocidentais passaram a atuar na Índia, no Egito, na China e em vários agrupamentos que até então eram exclusivamente supervisionados pela antiga Fraternidade do Triângulo. Os espíritos orientais ajudam-nos agora em nossos labores, ao mesmo tempo em que os da nossa região interpenetram os agrupamentos doutrinários do Oriente, do que resulta ampliar-se o sentimento de fraternidade entre Oriente e Ocidente, bem como aumentar-se a oportunidade de reencarnações entre espíritos amigos.

Assim, processa-se um salutar intercâmbio de idéias e perfeita identificação de sentimentos no mesmo labor espiritual, embora se diferenciem os conteúdos psicológicos de cada hemisfério. Os orientais são lunares, meditativos, passivos e desinteressados geralmente da fenomenologia exterior; os ocidentais são dinâmicos, solarianos, objetivos e estudiosos dos aspectos transitórios da forma e do mundo dos espíritos.

Os antigos fraternistas do "Triângulo" são exímios operadores com as "correntes terapêuticas azuis", que podem ser aplicadas como energia balsamizante aos sofrimentos psíquicos, cruciais, das vítimas de longas obsessões. As emanações do azul-claro, com nuanças para o esmeralda, além do efeito balsamizante, dissociam certos estigmas "pré-reencarnatórios" e que se reproduzem periodicamente nos veículos etéricos. Ao mesmo tempo, os fraternistas da "Cruz", conforme nos informa Ramatís, preferem operar com as correntes alaranjadas, vivas e claras, por vezes mescladas do carmim puro, visto que as consideram mais positivas na ação de aliviar o sofrimento psíquico. É de notar, entretanto, que, enquanto os técnicos ocidentais procuram eliminar de vez a dor, os terapeutas orientais, mais afeitos à crença no fatalismo cármico, da psicologia asiática, preferem exercer sobre os enfermos uma ação balsamizante, aproveitando o sofrimento para mais breve "queima" do carma. Eles sabem que a eliminação rápida da dor pode extinguir os efeitos, mas as causas continuam gerando novos padecimentos futuros. Preferem, então, regular o processo do sofrimento depurador, em lugar de sustá-lo provisoriamente. No primeiro caso, esgota-se o carma, embora demoradamente; no segundo, a cura é um hiato, uma prorrogação cármica.

Informa-nos Ramatís que, após certa disciplina iniciática, a que se submetera na China, fundou um pequeno templo iniciático na Índia, à margem da estrada principal que se perdia no território chinês. Nesse templo, procurou ele aplicar aos seus discípulos os conhecimentos adquiridos em inúmeras vidas anteriores. Na Atlântida foi contemporâneo, em uma existência, do espírito que mais tarde seria conhecido pelo pseudônimo de Allan Kardec (o codificador do espiritismo) que era profundamente dedicado à matemática e às chamadas ciências positivas. Posteriormente, em sua passagem pelo Egito, teve novo encontro com Kardec, que era então o sacerdote Amenó-

... uma Proposta de Luz

fis, ao tempo do faraó Mernephtah, filho de Ramsés.

O templo que Ramatís fundou foi erguido pelas mãos de seus primeiros discípulos e admiradores. Cada pedra da alvenaria recebeu o toque magnético e pessoal de seus futuros iniciados. Alguns deles estão reencarnados atualmente em nosso mundo, e já reconheceram o antigo mestre Ramatís através desse toque misterioso, que não pode ser explicado a contento na linguagem humana. Sentem-no por vezes, e de tal modo, que as lágrimas lhes afloram aos olhos, num longo suspiro de saudade.

Embora tenha desencarnado ainda moço, Ramatís pôde aliciar setenta e dois discípulos que, no entanto, após o desaparecimento do mestre, não puderam manter-se à altura do mesmo padrão iniciático original. Eram adeptos provindos de diversas correntes religiosas e espiritualistas do Egito, da Índia, da Grécia, da China e até da Arábia. Apenas dezessete conseguiram envergar a simbólica "túnica azul" e alcançar o último grau daquele ciclo iniciático. Os demais, seja por ingresso tardio, seja por menor capacidade de compreensão espiritual, não alcançaram a plenitude do conhecimento das disciplinas lecionadas pelo mestre. A não ser vinte e seis adeptos que estão no Espaço (desencarnados) cooperando nos labores da "Cruz e do Triângulo", o restante disseminou-se pelo nosso orbe, em várias latitudes geográficas. Sabemos que dezoito reencarnaram no Brasil; seis nas três Américas (do Sul, Central e do Norte) enquanto que os demais se espalharam pela Europa e, principalmente, pela Ásia.

Em virtude de estar a Europa atingindo o final de sua missão civilizadora, alguns dos discípulos lá reencarnados emigrarão para o Brasil, em cujo território — afirma Ramatís — se encarnarão os predecessores da generosa humanidade do terceiro milênio.

No templo que Ramatís fundou na Índia, esses discípulos desenvolveram seus conhecimentos sobre magnetismo, astrologia, clarividência, psicometria, radiestesia e assuntos quirológicos aliados à fisiologia do "duplo etérico". Os mais capacitados lograram êxito e poderes na esfera da fenomenologia mediúnica, dominando os fenômenos de levitação, ubiqüidade, vidência e psicografia de mensagens que os instrutores enviavam para aquele cenáculo de estudos espirituais. Mas o principal "toque pessoal" que Ramatís desenvolveu em seus discípulos, em vir-

14   Ramatís...

tude de compromisso que assumira para com a Fraternidade do Triângulo, foi o pendor universalista, a vocação fraterna, crística, para com todos os esforços alheios na esfera do espiritualismo. Ele nos adverte sempre de que os seus íntimos e verdadeiros admiradores são também incondicionalmente simpáticos a todos os trabalhos das diversas correntes religiosas do mundo. Revelam-se libertos de exclusivismo doutrinário ou de dogmatismos e devotam-se com entusiasmo a qualquer trabalho de unificação espiritual. O que menos os preocupa são as questões doutrinárias dos homens, porque estão imensamente interessados nos postulados crísticos.

Diz-nos textualmente Ramatís: — "Servem-lhes o ambiente do templo protestante, a abóbada da igreja católica, a mesa branca dos *Tatwas* esotéricos, os salões dos teosofistas, o labor fraternista rosa-cruz, o acampamento krisnamurtiano, a penumbra da sessão espírita, o canto dos salvacionistas nas praças públicas, a ruidosidade da umbanda, as posturas muçulmânicas, os lamentos mosaístas, o fatalismo budista, o silêncio dos iogues, o sincronismo dos cenáculos ou as estrofes mântricas dos iniciados. Não os preocupam os invólucros dos homens movendo-se para solucionar o mistério da vida; sentem a realidade contínua do espírito, que só lhes inspira o amor e a fraternidade, a qualquer momento e em qualquer local. Respeitam e compreendem a necessidade que os homens sentem de buscar a verdade, quando se situam em círculos doutrinários simpáticos, a fim de se exercitarem para os vôos crísticos do futuro. Não se adaptam, porém, a exclusivismo algum, e evitam que os postulados doutrinários lhes cerceiem a liberdade da razão".

Eis em resumo, prezado leitor, um relato sobre a figura de Ramatís, o espírito que nos ditou esta obra e que sempre nos aconselha a que evitemos a ilusão separatista da forma, pois o sentido real da vida espiritual é o princípio coeso e eterno do amor crístico.

Ramatís se nos apresenta à visão psíquica com um traje um tanto exótico, composto de ampla capa aberta, descida até os pés, com mangas largas e que lhe cobre a túnica ajustada por um largo cinto de um esmeraldino esverdeado. As calças são apertadas nos tornozelos, como as que usam os esquiadores. A tessitura de toda a veste é de seda branca, imaculada e brilhante, lembrando um maravilhoso lírio translúcido. Os sapatos, de cetim azul-esverdeado, são amarrados por cordões

... uma Proposta de Luz

dourados que se enlaçam atrás, acima do calcanhar, à moda dos antigos gregos firmarem suas sandálias. Cobre-lhe a cabeça um singular turbante de muitas pregas ou refegos, encimado por cintilante esmeralda e ornamentado por cordões finos, de diversas cores, caídos sobre os ombros. Sobre o peito, uma corrente formada de pequeninos elos, de fina ourivesaria, da qual pende um triângulo de suave lilás luminoso, que emoldura uma delicada cruz alabastrina.

Essa indumentária é um misto de trajes orientais; tipo de vestuário indo-chinês, raríssimo, porque deriva de antigo modelo sacerdotal, muito usado nos santuários da desaparecida Atlântida. Os cordões que lhe pendem do turbante, flutuando sobre os ombros, são velhas insígnias de atividade iniciática: — a cor carmim indica o "Raio do Amor"; o amarelo o "Raio da Vontade"; o verde o "Raio da Sabedoria" e o azul o "Raio da Religiosidade". Um último cordão branco, que pudemos perceber, é o símbolo de liberdade reencarnatória.

Alguns videntes têm confundido Ramatís com o seu fiel discípulo do passado, que o acompanha no Espaço, também indo-chinês, conhecido por Fuh Planuh, e que aparece com o dorso nu, singelo turbante branco em torno da cabeça e, comumente, com os braços cruzados sobre o peito. É também um espírito jovem na figura humana, embora conserve reduzida barba de cor escura, que lhe dá um ar mais sisudo.

Curitiba, 13 de maio de 1956

Hercílio Maes

Capítulos das obras de Ramatís, por meio da mediunidade de Hercílio Maes

A Vida no Planeta Marte e os Discos Voadores

Capítulo 1 - Aspectos gerais marcianos
Capítulo 2 - Aspectos humanos
Capítulo 3 - Casamento
Capítulo 4 - Família
Capítulo 5 - Infância
Capítulo 6 - Educação e escolas
Capítulo 7 - Idioma, cultura e tradições
Capítulo 8 - Religião
Capítulo 9 - Medicina
Capítulo 10 - Alimentação
Capítulo 11 - Esportes e divertimentos
Capítulo 12 - Música
Capítulo 13 - Canto, dança e teatro
Capítulo 14 - Pintura
Capítulo 15 - As aves
Capítulo 16 - As flores
Capítulo 17 - Fruticultura
Capítulo 18 - Trabalho
Capítulo 19 - Indústria
Capítulo 20 - Comércio
Capítulo 21 - Edificações e residências
Capítulo 22 - Energia motriz
Capítulo 23 - Governo
Capítulo 24 - Faculdades psíquicas
Capítulo 25 - Reencarnação e desencarnação

Capítulo 26 - Aeronaves, espaçonaves; discos voadores
Capítulo 27 - Viagens interplanetárias
Capítulo 28 - Astrosofia
Capítulo 29 - Filosofia espiritual marciana

Mensagens do Astral

Capítulo 1 — Os tempos são chegados
Capítulo 2 — O Juízo Final
Capítulo 3 — As influências astrológicas
Capítulo 4 — O signo de Pisces
Capítulo 5 — Os Reis Magos
Capítulo 6 — O valor da profecia
Capítulo 7 — A Bíblia e sua significação
Capítulo 8 — O simbolismo do "apocalipse"
Capítulo 9 — A "Besta" apocalíptica
Capítulo 10 — O número 666 na profecia apocalíptica
Capítulo 11 — A queda angélica e a ação satânica
Capítulo 12 — O astro intruso e a sua influência sobre a terra
Capítulo 13 — Os que emigrarão para um planeta inferior
Capítulo 14 — A verticalização do eixo da Terra
Capítulo 15 — As explosões atômicas e os efeitos cármicos
Capítulo 16 — A higienização da Terra, suas futuras riquezas e novas condições
    de vida
Capítulo 17 — Os Engenheiros Siderais e o Plano da Criação
Capítulo 18 — O Terceiro Milênio e a nova humanidade

A Vida Além da Sepultura

Capítulo 1 — A caminho do além
Capítulo 2 — Primeiras impressões
Capítulo 3 — A metrópole do Grande Coração
Capítulo 4 — Noções preliminares sobre o além
Capítulo 5 — O templo do "Grande Coração"
Capítulo 6 — Noções gerais sobre o panorama astral
Capítulo 7 — O "sentido" da vista no além
Capítulo 8 — Residências e edificações
Capítulo 9 — Considerações sobre a desencarnação
Capítulo 10 — Colônias do astral - aspecto geral
Capítulo 11 — Colônias astrais de costumes antiquados
Capítulo 12 — Colônias do astral - raças e nacionalismos
Capítulo 13 — Colônias do astral - migrações

Capítulo 14 — Colônias do astral - sua influência sobre o progresso
Capítulo 15 — As relações entre vivos e mortos
Capítulo 16 — A desencarnação e seus aspectos críticos
Capítulo 17 — Influências do "velório" sobre o espírito
Capítulo 18 — A eutanásia e as Responsabilidades espirituais
Capítulo 19 — Espíritos assistentes das desencarnações
Capítulo 20 — Noções gerais sobre o astral inferior
Capítulo 21 — Noções sobre as cidades do astral inferior
Capítulo 22 — Organizações do mal
Capítulo 23 — Os "charcos" de fluidos nocivos no astral inferior
Capítulo 24 — Aves e animais do astral inferior
Explicações de Ramatís
Capítulo 25 — A obsessão: suas causas e efeitos
Capítulo 26 — A limitação de filhos e suas conseqüências cármicas
Capítulo 27 — As relações cármicas entre pais e filhos
Capítulo 28 — Como servimos de "repastos vivos" aos espíritos das trevas

A Sobrevivência do Espírito

Capítulo 1 — Aspectos da mediunidade
Capítulo 2 — O "sentido" da vista, no além
Capítulo 3 — Noções sobre o perispírito e suas delicadas funções
Capítulo 4 — Revitalização do perispírito - processos empregados
Capítulo 5 — A volitação e o poder da vontade
Capítulo 6 — As forças mentais e seus poderes
Capítulo 7 — Um chafariz de alta função terapêutica
Capítulo 8 — O diabo e a sede do seu reinado
Capítulo 9 — A música e seus efeitos
Capítulo 10 — Uma academia de esperanto e sua modelar organização
Esclarecimentos de Ramatís
Capítulo 11 — A missão do esperanto na Terra
Capítulo 12 — Os "mantras" e a língua esperanto
Capítulo 13 — O espírito do esperanto
Capítulo 14 — O esperanto e o espiritismo
Capítulo 15 — Zamenhof e o esperanto
Capítulo 16 — Sonhos e recordações do passado
Capítulo 17 — Os estigmas do pecado no corpo físico e no peripírito
Capítulo 18 — O suicídio e suas conseqüências cármicas
Capítulo 19 — O espiritismo, seus princípios e sua missão sobre a Terra

... uma Proposta de Luz

Fisiologia da Alma

Capítulo 1 — A alimentação carnívora e o vegetarianismo
Capítulo 2 — O vício de fumar e suas conseqüências futuras
Capítulo 3 — O vício do álcool e suas conseqüências
Capítulo 4 — A saúde e a enfermidade
Capítulo 5 — A evolução da homeopatia
Capítulo 6 — A terapêutica homeopática
Capítulo 7 — O tipo do enfermo e o efeito medicamentoso
Capítulo 8 — A Homeopatia e a Alopatia
Capítulo 9 — As dinamizações homeopáticas
Capítulo 10 — A homeopatia, a fé e a sugestão
Capítulo 11 — A homeopatia - precauções e regime dietético
Capítulo 12 — A medicina e o espiritismo
Capítulo 13 — Considerações gerais sobre o carma
Capítulo 14 — Os casos teratológicos de idiotismo e imbecilidade
Capítulo 15 — A ação dos guias espirituais e o carma
Capítulo 16 — O sectarismo religioso e o carma
Capítulo 17 — A importância da dor na evolução espiritual
Capítulo 18 — As moléstias do corpo e a medicina
Capítulo 19 — A influência do psiquismo nas moléstias digestivas
Capítulo 20 — Considerações sobre a origem do câncer
Capítulo 21 — Aspectos do câncer em sua manifestação cármica
Capítulo 22 — Considerações sobre as pesquisas e profilaxia do câncer
Capítulo 23 — Motivos da recidiva do câncer
Capítulo 24 — Considerações sobre a cirurgia e radioterapia no câncer
Capítulo 25 — A terapêutica dos passes e a cooperação do enfermo
Capítulo 26 — Motivos do recrudescimento do câncer e sua cura

Mediunismo

Capítulo 1 — Considerações sobre o *Livro dos Médiuns*
Capítulo 2 — A Mediunidade e o "Consolador" prometido
Capítulo 3 — Todas as criaturas são médiuns?
Capítulo 4 — A "prova" da obsessão
Capítulo 5 — Os trabalhadores ativos no serviço mediúnico
Capítulo 6 — O médium de "mesa" e o de "terreiro"
Capítulo 7 — Considerações sobre a mediunidade natural e a de prova
Capítulo 8 — As dificuldades nas comunicações mediúnicas com o Alto
Capítulo 9 — A extensão e profundidade das comunicações mediúnicas
Capítulo 10 — O médium anímico-mediúnico e o Intuitivo
Capítulo 11 — Uma observação individual

Capítulo 12 — A mediunidade mecânica
Capítulo 13 — A mediunidade intuitiva e a de incorporação
Capítulo 14 — Mediunidade sonambúlica
Capítulo 15 — Trabalhos de tiptologia
Capítulo 16 — As comunicações perversivas pela tiptologia
Capítulo 17 — Considerações sobre a vidência
Capítulo 18 — Vidência ideoplástica
Capítulo 19 — Algumas observações sobre o animismo
Capítulo 20 — O aproveitamento anímico nas comunicações mediúnicas
Capítulo 21 — A influência anímica na abertura dos trabalhos mediúnicos
Capítulo 22 — A sugestão e a imaginação nas comunicações mediúnicas
Capítulo 23 — O espírita e o bom humor
Capítulo 24 — A telepatia e as comunicações mediúnicas
Capítulo 25 — O problema da mistificação
Capítulo 26 — As comunicações dos espíritos sobre tesouros enterrados
Capítulo 27 — Considerações sobre a castidade por parte dos médiuns
Capítulo 28 — Aspectos psicológicos das encarnações de apóstolos e líderes do cristianismo
Capítulo 29 — A função dos guias e as obrigações dos médiuns
Capítulo 30 — O peditório aos amigos do espaço
Capítulo 31 — As influências obsessivas sobre os médiuns e suas conseqüências
Capítulo 32 — Considerações sobre o desenvolvimento mediúnico

Mediunidade de Cura

Capítulo 1 — A antiguidade do fenômeno mediúnico e sua comprovação bíblica
Capítulo 2 — Algumas observações sobre os médiuns
Capítulo 3 — Novos aspectos da saúde e das enfermidades
Capítulo 4 — A assistência terapêutica dos espíritos e a medicina oficial da Terra
Capítulo 5 — Aspectos do receituário mediúnico alopata
Capítulo 6 — Os passes mediúnicos e o receituário de água fluidificada
Capítulo 7 — Por que nem todos se curam pelo receituário mediúnico?
Capítulo 8 — Os impedimentos que prejudicam os efeitos das medicações espíritas
Capítulo 9 — A tarefa dos médiuns receitistas e os equívocos das consultas
Capítulo 10 — Considerações sobre os pedidos de receitas apócrifas
Capítulo 11 — Os médiuns de cura e os curandeiros
Capítulo 12 — O receituário mediúnico dos "pretos velhos", índios e caboclos
Capítulo 13 — A terapêutica exótica dos benzimentos, exorcismos e simpatias
Capítulo 14 — As receitas mediúnicas remuneradas
Capítulo 15 — Ponderações a respeito do médium enfermo
Capítulo 16 — A psicotécnica espírita nas operações cirúrgicas
Capítulo 17 — A assistência mediúnica aos moribundos

... uma Proposta de Luz

A luz dos fatos dissipará as trevas da dúvida e da ignorância

O Sublime Peregrino

Capítulo 1 — Considerações sobre a divindade e existência de Jesus
Capítulo 2 — Jesus e sua descida à Terra
Capítulo 3 — A descida angélica e a queda angélica
Capítulo 4 — Considerações sobre o "Grande Plano" e o Calendário Sideral
Capítulo 5 — Jesus de Nazaré e o Cristo Planetário
Capítulo 6 — A identidade sideral de Jesus
Capítulo 7 — A natureza do corpo de Jesus
Capítulo 8 — Maria e sua missão na Terra
Capítulo 9 — Maria e o período gestativo de Jesus
Capítulo 10 — Maria e o nascimento de Jesus
Capítulo 11 — Maria e os aspectos do seu lar
Capítulo 12 — Jesus e sua infância
Capítulo 13 — Considerações sobre Jesus e a família humana
Capítulo 14 — Jesus e seus aspectos humanos
Capítulo 15 — O aspecto bíblico do povo eleito para a vinda do Messias
Capítulo 16 — A influência benéfica do povo galileu na obra de Jesus
Capítulo 17 — Por que Jesus teria de nascer na Judéia?
Capítulo 18 — Aspectos da Judéia, Galiléia e Nazaré no tempo de Jesus
Capítulo 19 — Jesus e Maria de Magdala
Capítulo 20 — José, o carpinteiro, e seu filho Jesus
Capítulo 21 — Jesus e os seus precursores
Capítulo 22 — As pregações e as parábolas de Jesus
Capítulo 23 — Jesus, seus milagres e seus feitos
Capítulo 24 — Jesus e os relatos dos quatro evangelhos
Capítulo 25 — Jesus e a Boa-Nova do Reino de Deus
Capítulo 26 — Jesus e os Essênios
Capítulo 27 — Os últimos dias da vida de Jesus
Capítulo 28 — Jesus e sua entrada triunfal em Jerusalém
Capítulo 29 — A prisão e o julgamento de Jesus
Capítulo 30 — Jesus e Pôncio Pilatos
Capítulo 31 — O drama do Calvário

Elucidações do Além

Capítulo 1 — O Brasil e a sua missão social e espiritual sob a égide do espiritismo
Capítulo 2 — O espiritismo e o caráter da sua assistência material e espiritual
Capítulo 3 — O sacerdócio ou apostolado crístico e o ambiente do mundo profano
Capítulo 4 — As almas enfermas dos responsáveis pelas guerras

Capítulo 5 — Os trabalhos mediúnicos e a amplitude do intercâmbio espiritual
Capítulo 6 — Aspectos singulares das sessões mediúnicas
Capítulo 7 — A responsabilidade e os riscos da mediunidade
Capítulo 8 — Considerações sobre as sessões mediúnicas no lar
Capítulo 9 — Recursos energéticos dos guias, junto aos encarnados
Capítulo 10 — Elucidações sobre o perispírito
Capítulo 11 — Elucidações sobre a prece
Capítulo 12 — Relato e análise da psicometria
Capítulo 13 — Relato e análise da radiestesia
Capítulo 14 — Os trabalhos de fenômenos físicos
Capítulo 15 — O fenômeno da "voz direta"
Capítulo 16 — A música nos trabalhos mediúnicos de efeitos físicos
Capítulo 17 — Os fenômenos de efeitos físicos no caso das assombrações
Capítulo 18 — Algumas noções sobre o Prana
Capítulo 19 — O duplo etérico e suas funções
Capítulo 20 — Os chacras
Capítulo 21 — É possível a morte do espírito?
Ciência comprova previsões de Ramatís

Semeando e Colhendo

Capítulo 1 — O quebra ossos
Capítulo 2 — Não se levanta!
Capítulo 3 — O ergástulo de carne
Capítulo 4 — A mina
Capítulo 5 — Os romeiros
Capítulo 6 — Assim estava escrito
Capítulo 7 — Inquisição moderna
Capítulo 8 — O cantor
Capítulo 9 — A serraria
Capítulo 10 — Um mau negócio
Capítulo 11 — Frustração
Capítulo 12 — Adestramento materno
Capítulo 13 — Hei de ser rico!
Capítulo 14 — A vida contra a vida
Capítulo 15 — Expurgo psíquico
Capítulo 16 — Anjos rebeldes
Capítulo 17 — O polvo

A Missão do Espiritismo

Capítulo 1 — A missão do espiritismo

... uma Proposta de Luz

Capítulo 2 — Espiritismo e religião
Capítulo 3 — O espiritismo e o Evangelho
Capítulo 4 — O espiritismo e o catolicismo
Capítulo 5 — O espiritismo e o protestantismo
Capítulo 6 — O espiritismo e a teosofia
Capítulo 7 — O espiritismo e o budismo
Capítulo 8 — O espiritismo e a psicanálise
Capítulo 9 — Espiritismo e umbanda
Capítulo 10 — O espiritismo e a Bíblia
Capítulo 11 — O espiritismo em face da homeopatia

Magia de Redenção

Capítulo 1 — Considerações sobre o feitiço
Capítulo 2 — Enfeitiçamento verbal
Capítulo 3 — Enfeitiçamento mental
Capítulo 4 — Enfeitiçamento através de objetos
Capítulo 5 — Enfeitiçamento através do sapo
Capítulo 6 — Enfeitiçamento através do boneco de cera
Capítulo 7 — Enfeitiçamento através de metais organogênicos
Capítulo 8 — Enfeitiçamento através da aura humana
Capítulo 9 — O uso do cabelo na feitiçaria
Capítulo 10 — O mau-olhado
Capítulo 11 — O uso de amuletos e talismãs
Capítulo 12 — Benzimentos e simpatias
Capítulo 13 — As defumações e as ervas de efeitos psíquicos
Capítulo 14 — A importância dos ritos, cerimônias e conjuros
Capítulo 15 — A influência das cores na feitiçaria
Capítulo 16 — Os males do vampirismo
Capítulo 17 — O feitiço ante os tempos modernos
Capítulo 18 — O feitiço e o seu duplo efeito moral

A Vida Humana e o Espírito Imortal

Capítulo 1 — Problemas da infância
Capítulo 2 — Problemas da família
Capítulo 3 — O Problema da limitação de filhos
Capítulo 4 — Problemas da alimentação
Capítulo 5 — Problemas do trabalho
Capítulo 6 — Problemas dos idiomas
Capítulo 7 — Problemas dos governos
Capítulo 8 — Problemas do vício de fumar

Capítulo 9 — O Problema do vício de beber
Capítulo 10 — Problemas de religião
Capítulo 11 — Problemas futuros do Brasil

O Evangelho à Luz do Cosmo

Capítulo 1 — Deus
Capítulo 2 — Evolução
Capítulo 3 — O Evangelho é a lei do Cosmo
Capítulo 4 — O código moral do Evangelho
Capítulo 5 — A ciência e a fé do Evangelho
Capítulo 6 — Jesus e as Suas parábolas
Capítulo 7 — O semeador
Capítulo 8 — "Ninguém vai ao Pai a não ser por mim"
Capítulo 9 — "Meu reino não é deste mundo"
Capítulo 10 — "Não se pode servir a Deus e a Mamon"
Capítulo 11 — "Cada um será julgado segundo as suas obras"
Capítulo 12 — "Com o juízo com que julgardes, sereis julgados; e com a medida com
que medirdes, vos medirão também a vós"
Capítulo 13 — "Sede perfeitos"
Capítulo 14 — "Ninguém poderá ver o reino de Deus, se não nascer de novo"
Capítulo 15 — A "túnica nupcial"
Capítulo 16 — O trigo e o joio

Sob a Luz do Espiritismo

Capítulo 1 — A dor humana
Capítulo 2 — Os fenômenos físicos
Capítulo 3 — Exorcismo
Capítulo 4 — Suicídio
Capítulo 5 — Eutanásia
Capítulo 6 — Aborto
Capítulo 7 — A mente
Capítulo 8 — Sexo
Capítulo 9 — Homossexualismo
Capítulo 10 — Prostituição
Capítulo 11 — "Buscai e achareis"

Ramatís...

A Vida no Planeta Marte
e os Discos Voadores

CAPÍTULO 4
Família

PERGUNTA: — Os marcianos estão submetidos aos mesmos dispositivos da constituição de família que são adotados na Terra?

RAMATÍS: — As características fundamentais são análogas, porém a norma comum em Marte é já a composição da "família universal". O lar é organização muito diferente do vosso egocentrismo de "família por vínculos sangüíneos", em que vos devotais ferozmente ao grupo doméstico, considerando os outros grupos alheios como adversos ou estranhos no campo dos favores humanos. Não existe essa disposição rígida e estreita de manter coeso o círculo restrito do lar, baseado exclusivamente na descendência da mesma ancestralidade. O agrupamento doméstico, marciano, assemelha-se à generosa hospedagem de "boa vontade", em que o homem e a mulher aceitam a divina tarefa de preceptores de almas que buscam o aperfeiçoamento espiritual. Muito acima da idéia de "propriedade" sobre os filhos, prevalece o conceito de "irmandade universal", em que o organismo físico, sendo apenas um veículo transitório, não deve sobrepor-se às realidades morais, evolutivas, do indivíduo espírito eterno reencarnado.

PERGUNTA: — Como se exerce essa função preparatória para a "família universal"?

RAMATÍS: — Através da consciência de que o grupo doméstico é um perfeito conjunto de almas ligadas por velhos compromissos apenas diferenciadas pelas condições de cônjuges, parentes, pais ou filhos. A recordação de outras vidas, que é comum entre os marcianos, anula filosófica e espiritualmente os complicados laços de ascendentes biológicos que compõem o quadro consangüíneo. A convicção de que a realidade espiritual sobrevive às condições físicas, desvanece as preocupações ancestrais de sangue e tradições de família. Os corpos físicos que servem de "habitat" aos espíritos descidos do Espaço, são considerados provisórias e rápidas estações de pouso educativo em vez de característicos pessoais de família.

Consideram o lar como oficina e escola de aperfeiçoamento espiritual, distante da "arena doméstica" em que os terrícolas se digladiam nos conflitos gerados pelos sentimentos ferozes do ciúme e do amor-próprio. A célula doméstica significa-lhes antes a preliminar do entendimento espiritual, sobrepondo-se à instituição de deveres de parentela física. Não se entrechocam interesses opostos, porque os preceitos puros do espírito prevalecem acima da transitoriedade da carne. O homem e a mulher marcianos convivem e se confraternizam, intercambiando forças do magnetismo divino e absolutamente desinteressados de manterem "pontos de vista" pessoais. Amam-se e admiram-se, aventando experimentações para o mútuo aperfeiçoamento, assim como os escolares se amparam para o êxito das lições em comum.

PERGUNTA: — Não poderá haver um desajustamento, embora sob aspectos diferentes dos da família terrena?

RAMATÍS: — Em qualquer plano físico de educação espiritual, o desajuste é admissível, pois os espíritos permanecem em função de "ajuste" consigo e com o próximo. Os marcianos estão absolutamente certos da necessidade desse ajuste, que os predispõe à máxima "boa vontade", visando ao perfeito e mútuo entendimento fraterno. No vosso mundo, os desajustes na família sempre derivam do jogo feroz dos interesses materiais e da carne, onde o ciúme, o ódio e o capricho conduzem até ao homicídio entre parentes. O homem terreno deixa-se cegar pela violência das paixões animais. Em Marte, no entanto, os desajustes domésticos só ocorrem no plano intelectual, na preferência religiosa ou artística, que não implica em separação ou conflito em comum. A família marciana sempre permanece em absoluta harmonia espiritual, mesmo que sejam profundamente opostos os propósitos emotivos no mundo exterior. Não se lhe conhecem as frustrações conjugais que deixam cicatrizes emotivas, porque já se libertou de desejos ou impulsos veementes quanto ao sexo.

PERGUNTA: — *Achamos um tanto dissociativa a indiferença pela realidade consangüínea da família. Cremos que a linha biológica, a ancestralidade e as mesmas disposições tradicionais de família, significam mais amparo e unidade coesiva. Que achais?*

RAMATÍS: — Esqueceis que a maioria das famílias terrenas estão profundamente divididas na intimidade espiritual. Comumente os cônjuges mantêm uma conduta artificial, intercambiando sorrisos convencionais como satisfação e resguardo social. Porém, na realidade, a maioria dos lares terrestres não passa de melancólicas hospedarias para o alimento e reunião dos corpos cansados, enquanto as almas vivem quase sempre distantes umas das outras. É a catadura feroz e costumeira do chefe de família, que traz para o seu lar as mazelas dos próprios desregramentos; são as cenas de ciúmes animalizados, ateando incêndios de cólera e brutalidade que chegam a degenerar em dramas e tragédias irreparáveis; é o filho privilegiado, que transforma o seu custoso automóvel em traço de união entre o lar e o prostíbulo; a moça caprichosa, rude no trato caseiro, mas afável e sofisticada no ambiente social; a esposa encerrada na "toilette", preparando-se para a exposição ambulante de jóias e cosméticos; é o caçula exigente e autoritário, transformado, por negligência e incompreensão paternal, em ditador dentro do lar; são os casos comuns em que a mesa doméstica das refeições é um palco de desavenças, transformando num ambiente de guerra uma reunião que, por todos os motivos, deve ser de bênçãos e de paz. E por estas realidades deprimentes e dolorosas, multiplica-se o número dos que cultivam amizades estranhas por não compreenderem a grandeza moral e espiritual do sentido exato da família.

Tudo isto prova que, debaixo das ascendências biológicas e consangüíneas, os lares terrenos abrigam antigos espíritos adversários, algozes e vítimas do passado, que Deus, pelo seu infinito amor, reúne, a fim de que, mediante um esforço de boa vontade, possam saldar mútuos débitos do pretérito.

Porém, infelizmente, a maioria dos componentes da família terrena, desinteressados do problema do indivíduo como

... uma Proposta de Luz

espírito eterno, converte os lares em cárceres de lutas e discórdias, perdendo essa feliz oportunidade, que lhes seria abençoada, se a utilizassem para se congraçarem e unirem sob essa fraternidade espiritual e eterna já alcançada pelos marcianos, cuja inteligência e acuidade não os escraviza às afeições rígidas e transitórias do parentesco da carne, em detrimento da evolução da alma; pois o seu anseio é espiritualizarem-se continuamente até poderem alçar-se aos altos remígios do amor cósmico e participarem das venturas celestiais da santidade.

PERGUNTA: — Não há deveres conjugais, com responsabilidades definidas, para esposo e esposa?

RAMATÍS: — Ambos gozam das mesmas prerrogativas e integram-se nas mesmas responsabilidades. Não existe essa linha divisória terrena, de obrigações masculinas ou femininas. Trabalham em comum para o bem da coletividade. Nas residências marcianas não existe a azáfama culinária causada pela alimentação a "horas certas", que ocupa a mulher em exaustiva tarefa diante do calorento fogão terreno.

Como o alimento é o mínimo exigível para a vida física, completando-se o seu energismo na quota do magnetismo atmosférico, a temperança nutritiva, isenta das glutonices de vossos repastos, permite à esposa cooperar eficientemente com o companheiro em todas as suas atividades externas, aumentando assim a afinidade já existente por eleição espiritual.

PERGUNTA: — A família marciana não faz refeições todos os dias?

RAMATÍS: — Uma das principais características do estado evolutivo de um mundo semelhante a Marte é, justamente, a sua menor sujeição às necessidades ou exigências de feição material. O modo simples e restrito de alimentação dispensa ou livra os marcianos dessas constantes aflições e tensões nervosas que martirizam os terrícolas pelas desordenadas correrias a que são obrigados diariamente por causa de seus horários fixos na "hora do almoço" e à tarde, quando têm de regressar ao lar.

PERGUNTA: — A família marciana se constitui à semelhança terrena, quanto à associação de pai, mãe e filho?

RAMATÍS: — Os vínculos consangüíneos são idênticos e os filhos atravessam o período infantil, de adaptação, sob os cuidados protetores dos pais. Difere, no entanto, o sistema de educação na tenra idade ou infância, porquanto lá se cogita, a sério, das contingências e necessidades psíquicas do reencarnado, muito antes das exaltações e dos caprichos do bebê rechonchudo que é a alegria do lar. A compreensão de que, acima do indivíduo-corpo, encontra-se a alma em busca de aperfeiçoamento íntimo, induz o pai marciano a cuidar e atender, com zelo especial, à evolução moral de seus filhos como entidade espírito, mesmo que isso importe em sacrifício ou prejuízo dos interesses do "lar material".

PERGUNTA: — Cremos que em nosso mundo os objetivos educacionais a respeito da criança atendem também à melhoria do espírito, embora varie quanto à idéia que cada um faz dessa entidade "espírito". Não vos parece?
RAMATÍS: — Não pomos isso em dúvida; mas, na verdade, o esforço mais acentuado dos pais terrenos concentra-se em preparar os filhos para que eles consigam êxito futuro, no que concerne, especialmente, a se "instalarem bem na vida", e pouco atendendo às virtudes superiores da alma, as quais exigem um curso moral e instrutivo de maior profundidade.

Não podeis ignorar que muitas das moças voluntariosas e de caprichos estranhos e insubmissos que vão ao extremo da cólera ou dos choros e crises histéricas, foram aquelas "bonequinhas" graciosas e queridas da família, a quem os pais outorgam poderes discricionários para fazerem do lar um campo de desatinos e arbitrariedades, levadas, geralmente, à conta de "gracinhas" desculpáveis. Raros, também, são os lares terrenos, onde o "caçula" não se transforma em feroz "reizinho" que solapa e subverte todos os princípios da disciplina doméstica, sob o olhar dos pais embevecidos, ou da visão complacente dos avós emotivos.

O desconhecimento da realidade espiritual reencarnatória que é comum a todas as almas, conduz os pais aos mais profundos erros educativos, confundindo as necessidades da alma, com o instinto proverbial dos ascendentes hereditários. O apego de sangue na tradição da família terrena, o zelo demasiado em torno dos descendentes que o amor-próprio do conjunto doméstico leva ao extremo de defender e justificar os erros dos filhos, contribuem, decisivamente, para os infelizes desajustes futuros dos moços e das moças, desamparados e desprevenidos

... uma Proposta de Luz

31

diante de um mundo hostil e contraditório. Só o controle disciplinado, inadiável e inteligente das exatas qualidades do espírito reencarnado, polindo-o em suas asperezas e recalques milenários estratificados em outras vidas, é que firmará a criança no rumo certo de sua segurança social e moral na fase adulta. Doutro modo, os impulsos inferiores da matéria que serve de corpo, em combinação com o psiquismo indisciplinado, criam uma entidade "psicofísica" descontrolada, impulsiva, arbitrária e tolerável só à base de favores e interferência alheias. E como o mundo é severa escola de educação espiritual, funcionando como departamento de correção psíquica, chega o momento em que o moço ou a moça voluntariosa são contrafeitos em suas incontroláveis atitudes prejudicialmente aquecidas na família condescendente. Abatidos, estupefatos e dolorosamente decepcionados com a resistência encontrada aos seus caprichos, até entre os mais íntimos, então, alguns deles, feridos no amor-próprio e humilhados pelo abandono e reprovação exterior, culminam o seu desespero no ato de revolta que é o suicídio. Na realidade, a causa está firmada lá na infância, no conjunto da família, onde os pais negligentes e os avós extasiados concorreram para o florescimento de um conteúdo moral impróprio das condições do meio agressivo que é a Terra, como escola disciplinadora e não como palco de expansões emotivas inferiores, contrárias à vida ambiente.

PERGUNTA: — Qual o recurso seguro que utilizam os pais marcianos para o êxito do moço futuro?

RAMATÍS: — A vigilância e correção precisa e imediata, num sentido pacífico e estético, desde o primeiro impulso incontrolável do "rechonchudo bebê" que, desde a "primeira vez", foi tolhido nos impulsos perniciosos. Sabem os pais marcianos que nos bastidores daquele corpo tenro, gracioso e sedutor, atua o acervo psíquico, milenário, repleto de idiossincrasias e caprichos de ordem "pré-reencarnativa", o qual deve ser absolutamente controlado, desde o primeiro instante de sua manifestação, a fim de não pôr em perigo a própria ventura do reencarnado. Figurando o corpo físico como o peculiar "cavalo selvagem" dos enxertos do reino vegetal, haveis de compreender que a seiva bruta e agressiva da hereditariedade biológica que circula nesse organismo, atuará vigorosamente sobre a alma reencarnada, procurando impor sua força selvática e seu domínio hostil. Desde que o espírito reencarnado se deixe dominar por essa energia agreste, libertando também o recalque de suas mazelas psíquicas estruturadas nas vidas anteriores, não tardarão os efeitos nocivos que tanto desajustam a harmonia exigida para a felicidade humana. As paixões inferiores do mundo material, quando subjugadas pelo psiquismo superior, transmudam-se em forças construtivas e criadoras, assim como a dinamite explosiva se torna energia dócil e de utilidade, sob a direção segura e racional dos técnicos inteligentes. A cólera indisciplinada que é responsável por tantos cárceres e hospitais, quando purificada, transforma-se no espírito energético dos heróis, dos santos e dos pioneiros dos bens humanos.

Condicionando rigorosamente a fase infantil a um ritmo de correção íntima, sem os falsos sentimentalismos da fase áurea da criança, os marcianos estabeleceram metódica e eficiente disciplina para o espírito reencarnado, conduzindo-o à fase adulta sob harmoniosa pulsação de ajuste espiritual ao meio físico. A subida íngreme do estado de bebê ao de cidadão de responsabilidade pública, em Marte, é feita sob a serenidade vigilante que o afasta das surpresas instintivas.

O vosso **sentir** paternal ainda é produto do egocentrismo de um "ambiente de sensações". É, pois, indispensável que todas as emoções, inclusive as mais nobres, sejam subordinadas ao controle do raciocínio; e o amor para com os filhos não deve fugir a essa regra. **Amar** os filhos, no sentido exato do termo, importa, acima de tudo, em saber conduzi-los visando, não apenas, o futuro homem-**corpo**, mas, especialmente, o homem-**espírito**. Os pais que sabem atender a este aspecto moral, libertam-se dos sentimentalismos afetivos que degeneram em liberdades nocivas. E neste sentido, Deus nos dá esta lição edificante: a sua bondade, embora infinita, não impediu que a sua sabedoria criasse a severidade dos mundos de correção espiritual, destinados aos que se afastam da linha reta estabelecida pelas suas leis, pois não basta **sentir** o amor; é preciso **saber** exercê-lo de modo que bondade e sabedoria formem duas linhas paralelas, a fim de que se estabeleça o equilíbrio entre o **sentir** e o **saber**.

PERGUNTA: — Há necessidade de tanto zelo, na família marciana, para o bom êxito do futuro cidadão, quando já se trata de espírito equilibrado?

RAMATÍS: — Citamos as duas influências que podem

... uma Proposta de Luz

reformar o reencarnado no mundo material: a vigorosa atuação dos instintos inferiores e a bagagem psíquica adquirida noutras vidas. Embora o espírito reencarnante, em Marte, já apresente condições superiores no seu psiquismo, ao ingressar em novo organismo, fica submetido às influências instintivas e hereditárias da linha morfológica carnal. O orbe marciano, embora de ambiente aprimorado pela sua humanidade evolvida, não deixa de ser constituído de substância material, com sua energia primitiva, fundamentalmente ativa e com tendência sempre para o domínio completo. Nunca deixam de agir no espírito as tendências hereditárias organogênicas, cabendo a este, no entanto, fazer predominar os princípios superiores. Daí o cuidado com que os pais marcianos procuram extinguir os rebentos instintivos, que tentam atuar na alma quando ainda impotente para fazer valer os seus direitos e costumes.

PERGUNTA: — A ausência de filhos, pelo costume da "criança itinerante", não cria a solidão nos lares marcianos? Não se estabelece, assim, semelhança com os lares terrenos sem filhos?

RAMATÍS: — Semelhante ausência é compensada pela presença e bulício de outras crianças itinerantes, que cotidianamente estão em peregrinação pelos lares distantes de suas comarcas. Acresce, também, que o filho que saiu a peregrinar pelo orbe, só em raros casos deixa de retornar, pois os laços espirituais também são vínculos de permanência em família consangüínea. O marciano é avesso à misantropia, embora sejam débeis os laços que os unem em família física. Os lares, notadamente à noite, são ambientes festivos, com prodigalidade de luzes, em contínuo intercâmbio fraterno; essas reuniões são assuntos de alta significação, criando compromissos recíprocos de visitas e divertimentos graciosos. Os jardins inundados de luz e as clareiras atapetadas de veludo vegetal transformam-se em verdadeiros umbrais de alta espiritualidade, onde os jovens trocam as mais ternas juras de amor condicionado aos objetivos da evolução espiritual. Desaparecem o convencionalismo, a frase feita, as prevenções de família adstritas a ascendências biológicas, para existir somente o impulso fraterno e a amizade espiritualizada.

PERGUNTA: — Há, também, moços marcianos que conti-

nuam a morar no mesmo lar?

RAMATÍS: — Podeis conceber, sem receio, o lar marciano símile ao da Terra, com as manifestações de júbilo que formam a intimidade dos que extinguem os paredões convencionais do mundo profano. Os moços continuam na comunidade doméstica, considerada como natural e ótimo ambiente de confabulações espirituais, onde os laços consangüíneos são postos a grande distância das preocupações eternas da alma. O lar marciano, completamente isento de discussões, caprichos e dissensões, é o "oásis" que faz reviver, nos seus componentes, as fascinantes tertúlias próprias dos planos etéricos. É sedativo ambiente de paz, de alegria e afeto puro, despidos de preconceitos isolacionistas.

PERGUNTA: — Em Marte há reuniões em datas festivas, como sejam aniversários, noivados e outras comemorações?

RAMATÍS: — Naturalmente, pois se trata de humanidade particularmente apegada a tudo o que é jubiloso e sadio; essas tertúlias de alegria, porém, dispensam a ingestão de líquidos alcoólicos, que tanto deprimem e desmoralizam as comemorações terrenas.

Os marcianos, embora comparados aos terrícolas, sejam verdadeiros super-homens, quando se desafogam e se libertam das preocupações materiais, não retêm quaisquer resíduos mentais, semelhantes a esses recalques aflitivos, que enchem de rugas as vossas fisionomias, denunciando, muitas vezes, uma velhice precoce. Por conseguinte, quando eles se congregam em reuniões festivas, o seu temperamento alegre e gracioso faz com que se assemelhem a crianças felizes, exalando aquela graça e santidade sempre abençoadas por Jesus. No entanto, a sua aura de ternura e afeto impõe tal reverência e tal respeito, que desarmaria o mais atrevido terrícola. São almas já no limiar da "aura crística", que aliam à sua mente austera e sábia um misto de encantamento tão irresistível, que nos leva a defini-los como verdadeiras crianças adultas.

Quanto a datas festivas, eles consideram a do nascimento por um prisma de significação mais elevado do que vós o compreendeis, pois não festejam esse acontecimento adjudicando-o à entidade física, mas sim ao advento da alma ao "habitat" material, como ensejo feliz de maior aprimoramento espiritual.

Os noivados são cursos de beleza santificante, em que o objetivo essencial é a união de duas almas que visam, espe-

... uma Proposta de Luz

cialmente, a fortalecer e ampliar as manifestações fraternais do amor espiritualizado e eterno, dispostas a proporcionar a outros irmãos do plano astral a sua descida e ingresso na escola ativa da reencarnação, a fim de poderem, também, adquirir a experiência e os conhecimentos indispensáveis a novas tarefas na esfera da evolução espiritual.

PERGUNTA: — O regresso dos ausentes provoca motivo de júbilo ostensivo conforme acontece entre nós?

RAMATÍS: — Quaisquer recordações agradáveis, quer aniversário, a partida de criança itinerante ou o seu regresso, os compromissos de noivado, hospedagens, término de compromissos oficiais, cursos acadêmicos ou simples ideais concretizados, são motivos de alegria geral. Há imensa preocupação de que a alegria de um seja participada por toda a coletividade próxima. Sem exagerarmos, podemos afirmar que os marcianos utilizam todos os pretextos para transfusão de alegrias e afetos. Sob noites da mais refulgente claridade, provinda da iluminação "alta", como a designam os habitantes, as ruas, os bosques e logradouros públicos são recantos buliçosos. O trepidar suave das aeronaves imóveis, no ar, sob a luz do luar, de tons rosados, e o movimento festivo dos veículos coloridos, lembrando brinquedos plásticos que deslizam sobre o solo, criam disposições afetivas e desconhecidas no vosso mundo, ainda dominado pelas competições ferozes no jogo dos interesses materiais.

PERGUNTA: — *Nessas festas íntimas tomam parte conjuntos musicais análogos aos da Terra?*

RAMATÍS: — Se as tribos primitivas, onde mal despontam os primeiros bruxuleios da razão, não dispensam o concurso da música, ainda que seja o rudimentar cantochão de ritmo monótono e cansativo, ou o batuque implacável e soturno nas noites longas, os marcianos não poderiam prescindir da divina linguagem musical. Os conjuntos instrumentais são vulgares nas festas íntimas ou públicas, na mais infinita variedade e modos excêntricos de execução. Incríveis combinações de sons, ainda inacessíveis aos ouvidos terrenos, repercutem na atmosfera límpida e cintilante de Marte, em ondulações suaves, assim como a voz dos sinos das catedrais pousa, suavemente, no dorso das colinas enluaradas. A cortina de magnetismo que interpenetra mais vivamente a atmosfera marciana, permite uma ressonância musical de limpidez e harmonia inconcebível para vós. Das residências iluminadas deslumbrantemente, onde não se distingue a simpleza do "pobre" ou o preconceito do "rico", despedem-se sons maviosos, quais bandos de lantejoulas cintilantes, que parecem esvoaçar pelo arvoredo majestoso. Maviosos conjuntos mecânicos, feitos de substância vítrea e que funcionam sob a energia "magnético-etérica", dirigidos por grupos de executantes exímios nas mais incríveis improvisações, fazem pasmar, por vezes, os próprios circunstantes, tais as inéditas execuções que só a inspiração superior é capaz de realizar. Em virtude da excêntrica faculdade desses instrumentos, que emitem eflúvios de faixas sonoras em freqüências "infra" e "ultra" às terrenas, suas frases assumem as mais belas colorações de matizes dos planos celestiais.

PERGUNTA: — Poderia o irmão nos descrever pormenorizadamente os tipos desses instrumentos e como se operam essas fulgurações, em combinação com as melodias?

RAMATÍS: — Reservamo-nos para vos descrever, no capítulo da "Música", essa fascinante propriedade dos instrumentos musicais, bem assim o "plurifono", a mais soberba e majestosa criação da técnica musical em Marte, instrumento que ultrapassa todas as possibilidades das mais adiantadas orquestras sinfônicas terrenas, pois funciona sob o maravilhoso trinômio "luz-som-cor".

PERGUNTA: — A velhice da família marciana também difere, em suas características principais, da dos terrícolas?

RAMATÍS: — Conforme ireis verificar nas comunicações que vos daremos sobre a desencarnação, a velhice, em Marte, é assunto de pouca monta, em face da partida do espírito para o Espaço, antes de atingir o limite do aniquilamento vital. No vosso mundo as "cãs" significam os recursos de que a Divindade lança mão, a fim de o homem terreno efetuar um preparo consciencioso e mesmo profilático, para o regresso ao seu verdadeiro lar, que é o mundo espiritual. A velhice terrena é período compulsório de meditação e revisão dos feitos e deslizes sucedidos nas fases da mocidade; trata-se de recapitulação terapêutica, espécie de "catarse", que vai despojando o espírito de suas impurezas mais densas, ante a contrição das aventuras desairosas ou das irregularidades mentais. Podeis avaliar, pela

... uma Proposta de Luz 37

voz sentenciosa dos "vovôs", que seus espíritos parecem alcançar a maturidade espiritual e seus olhos denunciam a tristeza da existência, na velhice, quando em confronto com a beleza da vida humana. Em face da manifestação harmônica com os princípios superiores da alta espiritualidade, a família marciana atinge o umbral da "velhice", revelando o mesmo júbilo, equilíbrio e vitalismo da mocidade, pois as funções metabólicas do corpo dependem profundamente, na sua estrutura, do equilíbrio e otimismo da mente. Embora ocorram modificações na aparência fisionômica, por se tratar de mundo de vida adstrita ao ciclo da forma, o acontecimento é suave, sem quaisquer reflexos que atinjam a alma, pois esta continua intacta na sua exuberância de superioridade e compreensão moral.

Mensagens do Astral

Capítulo 14
A verticalização do eixo da Terra

PERGUNTA: — Temos meditado bastante sobre as vossas afirmações de que no decorrer da segunda metade do século atual acentuar-se-ão os efeitos da verticalização do eixo da Terra. Podeis dizer-nos se algum profeta do Velho Testamento corrobora as vossas afirmativas nesse sentido?

RAMATÍS: — O profeta Isaías, no livro que traz o seu nome, diz o seguinte, com relação aos próximos acontecimentos: "Pelo balanço será agitada a Terra como um embriagado e será tirada como a tenda de uma noite, e cairá e não tornará a levantar-se" (Isaías, 24:20). É uma referência à verticalização do eixo da Terra, que não permitirá que ela se levante novamente, isto é, que retorne à sua primitiva inclinação de 23° sobre a eclíptica. Jesus também declarou que no fim do mundo serão abaladas as virtudes do céu.

PERGUNTA: — Embora confiemos em Jesus e nas suas afirmações, surpreende-nos que deva ocorrer uma tal derrogação das leis sensatas e eternas, do Cosmo, apenas para que a Terra atinja satisfatoriamente o seu "juízo final". Estranhamos esse dispêndio de energias e grande perturbação cósmica para a verticalização da Terra, que é um planeta insignificante perante o infinito. Não temos razão?

RAMATÍS: — A vossa estranheza provém do fato de tomardes "ao pé da letra" as palavras de Jesus. A Terra, sem dúvida, é um planeta muito insignificante para merecer tais providências, que redundariam numa catástrofe cósmica se

39

alguém se pusesse a sacudir os planetas e a vossa própria Terra, como Sansão sacudiu as colunas do templo que lhe caiu em cima... O que o Mestre predisse é que, ao se elevar o eixo da Terra e desaparecer a sua proverbial inclinação de 23°, haverá uma relativa e correspondente modificação no panorama comum astronômico; cada povo, no seu continente, surpreender-se-á com o novo panorama do céu, ao perceber nele outras estrelas desconhecidas dos costumeiros observadores astronômicos. Em linguagem alegórica, se se verticalizar o eixo da Terra, é claro que as estrelas hão de, virtualmente, descer ou cair das suas antigas posições tradicionais, justificando-se, então, a profecia de Jesus de que as virtudes do céu serão abaladas e as estrelas cairão. Se vos fosse possível virar o globo terráqueo, no Espaço, verticalizando-o de súbito e tirando-o, portanto, dos seus 23 graus de inclinação, toda a humanidade teria a sensação perfeita de que as estrelas estariam caindo do horizonte. No entanto, elas se manteriam firmes, nos seus lugares habituais; a Terra é que, pela à torção sobre si mesma, deslocaria no céu os quadros costumeiros e familiares a cada povo, conforme a sua latitude astronômica.

Na Atlântida esse fenômeno foi sentido bruscamente; em vinte e quatro horas a inversão rápida do eixo da Terra causou catástrofes indescritíveis. Atualmente, a elevação se processa lentamente. Na atual elevação, os Mentores Siderais reservaram várias zonas terrestres que deverão servir como refúgio a núcleos civilizados, onde se formem os futuros celeiros do mundo abalado e trabalhem os missionários escolhidos para propagar o avançado espiritualismo do terceiro milênio.

Se os vossos astrônomos examinarem com rigorosa atenção a tela celeste familiar, do vosso orbe, é provável que já possam registrar algumas notáveis diferenças em certas rotas siderais costumeiras.

PERGUNTA: — Há porventura qualquer outra profecia ou predição de confiança sobre essa queda virtual das estrelas, em conseqüência da elevação do eixo da Terra?

RAMATÍS: — Antes de Jesus, na velha Atlântida, já os profetas afirmavam que haveria modificação no "eixo da roda" ou seja, o eixo da Terra. Hermes Trismegisto, o insigne Instrutor egípcio, já dizia: "Na hora dos tempos, a Terra não terá mais equilíbrio; o ar entorpecerá e os astros serão perturbados em seu curso". E Isaías o confirma quando diz: "Porque eis aqui estou eu, que crio uns céus novos e uma terra nova; e não persistirão na memória as primeiras calamidades, nem subirão sobre o coração" (Isaías, 65:17). O evangelista Lucas também adverte: "E aparecerão grandes sinais nos céus" (Lucas, 21:11) (queda virtual das estrelas e abalo ou comoção nos céus). João Evangelista, no seu Apocalipse anuncia: "E caiu do céu uma grande estrela ardente, como um facho, e caiu ela sobre a terça parte dos rios e sobre as fontes das águas" (Apocalipse, 8:10). E ainda: "E as estrelas caíram do céu sobre a Terra, como quando do a figueira, sendo agitada por um grande vento, deixa cair os seus figos verdes" (Apocalipse, 6:13).

No Apocalipse, lê-se o seguinte: "E vi um céu novo e uma terra nova, porque o primeiro céu e a primeira terra se foram" (Apocalipse, 21:1), ou seja: a velha Terra, inclinada no seu eixo, e o velho céu familiar a todos, modificaram-se ou se foram. O profeta deixa subentendido que, por causa dessa mudança do antigo panorama sideral, os cientistas terão que modificar os seus mapas zodiacais, em cada nova latitude e longitude astronômica peculiar a cada povo, organizando-lhes outros quadros do "novo céu".

PERGUNTA: — E após a época de Jesus, quais as profecias que podem atestar esse acontecimento?

RAMATÍS: — Nostradamus, o consagrado vidente francês do século XVI, delineou o roteiro profético mais exato que conhecemos para os vossos dias. Em sua carta a Henrique II ele prediz o seguinte: "Quando os tempos forem chegados, uma grande transformação se produzirá, de tal modo que muitos julgarão a Terra fora de órbita". Na quadra 41, da Centúria II, o profeta deixa entrever claramente a presença de um astro intruso que tem ligação com a verticalização do eixo da Terra, quando prediz: "Uma grande estrela, por sete dias, abrasará a Terra e ver-se-ão dois sóis aparecerem". Na Centúria 6/6, do presságio 27, afirma que "no fim dos tempos aparecerá no céu, no norte, um grande cometa".

PERGUNTA: — Nostradamus fala em "cometa", que é estrela nômade, esguedelhada, enquanto os vossos relatos se referem a um planeta; não é assim?

RAMATÍS: — Se observardes com atenção as antigas

... uma Proposta de Luz

profecias bíblicas e as que se sucederam ao advento de Jesus, verificareis que os profetas, como sensitivos atuando fora do espaço e do tempo, não podiam descrever rigorosamente os detalhes do que enunciavam, pois apenas captavam a imagem geral dos acontecimentos futuros. Em conseqüência, pouco se importavam com uma distinção meticulosa entre planetas, cometas, estrelas, astros ou sóis, cuja nomenclatura nem seria tão detalhada na época. Incontestavelmente, o que elimina qualquer dúvida é que todas essas profecias convergem sempre para dois acontecimentos únicos e identificáveis: a modificação do eixo da Terra, com a mudança do panorama familiar astronômico, e a presença de um corpo estranho junto ao sistema solar em que viveis.

PERGUNTA: — Porventura, Nostradamus não se quer referir unicamente ao grande eclipse solar, que a ciência astronômica calculou precisamente para o fim deste século?

RAMATÍS: — Se duvidais tanto das profecias e confiais tanto nos cientistas da Terra, como se deduz das perguntas que nos fazeis, achamos que estais formulando agora uma pergunta muito desairosa para a vossa ciência astronômica e humilhante para os vossos cientistas, de vez que reconheceis que Nostradamus poderia ter previsto, no seu tempo, um eclipse para 1999, sem a instrumentação científica e a técnica astronômica do vosso tempo. Mas não foi isso que Nostradamus previu. O grande vidente é bem claro na predição constante de sua carta a Henrique II, quando esclarece: "Quando os tempos chegarem, após um eclipse do Sol, ocorrerá o mais pétreo e tenebroso verão". Ele afirma com muita precisão tratar-se de um acontecimento que há de ocorrer só **depois** do grande eclipse solar. Sem dúvida, a Terra se aproxima de sua fase mais importante (o pétreo e tenebroso verão) abeirando-se de um acontecimento inigualável, como nunca se viu desde a sua criação.

PERGUNTA: — Mas não podemos considerar essa predição como uma afirmação clara e positiva de que a Terra se verticalizará. Que achais?

RAMATÍS: — Notai que, na mesma carta a Henrique II (Centúria I, 56-57), a afirmação de Nostradamus é indiscutível, pois diz textualmente que "a Terra não ficará eternamente **inclinada**". A capacidade profética de Nostradamus soube prever o natural ceticismo da ciência e a proverbial negação dos cientistas, pois diz mais que, apesar das opiniões contrárias (da ciência acadêmica), os fatos hão de acontecer como os relata. E, conforme já vos dissemos, o evangelista João fundamenta a predição de Nostradamus, quando também afirma: "E vi um novo céu e uma nova terra" (Apocalipse, 21:1).

PERGUNTA: — Nostradamus teria previsto também que o astro que se aproxima é de volume maior que o da Terra, conforme afirmastes anteriormente?

RAMATÍS: — Na Centúria 3-34, o vidente francês deixou registrado claramente que "em seguida ao eclipse do Sol, no fim do século, passará junto à Terra um novo corpo celeste volumoso, grande, um monstro, visto em pleno dia". As Centúrias 4-30 e 1-17 previnem-vos de que "a ciência não fará caso da predição, e dessa imprudência faltarão provisões à humanidade; haverá penúria e a terra ficará árida, ocorrendo ainda grandes dilúvios". Certamente, os cientistas ridicularizarão o evento do astro intruso, por considerá-lo aberrativo. Isso terá como conseqüência a negligência, por parte de todo mundo, em acumular provisões, motivo por que se verão desamparados no terreno econômico, quando a fome os cercar.

PERGUNTA: — Segundo Nostradamus, se a humanidade levar a sério a predição e os cientistas derem aviso para que se providenciem provisões para os dias fatais, serão atenuados os acontecimentos. É isso mesmo?

RAMATÍS: — Quando se fizer a conjunção dos efeitos do astro intruso com os efeitos da loucura humana, no mau emprego da desintegração atômica, "a terra será abrasada". Sobre isso, não tenhais dúvida. Desde que, nessa ocasião, haja depósitos subterrâneos de víveres, ou já se tenha cogitado de outras providências a respeito, inegavelmente serão atenuadas a fome e a miséria. É óbvio que, se os cientistas se dispuserem a ouvir com sinceridade e confiança a simbólica "voz de Deus" transmitida através dos profetas do quilate de um Nostradamus, apesar dos acontecimentos trágicos previstos e irrevogáveis, poder-se-á eliminar grande parte do sofrimento futuro, pois o astro a que nos referimos — como bem sabemos na técnica sideral — abrasará mesmo a Terra e queimará muita coisa. E ainda podemos recordar as palavras de João Evangelista, no

... uma Proposta de Luz

Apocalipse, quando diz que a Terra será destruída pelo fogo e não pela água, advertência sibilina onde se esconde a conexão da influência do astro intruso com os próprios eventos desavisados da bomba atômica.

PERGUNTA: — Algum outro planeta de nosso sistema solar sofrerá deslocações sob a influência desse astro?

RAMATÍS: — Ocorrerão modificações proporcionais aos volumes, rotas e movimento dos astros na zona magnética de maior influenciação do astro visitante, conforme já vos expusemos anteriormente. No entanto, será a Lua, como satélite do vosso orbe, o que mais sofrerá em sua posição astronômica, porquanto a verticalização da Terra há de produzir determinadas modificações nas suas coordenadas de sustentação no plano astral-etérico, em correspondência com as energias que lhe fluem de outros astros adjacentes. Os orbes disseminados pelo Cosmo sustentam-se e relacionam-se entre si, adstritos às zonas de cruzamento das diagonais ou coordenadas magnéticas, semelhantes a infinita rede, em cujas malhas os globos rodopiam e se balouçam majestosamente, no mais inconcebível equilíbrio e harmonia. A mais débil modificação de uma coordenada magnética provoca um deslocamento correspondente, para compensação harmônica do sistema cósmico.

Após a verticalização da Terra, far-se-á o ajuste dos pólos magnéticos à exatidão dos pólos físicos, inclusive o fluxo de sustentação e de equilíbrio entre a Terra e a Lua. Queremos prevenir-vos de que algo mudará nas relações astrofísicas entre a Lua e o vosso orbe, porquanto, após a verticalização do globo terráqueo, também deverão harmonizar-se as atuais coordenadas, cuja força principal é atuante no campo etereoastral, embora o fenômeno termine, depois, materializando-se na esfera física.

Essa modificação foi habilmente prevista pelos profetas antigos e modernos, conforme expomos: Isaías afiança que "a luz da Lua será como a luz do Sol, e a luz do Sol será sete vezes maior, como seria a luz de sete dias juntos, no dia em que o Senhor atar a ferida do seu povo e curar o golpe de sua chaga" (Isaías, 30:26). Nostradamus, em outras palavras, assegura que a Lua aproximar-se-á da Terra, tornando-se 11 vezes maior do que o Sol. O evangelista Lucasclama: "E haverá sinais no Sol e na Lua e nas estrelas, e na Terra consternação das gentes, pela confusão em que as porá o bramido do mar e das ondas" (Lucas, 21:25).

É bem clara a enunciação de todos esses profetas, os quais são unânimes em afirmar que a Lua se tornará maior e se aproximará da Terra, enquanto que a sua força há de provocar tremendas marés, como o bramido do mar e das ondas. O profeta Isaías também se refere ao fenômeno das inundações e das prováveis marés, quando enuncia: "E sobre todo monte alto e sobre todo outeiro elevado haverá arroios de água corrente no dia da mortandade de muitos, quando caírem as torres" (Isaías, 30:25). É óbvio que os arroios só poderão correr dos mais altos montes após estes terem sido alcançados e cobertos pelas águas, que dali escorrerão como procedentes de vertentes.

PERGUNTA: — Essa aproximação da Lua junto à Terra não fará os oceanos saltarem dos seus leitos e serem impelidos para os pólos?

RAMATÍS: — Recordando o que já dissemos, isto é, que todo fenômeno exterior já se encontra disciplinado na esfera etereoastral de todo o sistema solar, só podemos dizer-vos que, se a Lua não se ajustar do modo como se profetizou, será então o astro intruso que fará os mares saltarem da Terra.

PERGUNTA: — E qual o processo através do qual a Lua ficará tão brilhante quanto o Sol, no dizer do profeta Isaías, ou 11 vezes maior do que já é, como diz Nostradamus?

RAMATÍS: — O acontecimento origina-se numa questão de planos em que se situou na vidência dos profetas. Isaías viu a Lua muito próxima da Terra, o que lhe ofuscou a visão psíquica num primeiro plano, e então a sua mente associou esse fulgor inesperado ao fulgor do Sol. Essa mesma visão, quando projetada mais tarde na mente de Nostradamus, na França, fê-lo tomar o campo radiativo e áurico da Lua, aumentado pelo abrasamento do astro intruso, como sendo o seu próprio volume rígido, que ele calculou ter um diâmetro 11 vezes a mais do normal. Na verdade, ele confundiu o campo de irradiação mais próximo de si com a configuração material do satélite da Terra.

O fenômeno se explica pela lei dos planos subseqüentes, que observais nos trabalhos dos pintores ou em representações teatrais, quando certos objetos devem predominar em primeiro plano sobre os demais. A chama de uma vela diante da visão

... uma Proposta de Luz

45

humana, conseqüentemente num primeiro plano, pode impressionar mais do que a luz de um farol brilhando ao longe em último plano, de fundo.

PERGUNTA: — Achamos prosaica essa providência sideral da verticalização do eixo da Terra, que nos deixa a idéia de um apressado conserto em nosso sistema solar.

RAMATÍS: — O que vos parece prosaísmo sideral é apenas um detalhe do cientificismo cósmico disciplinando os recursos necessários para a mais breve angelitude da vossa humanidade. A verticalização do eixo da Terra, em lugar de imprevisto conserto de ordem sideral, é extraordinária bênção que só os seus futuros habitantes poderão avaliar. Os orbes habitados verticalizados ou inclinados em seus eixos, ou variando subitamente em suas rotas, podeis considerá-los como embarcações planetárias transportando carga espiritual sob a disciplina da palmatória ou tão espiritualizada que já dispensa o corretivo . compulsório.

De conformidade com a distância do seu núcleo solar, sua velocidade, rotação e inclinação, cada orbe sofre periódicas metamorfoses, que têm por objetivo oferecer condições tão melhores quanto seja também a modificação espiritual e o progresso de sua humanidade.

PERGUNTA: — Em vossas comunicações anteriores, tendes feito referência ao degelo que provocará nos pólos a verticalização do eixo da Terra; entretanto, alguns cientistas afirmam que esse degelo, se se verificar, será um acontecimento de senso comum, conseqüente do excessivo acúmulo de gelo naquela região e provavelmente responsável por fatos idênticos, registrados em épocas pré-históricas, dos quais temos conhecimento através da lenda do dilúvio do tempo de Noé, narrada na Bíblia. Explicam assim esse fenômeno que, para se registrar, não está na dependência da ação de qualquer planeta que, para o conseguir, precise forçar a verticalização do eixo da Terra. Que nos dizeis a esse respeito?

RAMATÍS: — Eles se esquecem de que a simples comprovação desses degelos é suficiente para fazer ressaltar a sabedoria dos profetas, porquanto, mesmo sob esse aspecto, eles o previram corretamente para o tempo exato. Embora os sábios atuais procurem explicar cientificamente tais degelos e os consi-

46   Ramatís...

derem como um fato normal, é muito desairoso para a ciência oficial que homens incultos, místicos e sonhadores, dos templos bíblicos, já pudessem prever com tal antecipação a ocorrência desse fenômeno para a época exata de se registrarem. Acresce ainda que esses homens não só predisseram o acontecimento, com antecedência de mais de dois milênios, como ainda o fizeram desprovidos da preciosa instrumentação da vossa ciência atual. Embora fossem profetas e, por isso, tachados de visionários, superaram todas as conclusões oficiais da ciência acadêmica, porque esta só anunciou o fenômeno já ao limiar de sua eclosão. Os louros pertencem, portanto, aos profetas. Apesar da sua inegável capacidade e do imenso benefício já prestado à humanidade, a ciência está submetida, na sua ação no campo objetivo da pesquisa e da conclusão, só a leis conhecidas; no entanto, o profeta, que se lança fora do mundo de formas e penetra nos acontecimentos fora do tempo e do espaço, pode prevê-los com muita antecedência.

O vosso aparelhamento científico pode marcar com rigor — por exemplo — os epicentros dos terremotos nos locais mais distantes; no entanto, fracassará completamente se pretenderem fixá-los com uma semana de antecedência, quer quanto à área de sua futura eclosão, quer quanto à intensidade dos seus efeitos. Depois de conhecido o fenômeno da trajetória dos cometas e a ocorrência dos eclipses, os astrônomos podem compilar rigorosa tabela, que fixa a periodicidade dos mesmos acontecimentos no futuro, com a precisão admirável de segundos; no entanto, nenhum dos seus instrumentos poderá revelar a hora, semana, mês, ano ou século em que deverá nascer um novo cometa na visão astronômica comum. É mister, portanto, que se louve e se reconheça o trabalho desses profetas "anticientíficos" do passado que, em todas as raças e tempos, previram que a mais perigosa saturação de gelo nos pólos e a possível verticalização da Terra — seja em virtude de escorregamento da carga refrigerada, seja pelo aquecimento normal — dar-se-á exatamente no fim do vosso século. Que importa o mecanismo do fenômeno, se eles o previram com tanta exatidão? Seja o escorregamento do gelo, seja o planeta intruso ou seja o aquecimento anormal, o que importa para vós é que os profetas previram o acontecimento para este século e justamente em conexão com o período sibilino do "fim dos tempos". Divino "senso comum" o desses profetas que, destituídos de telescó-

... uma Proposta de Luz

pios, réguas, transferidores, esquadros e tábuas de logaritmos, desconhecendo os princípios do gás eletrônico, a lei de Kepler ou de Newton, puderam ultrapassar o "senso científico" do homem atômico do século XX. A vossa ciência constata o fenômeno e o explica cientificamente; eles o anteciparam de dois milênios e o previram em sua forma e intensidade, inclusive quanto à época exata de sua eclosão.

PERGUNTA: — Mas é evidente que, sob essa teoria científica de deslocamento do gelo polar e a possibilidade de a Terra mudar por si os pólos, a sua verticalização poderia prescindir da ajuda de um astro intruso. Não é assim?

RAMATÍS: — A finalidade principal desse planeta não é essa, mas a de higienizar a Terra e recolher os "esquerdistas". Entretanto, em virtude de sua passagem junto à Terra, as camadas refrigeradas dos pólos, terão de deslocar-se, tangidas pela ação interna dos primeiros impactos magnéticos do astro intruso. O fenômeno é exatamente inverso ao que a ciência pretende conhecer e julgar; ele opera primeiramente no mundo etereoastral e radiante da substância, para depois repercutir nas camadas físicas. Essa ação se processa antes na energia livre, para depois atingir a matéria, ou seja, a energia condensada.

PERGUNTA: — E qual seria um exemplo favorável ao nosso entendimento?

RAMATÍS: — A ciência médica utiliza-se do aparelhamento de eletroterapia ou radioterapia, para modificar as células e os tecidos orgânicos atrofiados ou dilacerados, mas primeiramente atua no campo imponderável ou magnético do ser humano, para depois o fenômeno se materializar no campo físico. Inúmeros hipnotizadores agem no campo magnético do "sujeito", no seu veículo etérico, e paralisam-lhe os músculos, obtendo a rigidez cadavérica. O faquir apressa o crescimento da semente de abóbora, fixando-lhe o olhar poderoso, como um "detonador" vital que, então, desperta o metabolismo astral-etérico da semente e põe em movimento o seu mecanismo de assimilação das energias nutritivas do meio. Só depois que se faz a ação interna, ou etérica, ou, se quiserdes, a magnética, é que se torna visível a modificação no campo físico.

Vós observais o aquecimento do orbe e a movimentação natural do gelo polar, mas ignorais completamente qual seja o

48   Ramatís...

agente influenciador interno, que ainda se distancia muitíssimo da receptividade comum da instrumentação científica. O acontecimento é facilmente compreensível para os iniciados, mas ridículo, talvez, para o abalizado cientista profano, que descrê do viveiro de energias ocultas e dos fenômenos que se situam além do poder da ótica astronômica.

PERGUNTA: — Segundo tendes afirmado, a verticalização do eixo da Terra causará comoções que se refletirão também nos oceanos, dando lugar à emersão de continentes desaparecidos. Pensamos que essas terras não poderão ser férteis, de vez que estarão saturadas de sal. Conforme afirmam os cientistas, muitos desertos atuais, como o Saara, devem a sua aridez e improdutividade ao fato de terem sido fundos de mar. Que nos podereis dizer a esse respeito?

RAMATÍS: — Grandes extensões de terra, que justamente se apresentam mais férteis, nas costas da Europa, principalmente as pertencentes a Portugal e Itália, onde o vinhedo é vasto e pródigo, também foram fundos de mares e emergiram hipercloretadas, por ocasião da catástrofe da Atlântida.

Paradoxalmente ao que afirmais, os frutos nutritivos, seivosos e doces, como a laranja, o mamão, o abacate, e mesmo diversas espécies de legumes gigantes, ou a vegetação nutrida que serve para determinado tipo de pasta de celulose, nascem prodigamente nas margens litorâneas atuais, saturadas de cloreto de sódio. Poucos pântanos são tão férteis quanto os mangues, onde crescem os palmitais e que se infiltram floresta adentro, provindos diretamente das águas do mar. A aridez do deserto do Saara não provém do fato de ter sido ele fundo de mar, mas é conseqüente da erosão eólica, ou seja, o trabalho contínuo do vento erosivo sobre aquela região de seis milhões de quilômetros quadrados, que oferece excelente espaço livre para a atuação incondicional das forças destrutivas e corrosivas da Natureza. Por causa da violenta corrosão eólica no Saara, surgiram os famosos "hamadás", ou sejam, planaltos perigosos e bastiões rochosos, ante a metralha de seixos e fragmentos de rochas que os ventos carrearam em suas asas, sobre o deserto.

A prova de que a esterilidade do Saara não é fruto de saturação de sal provindo do fundo do mar, é a região montanhosa chamada "Tibesti-Hoggari", situada no centro do deserto e que, por ser protegida do vento furioso, está semeada de oásis

... uma Proposta de Luz

de água límpida e fresca e fartamente cultivada à sombra de verdes palmeiras. Por que motivo o sal deixou de atuar nesse poético recanto que, paradoxalmente, é mais fértil que muitas terras livres de cloreto de sódio?

PERGUNTA: — Embora concordemos com tais considerações, discordamos, no entanto, de que o sal possa cooperar para que o solo se torne nutrido e seivoso, e que essa cooperação venha a registrar-se nos terrenos da Atlântida, quando ela surgir novamente.

RAMATÍS: — A Atlântida, quando surgir, contará com locais nutridos e seivosos, que estão submersos e que se situam exatamente sob o mar de sargaços, a começar ao sul das ilhas Bermudas e se estendendo para leste, na figura de imensos lagos flutuantes. Ali há um gigantesco atravancamento de tudo que vem do litoral, desde galhos, troncos, restos de embarcações destruídas desde tempos imemoriais, inclusive as matérias orgânicas, cadáveres de peixes e animais marinhos, formando tudo um assombroso reservatório de matérias em decomposição. A região está sendo nutrida de vitalidade, que se acentua de século para século, pela vertência das raízes das algas do gênero "sargassum bacciferum" e "stenophyllum", cujo iodo dominante se alia a outros produtos químicos de natureza marítima, formando os iodetos no mar e apressando o metabolismo da decomposição orgânica. Os extensos vales futuros são atualmente gigantescas conchas submarinas, como vastos reservatórios de seiva fertilizante. Afora esse mar de sargaços, o oceano está repleto de moluscos, animais e, principalmente, de algas que absorvem e armazenam considerável quantidade de substâncias que, depois, se depositam no solo submarino. As correntes fluviais, por sua vez, arrastam incalculável quantidade de minerais proporcionados pela erosão do solo. As algas conhecidas como "laminaria flexicanlis" podem render quase um grama de iodo em cada qulo; as algas verdes armazenam com eficiência o amoníaco, enquanto outras chegam a conservar o ouro; os corais dos mares tropicais estão impregnados de prata e boa quantidade de chumbo; as ostras contêm rubídio, e os moluscos, como o "trépang" dos mares da China, o vanádio. É óbvio que outros tipos de animais marinhos se apresentam impregnados de arsênico, fósforo, flúor, magnésio, césio, bário, estrôncio, ferro, cobre, assim como outros fabricam as suas próprias substâncias; neste caso destacamos o "dolium gales", que produz vitríolo, e o polvo com o seu conteúdo tóxico de defesa.

PERGUNTA: — Já que afirmastes certa vez que as modificações da morada afetam o morador, devemos crer, porventura, que a simples verticalização do eixo da Terra também há de verticalizar a humanidade em espírito? Isso não contradiz a tradição de que a maturidade espiritual se faz pelo caminho interior, independentemente do cenário exterior? Espíritos como Paulo de Tarso, Francisco de Assis ou Buda não sobreviveram ao próprio meio, sem necessidade de se mudar o ambiente?

RAMATÍS: — Ao afirmarmos que as modificações da morada afetam o morador, não dissemos que o modificam. Uma coisa é afetar e outra coisa modificar. O verbo "afetar" vestiu-nos a idéia de "influir", de "atingir", e cremos que ainda não teve mudada a sua definição nos vossos dicionários. É mister compreenderdes que empregamos esforços heróicos para nos situarmos ideograficamente no vosso acanhado vocabulário humano, ao relatar eventos tão remotos. Se procurardes atribuir novos sentidos às palavras e vos apegardes tão objetivamente à sua morfologia, aumentareis naturalmente as dificuldades para compreenderdes as nossas comunicações.

É claro que o gorila não se espiritualiza no palácio luxuoso, nem o sacerdote se transforma em celerado ao pregar nos presídios; mas é claro, também, que, enquanto o morcego se sente venturoso nos casarões escuros e malcheirosos, o beija-flor é mais feliz quando esvoaça sobre as flores dos jardins. Mas, ao mesmo tempo que o jardim formoso, banhado pela luz do dia, pode afetar o morcego e deixá-lo aflito à procura do seu ambiente sombrio, o casarão escuro e malcheiroso causa angústia ao beija-flor e o torna encorujado, provando que, realmente, a morada afeta o morador.

A verticalização da Terra influirá nos seus moradores, porque há de proporcionar-lhes um ambiente mais sedativo, na forma de agradável cooperação para uma vida mais venturosa e menos contemplativa. O atual cenário terrestre exige de vós a solução de múltiplos problemas, que são obstáculos mas não ensejos evolutivos, embora despertem a dinâmica da alma ainda embrutecida. Reconhecemos que Francisco de Assis viveu entre monturos e foi santo, enquanto Messalina,

... uma Proposta de Luz

insensível e escravizada às paixões degradantes, realizava as suas bacanais nos mais sublimes recantos da natureza. Há espíritos eleitos que só cantam a poesia dos pássaros e a beleza das florestas, mas há também inúmeros outros que, na forma de caçadores impiedosos, trucidam as avezitas policrômicas sob a ação dos canos fumegantes das armas de caça. Há jardineiros que se amarguram quando emurchece a rosa atraente, e há homens que matam o seu companheiro num jardim florido ou escolhem para os ataques fratricidas o início do florir da primavera. Enquanto muitas academias diplomam às vezes salteadores disfarçados sob o fraque e cartola, alguns mestres-escolas, humildes e pobres, presenteiam o mundo com excelsos filósofos e iluminados cientistas.

O cidadão do vosso século, malgrado a considerável bagagem intelectual e científica do ambiente civilizado, não passa comumente de um selvagem de cara rapada, sugando a fumaça de folhas de fumo desfiadas e intoxicando o organismo com nicotina; impiedoso para consigo mesmo, despeja goela abaixo goles e goles de líquidos corrosivos ou tortura-se barbaramente nas apostas desportivas ou nos jogos alucinantes. Atravessa a vida física como um doido, numa incontrolada ansiedade pelos prazeres daninhos e conquista de independência econômica, terminando crucificado sob as enfermidades produzidas pelos vícios, imprudências e o cortejo de mazelas psíquicas e morais, que cultua incessantemente. Enquanto enxerga "civilidade" no pergaminho acadêmico, esticado em luxuosa moldura, e "aristocracia" no charuto caríssimo — através do qual Freud descobriria no homem de hoje a sublimação do velho pajé mascador de folhas de mato — o homem da Terra ri e se afasta, exatamente, dos valores reais da vida superior do espírito. Considera-se o glorioso cidadão do século XX e queda-se, entusiasmado, ante o poder assombroso da ciência humana, que acredita poder causar perturbações planetárias e dificultar a obra harmoniosa do Pai com o mau uso da força nuclear. No entanto, quantas vezes esse gigante terrícola tomba, fulminado, sobre o cheque que assina. Aqui, sob um ríctus nervoso, cai apopléctico, empoeirando o casaco de veludo custoso; ali, após fartar-se em ruidoso banquete, "falece" de indigestão, sob as vistas do sacerdote chamado às pressas.

É inegável que o ambiente pior ou melhor é sempre um ensejo oportuno para que se revele a índole psicológica e espiritual do homem, mas a verticalização do espírito há de ser conseguida essencialmente sob a influência magnética do sublime Evangelho do Cristo, e não através da verticalização da Terra ou da melhoria do ambiente físico. Entretanto — como a cada um será dado conforme as suas obras — embora o indivíduo não se modifique completamente sob a ação do ambiente exterior, é indiscutível a influência que sobre ele exerce o meio em que vive, criando-lhe certos estados íntimos à parte.

Ante essa relação entre o indivíduo e o seu exterior, não seria lógico que Nero ou Calígula — dois malfeitores — merecessem o mesmo clima esposado por Jesus. Do mesmo modo, não se justificaria a moradia de Francisco de Assis nos charcos dos mundos primitivos. É possível que Nero e Calígula não se transformem instantaneamente sob o céu do Cristo, assim como o abismo pantanoso e mefítico não perverteria Francisco de Assis; no entanto, ambos seriam afetados pelo meio; no primeiro caso, seria um favorecimento e, no segundo caso, uma situação nauseante e ofensiva à psicologia delicada do espírito santificado.

... uma Proposta de Luz

A Vida Além da Sepultura

Capítulo 9
Considerações sobre a desencarnação

PERGUNTA: — Após abandonardes o corpo físico, quais foram as primeiras reflexões que vos acudiram ao espírito?

ATANAGILDO: — Não senti grande diferença ao mudar-me para o Mundo Astral por ter-me devotado profundamente, em vida, à melhoria vibratória do meu espírito, do que resultou-me uma desencarnação bastante feliz.

Mesmo quando nos encontramos ainda no corpo carnal, já podemos viver parte do ambiente astral superior ou inferior, em que iremos penetrar depois da morte corporal. Os hábitos elevados, cultuados na vida física, significam exercícios que nos desenvolvem a sensibilidade psíquica para depois nos sintonizarmos às faixas sutilíssimas das esferas do Além, assim como o cultivo das paixões denegridas também representa o treino diabólico que, depois, nos afundará implacavelmente nos charcos tenebrosos do Astral Inferior. Todo impulso de ascensão espiritual é conseqüente do esforço de libertação da matéria escravizante, assim como a preguiça ou o desinteresse por si mesmo se transformam em perigoso convite para as regiões infernais. Os nossos desejos se rebaixam em virtude dessa habitual negligência espiritual para com o sentido educativo da vida humana, assim como também se elevam, quando acionados pelo combustível da nossa aspiração superior e mantidos heroicamente à distância do sensualismo perigoso das formas.

Não importa que ainda permaneçamos no mundo de carne, pois, desde que sejam cultuadas as iniciativas dignas, também estaremos usufruindo o padrão vibratório do Astral Superior, porque, em verdade, a entidade angélica que vive em nós, sintonizada aos mundos elevados, esforça-se para sobrepujar a organização milenária do animal instintivo. Sob esse treino mantido pelo exercício contínuo da ternura, da simplicidade, da simpatia, do estudo e da renúncia às seduções da matéria transitória, a desencarnação significa para nós um suave desafogo e mudança para melhor, que é o ingresso positivo no panorama delicado que já entrevíamos em nossa intimidade espiritual ainda reencarnada. E a vida humana, em lugar de significar o famigerado "vale de lágrimas", torna-se breve promessa de felicidade, assim como no céu plúmbeo e tempestuoso podemos entrever as nesgas de nuvens que hão de permitir a passagem dos primeiros raios do Sol da bonança.

Quando sentimos vibrar no âmago de nossa alma os primeiros reflexos do futuro cidadão celestial, modifica-se também a nossa visão da vida humana e do esforço criador da natureza; pouco a pouco, sentimo-nos unidos à florinha silvestre perdida na vastidão da campina, ao pássaro no seu vôo tranqüilo sob o céu iluminado e ao próprio oceano que ruge ameaçadoramente. É a mensagem direta da vida cósmica que se expressa em nós, convidando-nos aos vôos mais altos e à libertação definitiva das formas inferiores, para nos integrarmos ao espírito imortal que alimenta todas as coisas.

Quando me senti completamente desembaraçado do corpo físico, embora no meu perispírito ainda estrugissem os desejos e as paixões do mundo que deixava, não me deixei perturbar espiritualmente, porque já havia compreendido o sentido da vida material. Os mundos planetários, como a Terra, não passam de sublimes laboratórios dotados das energias de que a alma ignorante ainda precisa para tecer a sua individualidade, na divina consciência de "existir e saber".

PERGUNTA: — E como sentistes a separação da família terrena?
ATANAGILDO: — A minha desencarnação significou-me a revelação positiva do mundo que já palpitava em mim, uma vez que já havia me libertado das ilusões provisórias da vida material. Embora eu ainda permanecesse operando num corpo de carne, em verdade o meu espírito participava demoradamente da vida astral do "lado de cá", porque de há muito desistira de competir nos embates aflitivos do personalismo da matéria,

... uma Proposta de Luz

para apenas ser o irmão de boa vontade no serviço do bem ao próximo

Encontrava-me no limiar dos vinte e oito anos e vivia sozinho, pois meu pai havia falecido aos quarenta e oito anos de idade, deixando-me criança, em companhia de uma irmã de quinze anos. Embora eu tivesse noivado poucas semanas antes de desencarnar, ainda não me deixara escravizar pela idéia fixa de só ser feliz constituindo um lar material. Eu considerava o casamento como grave responsabilidade espiritual, certo de que na vida prosaica do lar doméstico teria de pôr à prova a minha bagagem de afetos ou aversões, que ainda pudesse trazer de vidas pregressas. À medida que vamos nos libertando dos preconceitos, paixões e caprichos humanos, também desinteressamo-nos de garantir a identidade de nossa personalidade nas formas do mundo material. Compreendemos, então, que todos os seres são nossos irmãos, enquanto que o exclusivismo da família consangüínea não representa a realidade da verdadeira família, que é a espiritual. Embora os homens se diferenciem através dos seus organismos físicos e raças à parte, todos provêm de uma só essência original, que os criou e os torna irmãos entre si, mesmo que queiram protestar contra esta afirmativa.

O lar tanto pode ser tranqüila oficina de trabalho para as almas afinadas desde o passado, como oportuna escola corretiva e de ensejos espirituais renovadores entre velhos adversários, que podem se encontrar algemados desde os séculos findos. Sem dúvida, o ninho doméstico é generosa oportunidade para a procriação digna de novos corpos físicos, que tanto auxiliam os espíritos desajustados do Além, aflitos para obterem o esquecimento num organismo de carne, a fim de atenuarem o remorso torturante do seu passado tenebroso.

Mas é evidente que, quando há grande capacidade do espírito para amar a todos os seres, isto lhe enfraquece a idéia fundamental de constituir família consangüínea e normalmente egocêntrica, sem que esta sua atitude represente um isolacionismo condenável. Jesus manteve-se solteiro e foi o mais sublime amigo, irmão e guia de toda a humanidade. E durante a sua desencarnação, certamente não sofreu pela separação da família carnal, porque, em vida, o seu coração já se revelara liberto da parentela física. E ele bem nos comprova esse grande amor por todos, quando formula a sibilina indagação a sua mãe: "Quem é minha mãe e quem são meus irmãos?"

56   Ramatís...

Deste modo, ser-vos-á fácil compreender que não passei pelo desespero e pelas angústias perturbadoras no momento da separação de minha família consangüínea, porque em vida física já me habituara à confraternização sincera com todos os seres que cruzavam o meu caminho, resultando que a minha saudade abrangeu uma família bastante extensa e paradoxalmente desligada da ilusão consangüínea.

PERGUNTA: — Porventura não deixastes os vossos íntimos onerados por inúmeros problemas aflitivos, morais ou econômicos, que poderiam fazer-vos sofrer no Mundo Astral?

ATANAGILDO: — Minha mãe continuou a dirigir certa parte dos negócios de artefatos de madeira, deixados por meu pai, cuja fábrica vendeu, depois, para poder custear os nossos estudos. Olívia, minha irmã, obteve boas notas nos estudos de piano e terminou o ciclo ginasial, tornando-se exímia pianista e, mais tarde, competente professora. Quanto a mim, logrei terminar o curso de engenheiro agrimensor e topógrafo, em conhecida politécnica brasileira, o que serviu para garantir o meu sustento. Deixei minha progenitora na Terra, vivendo com minha irmã Olívia, já casada com abalizado médico paulista, em cuja casa ela ficou desde que falecera meu pai. Por causa das imposições da profissão, que me obrigava a percorrer o interior do país, eu já vivia muito distanciado de minha família e cheguei a ausentar-me dela por alguns meses seguidos, o que também deve ter atenuado a minha dor da separação.

PERGUNTA: — Poderíeis nos expor as conclusões filosóficas que vos auxiliaram a ter serenidade na hora amarga da separação da família, a fim de que isso nos sirva de orientação espiritual?

ATANAGIILDO: — Quando a nossa maturidade espiritual nos permite entrever todas as existências passadas, como se fossem várias contas coloridas, unidas pelo cordão da verdadeira consciência espiritual, verificamos que o nosso tradicional sentimentalismo humano está em contradição evidente com as qualidades de heroísmo e libertação do espírito divino, que nos dirige os destinos pelos caminhos do mundo planetário.

A evocação de nossas vidas pregressas, com o conseqüente avivamento da nossa memória espiritual, também nos surpreende, constrangidos, ante os dramas exagerados que desempenha-

... uma Proposta de Luz

mos diante da morte do corpo físico que nos serviu no passado, em conseqüência da separação rotineira das várias famílias consangüíneas que temos constituído na Terra. Verificamos, então, que a morte física é apenas o fim de um período letivo de aprendizado do espírito na carne, como acontece com a criança que termina cada ano do seu curso primário, preparando-se para as lições mais avançadas do porvir. A perda do corpo material não destrói as amizades nem os ódios milenários do espírito, porque este é sempre o eterno sobrevivente de todas as mortes.

Quando compreendemos a realidade da vida espiritual, rimo-nos sempre das tantas vezes que temos chorado sobre os vários corpos de carne de nossos familiares terrenos, verificando que foram apenas vestimentas provisórias, que tiveram de devolver periodicamente ao guarda-roupa prosaico do cemitério. E também não escapamos de sorrir, desconcertados, ante as recordações de que os nossos parentes também choraram, inconsoladamente, nas diversas vezes que tivemos de entregar o nosso traje de nervos, músculos e ossos à sepultura da terra. É um choro milenário a que as criaturas de todas as raças se entregam junto aos leitos dos enfermos e sobre os sepúlcros carcomidos, na mais crassa ignorância da realidade espiritual. A morte é libertação e o túmulo o laboratório químico que devolve à circulação as moléculas cansadas pelo uso. Quanto maior for a ignorância da alma, no tocante à morte física, que significa a renovação de oportunidades benfeitoras, tanto mais se tornará crítica e dramática a hora de a criatura devolver o corpo emprestado e então reclamado pelo armazém de fornecimento da mãe-Terra.

É por isso que os reencarnacionistas — que são conscientes da realidade espiritual — quase não choram pelos que partem para cá nem temem a morte, porque reconhecem nela uma intervenção amiga para libertação do espírito, auxiliando-o a iniciar a sua nova caminhada no seu verdadeiro mundo, que é o Além. No entanto, a maior parte dos religiosos dogmáticos e as criaturas descrentes da imortalidade da alma arrepiam-se diante da hora do "falecimento"; os primeiros, porque temem a "eternidade" do inferno, visto que nem sempre estão bem seguros de suas virtudes; os segundos, porque se defrontam com a idéia horrcrosa do "nada". Sem dúvida, para essas criaturas a morte sempre lhes parecerá coisa lúgubre, indesejável e desesperadora.

A nossa parentela física, à medida que vai desencarnando, prossegue no Além as tarefas a que todos nós estamos ligados, para a ventura em comum. Assim, os que partem com antecedência preparam o ambiente feliz para aqueles que ainda se demoram na carne. Diante dessa verdade, não há justificativa alguma para os desmaios histéricos, os gritos estentóricos e as clássicas acusações escandalosas contra Deus pelo fato de roubar os nossos entes queridos e fazê-los apodrecerem em tristes covas de barro.

Eis por que necessitamos despertar em vosso mundo a verdadeira idéia da imortalidade, que é fundamento de nossa própria estrutura espiritual, trabalhando para que vos distancieis da ingênua presunção de que é preciso morrerdes no corpo físico, para só então sobreviverdes em espírito. Esse espírito está convosco a todo momento, em qualquer plano de vida; constitui o próprio "pano de fundo" de nossas individualidades, onde se encontra o Magnânimo Pai, que nos sustenta por toda a eternidade.

PERGUNTA: — Achais, então, que, por sermos excessivamente sentimentalistas, esquecemo-nos das qualidades superiores do espírito; não é assim?

ATANAGILDO. — Deveis saber que as manifestações de dor, por meio de exageros gritantes ou brados compungidos, sobre o corpo "falecido", nem sempre revelam sofrimentos mais reais e sinceros do que a serenidade e o silêncio que, muitas vezes, manifestam aqueles que sabem se dominar durante a separação do corpo do seu ente querido. Quantas vezes aqueles que se desesperam teatralmente, debruçados sobre os caixões de seus familiares, não se pejam, em breve, de os estigmatizar com censuras acres e despeitos maldosos, só porque não foram beneficiados prodigamente no reparte cobiçoso da herança. Quantos esposos que, à saída do corpo do cônjuge, chegam a exigir socorro médico ou ensaiam suicídios espetaculares, não suportam o prazo tradicional do luto terreno e se entregam imediatamente, com incontida avidez, a uma paixão violenta, seguida de apressado enlace matrimonial.

Durante o período de comemoração dos "mortos", em que o cemitério se torna buliçoso centro de atividades humanas, quantas criaturas que, no decorrer do ano, não tiveram tempo de pensar nos seus queridos, fazem então a tradicional limpeza

... uma Proposta de Luz

do túmulo e, no dia de finados, iniciam ali um choro tímido, miúdo e controlado, na santa ignorância de que nós, os desencarnados, não apreciamos receber louvaminhas sobre o nosso cadáver apodrecido. Existindo em vosso mundo tantos jardins floridos e tantos recantos que convidam à meditação e à prece, por que motivo escolheis os monturos de ossos e carne podre para homenageardes nossos espíritos imortais?

Quantos de vós vos esqueceis de nós por longo tempo, em vossas preces e vibrações amigas, para um dia correrdes apressados a nos festejar sob compungido programa marcado pelo calendário humano e entremeado de choros controlados pelo cronômetro dourado...

Evidentemente, isso não passa de um sentimentalismo discordante da lógica e contrário aos sentimentos da alma imortal. Aqueles que cultuaram digna e afetuosamente as suas relações com os seus familiares, quando estes ainda se encontravam encarnados na Terra, sem dúvida, não precisarão chorá-los depois de "mortos". E quando assim procederem, ficará abolido o choro à hora certa nos cemitérios ou ao redor das eças nas igrejas, principalmente porque muitas vezes esse choro apenas encobre o remorso das velhas hostilidades terrenas, que são muito comuns no drama da família humana. E essas hostilidades se registram porque, comumente, o parentesco na Terra apenas esconde as almas adversas, que a Lei do Carma ligou pelo mesmo sangue e carne, por não terem ainda aprendido a se devotarem mutuamente. Que vale, pois, chorar o corpo que apodrece no seio da terra, quando ainda não se aprendeu a amar em espírito?

PERGUNTA: — Mas no caso de vossa desencarnação, não podeis deixar de reconhecer que a dor dos vossos familiares constituiu sincero desespero; não é assim?

ATANAGILDO: — Sem dúvida, pois os meus familiares ainda não possuíam o esclarecimento espiritual que já me beneficiava e, com toda honestidade, deviam descrer da possibilidade de ainda me tornarem a ver. Não sucede o mesmo convosco? Embora sejais espíritas — o que quer dizer reencarnacionistas — e acompanheis o meu pensamento através dos escritos do médium, já tendes, porventura, certeza absoluta de que sois imortais e estareis vivos, no Além, assim que vos separardes da vossa família terrera? Auscultai bem a intimidade de vossa alma e chegareis à conclusão de que ainda guardais alguma sombra de incerteza sobre isso, como se algo vos cochichasse ao ouvido que tudo não passa de fantasias criadas pela imaginação de um médium e não de comunicação de um espírito que se diz desencarnado e imortal.

Quais serão as vossas reações emotivas diante do vosso ente mais querido, inerte num caixão mortuário, na dependência, apenas, dos ponteiros do relógio para que seja entregue à cova triste e derradeira da terra? Acreditareis, porventura, que ele partiu para um mundo conhecido, para onde devereis partir, também, após alguns anos, meses ou dias, para um feliz encontro com ele?

Acresce que, quando credes na imortalidade da alma e sabeis que a morte do corpo não é transformação miraculosa para o espírito, ficais na dúvida de encontrardes os vossos familiares felizes e belos, no Mundo Astral Superior, pois que podereis defrontá-los horrendos e apavorados, caso tenham cultuado vida abominável na Terra. Por isso, o costume humano é de evitar pensar na morte, considerando-a como se ela não existisse. Julga-se mesmo como insensível ou sádico aquele que ousa considerar a morte como coisa rotineira e viável algum dia. No entanto, nem por isso ela será eliminada de vossos destinos, porque também tendes os vossos dias contados. O ser humano não deve copiar a estultícia do avestruz que, diante do perigo, cava um buraco e enterra nele a cabeça, crente de que assim estará a salvo da ameaça perigosa.

Há, entretanto, espíritos sadios, que não temem imaginar até o seu próprio funeral e chegam mesmo a encará-lo de modo jocoso; há também os que ironizam o convencionalismo das flores e coroas, quando os cortejos fúnebres se transformam em verdadeiros jardins suspensos, fazendo esvoaçarem ao vento irreverente as fitas roxas com o sentencioso "derradeiro adeus".

No entanto, o que vos parece acontecimento tétrico e que na vida material provoca rios de lágrimas compungidas, é apenas benéfica libertação daquele que cumpriu na Terra o programa traçado antes do último renascimento carnal. Indagai à libélula, que se farta da luz do Sol e do perfume das flores, se ela achou fúnebre o libertar-se do feio e escravizante casulo da lagarta? Mas vós temeis essa transformação; viveis aterrorizados diante da morte corporal, lutando para ignorardes essa probabilidade no seio da vossa família, se bem que ela vos pareça muito natural, desde que ocorra com estranhos ou com outros pcvos.

Entre os encarnados, a morte só é considerada à distância e, porque guardais dela um temor apavorante, contribuís para que não se consiga resolver um problema que, na realidade, vos toma de plena angústia e desespero.

Essa deliberada fuga mental, do fenômeno implacável da morte terrena, de modo algum vos auxiliará nas primeiras horas do Além-túmulo, porque o medo é ainda o maior adversário astral daqueles que não se preparam mentalmente para morrer.

PERGUNTA: — Mas, volvendo às nossas indagações, devemos crer que o sofrimento de vossos familiares também se deve a excessivo sentimentalismo?

ATANAGILDO: — Não tenho razões para atribuir aos meus familiares exagerado sentimentalismo, mas também não tenho dúvidas quanto ao seguinte: eles se lançaram desesperadamente sobre o meu caixão mortuário, porque ainda ignoravam a realidade de minha sobrevivência espiritual. Quase toda minha parentela e amigos eram muito afeiçoados à religião católica romana e, por esse motivo, ainda pensavam pela cabeça dos seus sacerdotes, faltando-lhes, pois, uma infinidade de detalhes sobre a imortalidade da alma. Guardavam ciosamente o respeitoso receio de ferir o "tabu" sagrado imposto pelo seu credo, que lhes proibia de fazerem quaisquer indagações sobre filosofias condenadas pela igreja romana.

Nada sabiam das reencarnações do espírito ou da lei cármica, ao mesmo tempo que temiam profundamente qualquer comunicação com os "mortos", obedecendo ao mal interpretado preceito de Moisés sobre o assunto, embora nenhum deles fosse hebreu. Acredito que noutras existências tivessem vivido muito tempo à sombra dos templos religiosos dogmáticos, pois, embora fossem adultos de sentimento, pareciam-me crianças de 10 anos, atemorizados com o diabo e compungindo-se com as complicações de Adão e Eva no Paraíso. Em minha casa a família atendia aos preceitos religiosos com louvável critério, mas quanto às coisas que ultrapassavam o entendimento rotineiro, os meus queridos atribuíam tudo a mistérios que não podiam ser desvendados pelo homem.

Acreditavam em Deus como sendo o tradicional velhinho de barbas brancas, descansando sobre confortável poltrona de nuvens alvejadas, a distribuir "graças" aos seus súditos tomados de boa intenção. Aceitavam submissamente o dogma dos castigos eternos, que serviam para desagravar as ofensas feitas a Deus por aqueles que ainda não haviam requerido a sua carteira de religiosidade oficial. Confiavam num céu generoso, conquistado em troca de apressadas conversões reforçadas por algumas rezas ou orações, enquanto se reserva o inferno para os teimosos que não aderiam aos seus estatutos seculares.

Deixei uma parentela consangüínea entre tios, tias, irmã, primos, mãe e avós, que por vezes se me dirigiam, sentenciosos, advertindo-me fraternalmente do grande pecado de ser um "livre pensador" ou um "renegado da verdadeira religião". Lamentavam a minha repulsa às imposições de amigos e conhecidos que à força queriam me inculcar idéias restritivas aos meus movimentos fraternos e à minha ilimitada faculdade de pensar. Eu os considerava como inofensivas crianças, ainda presas às deliciosas histórias da carochinha, que tanto me haviam embalado durante a infância tranqüila.

Eis os motivos por que não poderia considerar os meus parentes dotados de sentimentalismo falso à hora de minha morte corporal, pois eles eram apenas vítimas de sua própria ociosidade mental e de ignorância espiritual, por haverem abdicado do seu raciocínio sagrado de almas livres, para só pensarem pela cabeça de sacerdotes que ainda viviam em confusão consigo mesmos.

PERGUNTA: — Por que dizeis que "os sacerdotes viviam em confusão consigo mesmos"?

ATANAGILDO: — Porque os homens que realmente chegam a conhecer a verdade nunca procuram impor seus postulados a quem quer que seja, nem restringir a liberdade de pensamento de seus irmãos. No entanto, minha família era assediada constantemente por eles, que assim tentavam criar dificuldades em torno de minhas atividades espiritualistas, realizadas, aliás, sem compromissos e sem condições de crença ou de seita. É óbvio, pois, que só uma confusão entre esses religiosos e os seus próprios postulados poderia levá-los ao absurdo de procurarem aumentar prosélitos, na pressuposição de que, aumentando a quantidade, se pudesse melhorar a qualidade. Quando eu vivia na Índia, apreciava muito um provérbio oriental que, traduzido à vossa compreensão ocidental, deveria ser assim:

... uma Proposta de Luz

"Basta-me a Paz que do Criador em mim desceu, para que os outros também bebam da Paz que neles há de descer!" Quando não temos ainda essa Paz, geralmente procuramos perturbá-la naqueles que já a possuem. Muitas vezes a preocupação aflitiva de "salvar" o próximo não passa de disfarçada decepção que se aninha na alma fracassada.

PERGUNTA: — A vossa família terrena já era um conjunto de espíritos unidos por afinidade espiritual do passado?

ATANAGILDO: — Conforme já vos esclareci, a maior parte de minha última existência terrena fora dedicada ao aprendizado espiritual, porque a exigência mais severa do meu carma resumia-se na dívida para com Anastácio. Desse modo, ligara-me a um conjunto de espíritos eletivos à minha índole afetiva, sem grandes débitos do passado, mas desprovidos de grandes dotes de inteligência ou raciocínios da alta estirpe sideral. Eu havia reencarnado em ambiente médio e de realizações comuns, que não apresentava as fulgurações próprias das almas angélicas; no entanto, tratava-se de gente incapaz das solertes maquinações diabólicas dos espíritos trevosos.

Minha mãe já me fora dedicada ama na França, quando assumira a responsabilidade de auxiliar a me criar, depois de meu pai haver realizado um segundo casamento com uma criatura ociosa, que não passava de um objeto decorativo em nosso lar. Quanto a Olívia, minha irmã, já nos havíamos encontrado na Grécia, por duas vezes, e sempre estivemos ligados afetuosamente mesmo durante os períodos de nossa libertação espiritual no Além. A amizade dos demais parentes variava em sua maior ou menor afinidade para comigo; e nunca eles me hostilizaram, salvo um primo errante, que era considerado a "ovelha negra" da família, pois vivia de chantagem e espertezas na capital paulista. Este primo deveria ser espírito de excelente memória etérica, porque, embora eu lhe dedicasse sincera afeição, não escondia certa prevenção e deliberada vigilância para comigo.

Talvez o seu subconsciente o tornasse temeroso de que eu lhe devolvesse a punhalada que, junto a outros, havia me aplicado em Paris, nos fundos da Notre-Dame, na última romagem que lá me fora dado curtir.

De todos os meus companheiros da última encarnação, resta Cidália, minha noiva, que, em verdade, é o espírito mais afim comigo em todo o grupo familiar do qual me aproximei ultimamente no Brasil, pois são muitas as reencarnações que já tivemos juntos. Infelizmente, ela se deixara seduzir demasiadamente, no passado, pelas facilidades do poder e do prestígio na Espanha de Felipe, o Católico, do que resultaram para ela três existências consecutivas de retificação espiritual, desviando-se, por isso, da rota que seguíamos para o definitivo aprendizado espiritual. Daí o fato de a nossa ligação na carne ter tido caráter muito fraterno, com mútua avidez por estudos da mesma esfera mental, pois reavivávamos os nossos experimentos esotéricos do Egito, Pérsia, Índia e da Idade Média.

PERGUNTA: — Não se poderia supor que, ao contrário do que do sucedido à vossa parentela, fostes mais beneficiado pelas oportunidades de estudos e contato com melhor estirpe espiritual no mundo? Não teria sido a pobreza passada, de vossa família, o motivo que a impediu de conquistar maiores esclarecimentos espirituais?

ATANAGILDO: — Bem sabeis que as maiores cerebrações do vosso mundo provieram de comovente pobreza, e algumas, paradoxalmente, sobreviveram mesmo no seio de enfermidades as mais daninhas. Há milênios ouço dizer, na Terra, que o principal motivo do sofrimento reside na grande ignorância espiritual e, no entanto, o que menos faz a humanidade é procurar tão precioso conhecimento. Os séculos se acumulam sobre si mesmos, mas os homens continuam a repetir as mesmas coisas que já repetiram milhares de vezes noutras existências carnais do passado; preferem expiar por meio de novas mortes corporais, tanto suas como de sua parentela terrena, a ociosidade de pensar e a indiferença de saber. Em sua maior parte, as almas terrenas apenas sobem e descem o mesmo degrau cansativo de inúmeras reencarnações, revezando-se no choro compungido sobre os esquifes cobertos de flores e suspirando, temerosas, diante dos túmulos marmóreos ou das covas deserdadas.

PERGUNTA: — Quereis dizer que há propositado desinteresse da humanidade pela sua felicidade espiritual; não é assim?

ATANAGILDO: — Sem dúvida, o que há é desinteresse pela própria ventura espiritual e não falta de oportunidade educativa, porquanto mesmo os teosofistas, espíritas e esoteristas, em sua maioria, raramente ultrapassam a leitura de uma deze-

... uma Proposta de Luz

na de livros educativos. Que se dirá, então, daqueles que ainda marcham asfixiados, dentro do rebanho humano tangido por homens travestidos de instrutores religiosos, a pregar as mais tolas fantasias como a do pecado de Adão? As almas que já podem olhar do cimo de suas realizações espirituais e abranger a longa estrada percorrida com os pés sangrando para vencer a encosta agreste, sentem-se invadidas de imensa tristeza ao verificarem como ainda sobe tão vagarosamente essa multidão humana, que se move tão preguiçosa pelos caminhos espinhosos da vida física.

Quando qualquer alma corajosa se destaca dentre essa multidão negligente, lassa e animalizada, hipnotizada ainda aos sentidos da carne, por ser uma criatura que pesquisa, estuda e desata com desassombro as algemas dogmáticas que a isolam do mundo e dos seres, é quase sempre um herói que surge da pobreza, em ambientes atrasados e até enfermos, para se tornar em uma alma caluniada, perseguida ou incompreendida. Não é estranhável que assim aconteça, pois comumente se trata de alma liberta dos dogmas, tabus sagrados ou explorações religiosas, que procura, trabalha, renuncia, estuda e sacrifica-se, certa de que "quando o discípulo está pronto, o mestre sempre aparece".

A riqueza do mundo, que podeis achar muito valiosa para auxiliar aqueles que procuram a segurança e o conforto materiais, torna-se desnecessária onde se dá valor à legítima sabedoria do espírito. Na procura da Verdade, Buda abandona os tesouros da Terra para buscar o entendimento espiritual debaixo da árvore de Bó; Paulo de Tarso troca o pergaminho acadêmico pela rudeza do trabalho de tecelão; Batista emerge do seio das matas e veste a pele rústica do animal selvagem; Francisco de Assis ilumina o século XIII, coberto com um hábito paupérrimo e, finalmente, Jesus nasce junto à mangedoura dos animais mal-cheirosos.

PERGUNTA: — E quais foram os principais fatores que mais contribuíram para a vossa tranqüilidade espiritual e ausência de medo por ocasião da vossa última desencarnação?

ATANAGILDO: — Conforme já vos informei antes, tudo que ocorreu durante a minha desencarnação não foi além de cinco minutos, tempo em que se processou a minha completa libertação da carne e mergulhei a consciência no provisório esquecimento individual.

Na verdade, foram os meus raciocínios, confortadores e provindos do conhecimento de alta espiritualidade, que me evitaram o terror e o pessimismo, bastante comuns aos espíritos que atravessam a vida material indiferentes à sua própria sorte. É certo que durante a minha desencarnação fui alvo de atenções sublimes, mas não gozei de proteções indevidas, como é comum no mundo material, no seio da política e dos interesses humanos.

Recebi o afeto e a proteção de um grupo de almas ternas e pacíficas, que desejavam tributar-me o seu reconhecimento pelo fato espontâneo de as haver socorrido desinteressadamente quando permaneciam na carne.

PERGUNTA: — Podemos crer que o estudo do espiritualismo pode favorecer-nos bastante por ocasião da nossa desencarnação?

ATANAGILDO: — Acredito, pelo muito que tenho observado, que só uma incessante libertação e renúncia corajosa das ilusões da carne é que realmente nos desatam as algemas das vidas planetárias, assim como nos auxiliam muitíssimo durante as várias desencarnações próprias dos ciclos reencarnatórios.

Recordo-me de que, no heróico esforço de me ajustar à técnica e à ciência espiritualista do mundo físico, inspirado pelo código moral do sublime Evangelho de Jesus, deixei-me explorar, combater, insultar e humilhar, ao mesmo tempo que se enfraqueciam os grilhões que ainda me aprisionavam aos interesses egocêntricos e às paixões ilusórias da matéria.

À semelhança da libélula que, para se libertar, rompe o grosseiro invólucro da lagarta, eu também me esforcei para livrar-me do casulo da carne. A diferença, no meu caso, era que os laços vigorosos que me prendiam à carne eram o orgulho, o amor-próprio, a vaidade, a cobiça, a avareza, a glutoneria e a paixão sensual. Só hoje é que posso dar valor a esse esforço terrível que não só me proporcionou a paz e a alegria na vida espiritual, como ainda me inspira a quaisquer sacrifícios futuros para o bem do próximo. O amor de Deus, que é inesgotável, significa sempre uma doação espiritual para todos, conforme ainda afirmou Jesus nestas singelas palavras: "Batei e a porta se vos abrirá".

... uma Proposta de Luz

PERGUNTA: — *Embora não tenhamos a intenção de vasculhar detalhes íntimos de vossa última existência, mas apenas uma finalidade puramente educativa, gostaríamos que nos explicásseis a coincidência de haverdes ficado noivo, quando a vossa desencarnação prematura iria impedir-vos de realizar esse enlace conjugal. Esse noivado não passou de um acidente muito comum na vida humana ou representou alguma prova cármica e aflitiva para vossa noiva?*

ATANAGILDO: — Tornamo-nos noivos graças à grande afinidade espiritual que já cultuávamos desde o Egito, havia mais de três mil anos. Cidália havia atingido os 25 anos e eu os 27, quando nos encontramos, sendo que nessa ocasião ela havia decidido permanecer solteira, a fim de aproveitar o seu celibato para se sublimar no incessante aproveitamento dos estudos esotéricos, teosóficos ou espiritualistas, profundamente interessada, como estava, em solucionar os mais importantes problemas de sua alma. Nesse afã, eu a encontrei num "tatwa esotérico", em cidade próxima à em que vivíamos, onde aventamos, então, a idéia de nos unir pelo casamento para um alto estudo da espiritualidade, libertando-nos de quaisquer dogmas ou compromissos associativos.

Procurei, então, transmitir-lhe grande parte de minha bagagem espiritual e combinamos que, em face das nossas convicções elevadas sobre a razão de vida humana, livrar-nos-íamos das violências passionais e dos conflitos comuns à maioria dos noivados, que se estribam essencialmente na dramaticidade das paixões humanas.

Esforçando-nos para realizar um labor caracteristicamente espiritual, procuramos fugir a inevitáveis desilusões que sempre deixam as emoções prematuramente satisfeitas. Mas, apesar de tudo isso, o nosso casamento não constava como realização indispensável ou cármica em nossa vida terrena, não existindo qualquer decisão do Além a esse respeito. Havia só o determinismo de uma necessária e afetuosa aproximação entre Cidália e eu, laços afetivos que precisavam se fortificar antes de minha breve desencarnação. Havia projetos e importantes programas que combináramos no Espaço, mas eles se referiam unicamente às existências futuras.

Realmente, a minha enfermidade começou a se acentuar à medida que se aproximava a data do casamento. Recordo-me de que muitas vezes Cidália se deixava tomar por estranha melancolia, deixando-me entrever certo pessimismo dela a nosso respeito, sem que ela pudesse lobrigar a "voz oculta" que lhe predizia a impossibilidade do nosso esponsalício naquela existência.

É certo que, em face do nosso livre-arbítrio, nós tanto podemos aumentar como podemos reduzir, na Terra, os encontros e as determinadas ligações que tenhamos projetado no Além, aliviando ou agravando o nosso destino cármico. A Administração Espiritual sempre se interessa por quaisquer acontecimentos que possam proporcionar modificações para melhor, em seus tutelados, assim como os pais se interessam pelos filhos que apresentam indícios de renovação moral. O nosso livre-arbítrio é que cria as situações boas ou más, que depois se transformam em implacável determinismo e no próprio efeito da causa que geramos alhures. Somos livres de agir e semear, mas implacavelmente obrigados a colher o resultado da semeadura.

PERGUNTA: — Quer-nos parecer que a vida humana é um ritmo inflexível de ação e reação em que, graças à severidade da Lei Cármica, não conseguimos efetuar qualquer realização individual sob impulso de nossa vontade. Estamos certos nesse modo de pensar?

ATANAGILDO: — Quando ainda nos encontramos encarnados, normalmente ignoramos o mecanismo completo dos planos seculares, e até milenários, a que muitas vezes nos ajustamos de acordo com as sugestões dos nossos mentores espirituais. Nem sempre a vida humana é uma seqüência implacável de ação e reação, sob o domínio absoluto de um carma intransigente e severo; muitas vezes, os acontecimentos que no mundo material são contrários aos nossos desejos e prazeres comuns são apenas partes que constituem um "grande plano", que elaboramos no pretérito e ao qual nos submetemos voluntariamente.

No meu caso, por exemplo, estou ligado intimamente ao plano de apressamento cármico combinado com Ramatís, há alguns milênios, juntamente com outros milhares de espíritos exilados de outros orbes, que tudo fazem para adquirir as qualidades e o padrão vibratório que tanto precisam reajustar, a fim de poderem retornar ao seu planeta de origem. Delineamos um plano severo de trabalho, estudo e cooperação aos terrenos, quando ainda nos encontrávamos no Egito, visando a atividades

... uma Proposta de Luz

sacrificiais, que poderão nos auxiliar com mais êxito a obtermos a nossa mais breve alforria espiritual. Desde que se desenvolva com sucesso a execução coletiva desse plano, acredito que ali por 230C, ou até o ano 2400, poderemos nos livrar de encarnações na Terra e retornar ao nosso mundo planetário, do qual fomos exilados assim que florescia a civilização atlântida.

Esse grande plano de aperfeiçoamento espiritual combinado por um conjunto de almas que desejam apressar a sua caminhada, também significa um plano cármico, dentro do carma do próprio planeta terráqueo. Em virtude de havermos sido enxotados doutro orbe físico, em face do nosso desequilíbrio espiritual, a Lei Cármica nos situou na Terra, que é de civilização primitiva e de clima geográfico muito mais rude do que o mundo que perdemos.

PERGUNTA: — Todos os sofrimentos, dores ou vicissitudes futuras já estão devidamente previstos nesse plano cármico de que tratais? No caso afirmativo, não poderá ocorrer exorbitância imprevista, durante a concretização desse planejamento elaborado em conjunto?

ATANAGILDO: — Não podemos prever êxitos absolutos, mas sim a esperança de uma libertação mais breve para a maioria dos exilados de nosso planeta. Trata-se do restante do conjunto de espíritos que há muito tempo emigraram obrigatoriamente para o orbe terráqueo, e que já apresentaram bom adiantamento espiritual para habitarem um mundo melhor no princípio do terceiro milênio. Presentemente eles já se desprendem e se emancipam das seitas, doutrinas ou filosofias restritivas e se tornam cada vez mais indiferentes aos preceitos e às convenções escravizantes do mundo material. Diferenciam-se dos espíritos terrenos, porque estes ainda estão agarrados ferozmente aos seus interesses materiais, aos seus postulados religiosos, espiritualistas ou filosóficos, defendendo "verdades particulares", e preocupadíssimos com o labor doutrinário alheio, mas muitíssimo esquecidos de si próprios.

Mas não se pode garantir que, nesse apressamento cármico, todos os seus componentes vençam as derradeiras seduções tolas da vida física, para então envergarem a túnica nova do "filho pródigo" e retornarem ao seu lar planetário.

O nosso plano de ação e reação não exorbita do carma terreno; quanto mais severo for, tanto mais depressa aliviaremonos do fardo cármico, engendrado há tantos milênios, e conseguiremos a desejada libertação do plano terrestre. Desse modo, as nossas reencarnações futuras representarão um estudo incessante e o emprego de todas as nossas energias num serviço heróico e sacrificial, em favor dos espíritos da Terra. Aumentamos a responsabilidade do aprendizado terreno e agravamos as nossas vidas carnais futuras, mas em compensação poderemos reduzir o número de reencarnações que ainda faltam para completarmos as derradeiras retificações cármicas.

Em lugar de imitarmos o peregrino, que viaja lentamente pelos caminhos do mundo terreno, admirando-lhe as clareiras, a vargem florida, as colinas polarizadas de azul-violeta, ou que se detém em descanso sob a árvore amiga, preferimos nos transformar no atleta que, em fatigante corrida, renuncia ao encanto da paisagem, a fim de alcançar o mais breve possível o ponto de chegada e receber o prêmio. E somos muitos nessa empreitada heróica, decisiva e esperançosa, à procura da nossa mais breve ventura espiritual e retorno à paisagem de nosso mundo bastante afetivo; comparamo-nos a muitos fios d'água, que tentam convergir harmonicarnente para o mesmo leito, a fim de formarem o rio caudaloso e de utilidade comum.

Entre esses exilados saudosos de seu orbe, mais evoluído do que a Terra, existe um elo íntimo, desconhecido dos terrenos e que, conforme no-lo adverte Ramatís, fá-los notarem a sua verdadeira identidade extraterrena e sentirem a estranha melancolia espiritual, que lhes é comum.

PERGUNTA: — Sempre pensamos que o carma é um determinismo absoluto, sem qualquer possibilidade de modificação em efeitos, depois de praticada uma ação má. Não é assim?

ATANAGILDO: — Há um só determinismo absoluto, criado por Deus: é o fatalismo de o animal humano se transformar em anjo.

Com a Lei do Carma, que é a própria Lei do Progresso Espiritual, podem se ajustar e conciliar as deliberações boas dos próprios espíritos, os quais têm o direito de compor agradáveis destinos na sua vida terrena, porquanto o Pai é magnânimo e concede alguns bens antecipados aos seus filhos, desde que haja fidelidade em seus deveres espirituais.

A vontade de Deus não se compara a um mecanismo

inquisidor de retificação espiritual; essa retificação ocorre porque os seus próprios filhos titubeam na caminhada e, por isso, precisam retornar obrigatoriamente ao ponto de partida da ascensão espiritual. Se a humanidade que se agita na superfície de todos os orbes suspensos no Cosmo realizasse movimentos absolutamente harmoniosos e vivesse o mais elevado padrão de amor e sabedoria, sem dúvida o carma ou a Lei de Causa e Efeito (ou a ação e reação) também seria um determinismo eternamente venturoso. Entretanto, não se justifica a excessiva dramaticidade com que encarais o carma, pois não passa de um processo normal e ininterrupto, que conduz a centelha espiritual a desenvolver a consciência de si mesma.

Através das peripécias dolorosas, exílios planetários e retornos felizes, os espíritos terminam se enquadrando dentro desse determinismo venturoso, porque, em verdade, é o mecanismo que nos desperta para a Felicidade Eterna. Qual é a natureza essencial do carma, esse determinismo absoluto criado por Deus, senão um meio de proporcionar a Ventura Eterna aos homens?

PERGUNTA: — Mas o certo é que ocorre de fato essa série de sofrimentos, dores e vicissitudes, que não podemos considerar como sendo "momentos venturosos", pois a Lei cármica é implacável durante o reajustamento espiritual; não é assim?

ATANAGILDO: — É certo que as purgações individuais ou coletivas assim se fazem, porque, no decorrer das mesmas, criais movimentos irregulares ou desarmônicos que não se ajustam ao abençoado determinismo do Bem ideado por Deus.

Quando nossas ações começam a gerar discórdias e a dificultar o "determinismo feliz", que é o nosso Carma Cósmico, surgem as reações retificadoras, a fim de que a engrenagem sideral prossiga na sua pulsação rítmica de Harmonia e Felicidade Angélica. Uma vez que sois vós mesmos que perturbais essa venturosa pulsação de equilíbrio espiritual, por que não podeis também intervir nele e elaborar novos planos que melhorem o vosso destino cármico no seio do carma do próprio planeta? O carma do indivíduo está submetido ao carma coletivo da família, ao de sua raça ou do seu planeta; este, por sua vez, está engrenado na pulsação do carma do sistema solar.

Desde que exorbiteis do ritmo normal, venturoso e espontâneo, estabelecido por Deus, tereis que ser retificados por outro ritmo severo e opressivo; ora, se preferis antecipar o "efeito" ou a "reação" que gerastes sobre vós mesmos, no passado, que importa isso ao determinismo absoluto de Deus, que sempre é Ventura? Importa a vós mesmos; não é assim?

PERGUNTA: — Vós sabeis que ainda temos dificuldade para distinguir com completo êxito o que é o bem e o que é o mal. Podemos ser castigados por isso?

ATANAGILDO: — As vossas vidas, apesar de serem regidas pelo mecanismo da dor e do sofrimento físicos, ainda acrescidos das vicissitudes morais e econômicas, também possuem as expressões de alegria, de paz, de ventura, e os momentos de divertimentos e gozos em comum. Decorrido o tempo necessário para que o espírito se liberte da matéria e encete o seu vôo definitivo às regiões excelsas, ele verifica que todos os seus sofrimentos e tropeços registrados na sua jornada pelos mundos físicos nada mais significam que etapas educativas do processo de crescimento angélico.

Então o próprio mal fica sendo compreendido pela alma como sendo estado de resistência espiritual à sua própria ascensão; e ela não mais o considera como castigos conseqüentes de pecados contra a moral divina.

Deste modo, justifica-se o velho brocardo de que "Deus escreve direito por linhas tortas". Cada fato ou cada ato que se registra na trajetória da vida do espírito, por mais incoerente ou errado que pareça à moral humana, é sempre uma experiência salutar, que fica participando da consciência do espírito eterno.

PERGUNTA: — Poderíamos saber qual foi o motivo fundamental da vossa aproximação com Cidália, da qual resultou vosso noivado, depois interrompido com a vossa desencarnação? Desde que havia um certo determinismo nesse encontro na Terra, é de crer que deveria existir nele algum outro objetivo secundário; não é assim?

ATANAGILDO: — Indubitavelmente, o meu encontro com Cidália, na minha última existência carnal, não foi apenas uma ocorrência fortuita. Em virtude de nos encontrarmos atuando na mesma faixa vibratória de sentimentos e ideais, embora com certas diferenças, havíamos combinado antes, no Espaço, conjugarmos os nossos destinos já enlaçados no velho Egito, a fim de realizarmos um apressamento espiritual na Terra. De

... uma Proposta de Luz

acordo com o seu próprio carma, Cidália deveria se casar, na existência material, mas não comigo, tanto assim que de fato casou-se com outro homem, a quem ela impunha profunda ascendência moral desde o passado secular. Tratava-se de um antigo adversário de vidas anteriores, já agora em via de renovação espiritual, a quem Cidália, com proveito para si mesma, deveria favorecer nos seus últimos esforços de redenção.

Como os ascendentes biológicos da família de Cidália atendem muito bem às disposições orgânicas de sensibilidade nervosa e ao tipo de sistema endócrino de que muito irei precisar em futura reencarnação no Brasil, espero tornar-me seu neto até as proximidades do ano 1970. O esposo de Cidália descende de velha estirpe grega, que tanto forneceu escravos como preceptores à orgulhosa Roma dos Césares e, assim, na figura de meu futuro avô materno, ele muito me auxiliará no contato regressivo à linhagem psíquica da Grécia, que realizarei futuramente e que se evidencia como fundamento da minha atual psicologia.

Acresce, também, que a presença de acentuado ramo da linhagem romana no sangue e no psiquismo do esposo de Cidália, meu futuro avô, despertar-me-á certos impulsos de comunicabilidade, senso artístico e gosto à música, tão característicos da raça italiana. Esse plano, que deverá ser norteado pelo departamento "Biopsíquico" de minha metrópole astral, passou a se concretizar exatamente no momento de minha aproximação com Cidália, na última romagem terrena.

PERGUNTA: — Desde que desencarnastes em virtude de moléstia grave, conforme nos dissestes, tendo guardado o leito por determinado tempo e se submetido a um grande sofrimento físico, não indica isso que também tivestes que liquidar algum outro débito passado, de acordo com o que preceitua a Lei do Carma?

ATANAGILDO: — A dor não deve ser encarada assim, de modo tão radical, pois nem sempre é resgate de faltas, mas sim um processo de aperfeiçoamento ou de técnica retificadora, sendo que em muitos casos é apenas o efeito da ação sobre o meio em que o espírito atua. Se considerarmos a dor exclusivamente como resgate de delitos passados, teremos de procurar a origem do sofrimento de todos os animais e mesmo de muitos missionários e instrutores religiosos, que suportam o sofrimento para nos indicar a senda da Verdade.

Embora não esteja expiando culpas do passado, é certo que o cão morre triturado sob as rodas dos veículos; o boi tanto sucumbe nos matadouros como em conseqüência de moléstias, enquanto os ratos morrem acossados pela peste ou caçados impiedosamente nos cantos sombrios dos velhos casarões. Desde que se admita o Carma como a lei mosaica do "olho por olho e dente por dente", é evidente que teremos de supor que Jesus, pelo fato de ter sido crucificado, deveria estar resgatando delitos do passado.

O pianista que pretende alcançar êxito na sua carreira artística, ou o cantor que deseja a glória do sucesso lírico, sem dúvida, terá que se entregar completamente ao seu treinamento e cultura musical; há de se fatigar inúmeras vezes, vivendo entre as angústias do êxito e do fracasso, sem que tudo isso queira dizer que se submeteu a um sofrimento para resgate de faltas. Há um determinismo, nesse caso, mas é apenas efeito da arte a que o indivíduo se dedicou, a qual, por ser elevada, exige sacrifício, aflições, desconforto e aproveitamento criterioso do tempo.

Qual o sentido da vida material, senão o de um disciplinado experimento, para que o animal seja domesticado em suas paixões grosseiras, dando lugar ao anjo glorioso dos planos edênicos? Através da dor, que tanto atemoriza os seres humanos, opera-se um aperfeiçoamento, pois as formas inferiores terminam adquirindo qualidades superiores. Na dor "mineral", o carbono bruto se transforma em cobiçado brilhante; na dor "vegetal", a videira podada se cobre depois de flores e frutos sazonados; na dor "animal", as espécies inferiores alcançam a figura ereta do homem e, na dor "humana", o homem se transfigura em anjo eterno. Em verdade, tudo isso não passa de um processo benéfico e sublime, disciplinado pela técnica que transforma o inferior em superior.[1]

PERGUNTA: — Já sabíeis, porventura, que na Terra iríeis sofrer conseqüências além das determinadas em vosso próprio compromisso cármico?

ATANAGILDO: — Conforme vim a saber no Espaço, a minha desencarnação deveria se verificar entre 28 e 30 anos

---

1 — Nota do Médium · Creio que o leitor já percebeu nessa digressão a influência do espírito de Ramatís sobre Atanagildo.

... uma Proposta de Luz

de idade terrestre, para que depois eu pudesse realizar o rápido estudo que ora faço, no Mundo Astral, a fim de obter mais conhecimentos necessários para controlar o meu retorno à Terra, que provavelmente se dará entre 1965 e 1970. Em face das modificações que já se efetuaram no orbe terráqueo, determinadas pelo carma do próprio planeta, o próximo milênio dar-me-á excelente ensejo para que eu possa consolidar as últimas "retificações mentais", a fim de retornar depois ao mundo de onde fui exilado há milênios, quando de sua seleção espiritual, semelhante à que se inicia na Terra.

Enfrentei a morte física diversas vezes e ainda deverei enfrentá-la mais duas ou três vezes, em futuras reencarnações. O modo por que morreria, na minha última existência, ficara adstrito aos ascendentes biológicos da família na qual me reencarnara e, por isso, adquiri aquela enfermidade dos rins, que era mais propriamente fruto das tendências hereditárias da mesma.

Por meio de um processo desconhecido para vós, eu procurei, durante o período de minha enfermidade, drenar um resto de toxinas da minha veste perispiritual. Para isso, o leito do sofrimento me fez demorar o tempo suficiente para refletir sobre a minha vida em exaustão, auxiliando-me no reajustamento das minhas emoções, bem como favorecendo o diapasão vibratório e favorável para um retorno mais equilibrado ao lar espiritual no Além-túmulo.

Felizmente, não desencarnei por acidente ou mesmo por causa de um colapso cardíaco, pois a morte por desprendimento fulminante violenta sempre o perispírito e causa sensações muito dolorosas à alma desencarnada, em face da mudança súbita para o Plano Astral. Só as almas muito elevadas, que na matéria já vivem grandemente afinadas ao Plano Astral Superior, com raciocínios poderosos e vontade bastante disciplinada, é que conseguem desencarnar subitamente sem sofrer ou se atemorizar pela mudança tão brusca. Por isso, o modo como desencarnou Jesus, ou Sócrates, resultaria para muitos num acontecimento da mais penosa angústia e desespero no Plano Astral; no entanto, para Jesus, cuja consciência já vivia em contato permanente com o reino espiritual, ou para Sócrates, que aceitou a taça de cicuta como um inofensivo brinde de aniversário, é óbvio que a desencarnação significou apenas a singela operação de abandonar o vestuário denso, desafogando o espírito que já habitava os planos superiores.

PERGUNTA: — É muito comum dizer-se, na Terra, que os grandes sofrimentos ou agonias no leito de morte resultam de grandes culpas do passado. Há fundamento nessa asserção popular?

ATANAGILDO: — Durante a enfermidade demorada, o desencarnante tem tempo de ajustar melhor o seu padrão espiritual, examinando os seus feitos bons ou maus ocorridos no mundo material, enfrentando-os com calma e tempo para deles extrair as melhores ilações de culpas ou de méritos. Isto não lhe seria tão fácil de realizar logo às primeiras horas de desencarnação, em face da grande sensibilidade do perispírito, que reage violentamente ao menor pensamento de angústia ou medo. O leito do moribundo não é o detestado "leito de dor", como o denominam os materialistas e os religiosos iludidos pelos dogmas infantis; ele significa a "antecâmara" da grande viagem, que ainda oferece derradeira oportunidade para qualquer drenagem antecipada do psiquismo enfermo, podendo o espírito livrar-se de muito remorso e aflição, no Espaço, por havê-lo corrigido em tempo e ainda na Terra.

Mesmo na esfera dos negócios humanos — quanto ao acerto das obrigações financeiras para com a família que fica, e à orientação espiritual para os descendentes — a alma ainda tem tempo de resolvê-los satisfatoriamente, no curso das longas enfermidades. E isso concorre para se evitar as vibrações tumultuosas que a família confusa e desprevenida emite diante de uma desencarnação prematura, projetando-as em súplica ou queixa àquele que partiu sem se harmonizar com as responsabilidades do mundo.

PERGUNTA: — Poderíamos saber se, em face das condições favoráveis de que gozais na metrópole do Grande Coração, já sois um dos chamados espíritos adiantados, livre dos problemas angustiosos do Além?

ATANAGILDO: — Evidentemente, a minha graduação espiritual é boa em relação às situações angustiosas de milhares de espíritos infelizes, que ainda vivem apavorados e desamparados no Astral Inferior. No entanto, considero-a bastante precária quando comparada à situação das almas superiores, que vivem acima de minha presente moradia astral. A condição

... uma Proposta de Luz

de espírito adiantado, para mim, é muito relativa, pois ainda estamos em degraus bem baixos se considerarmos a infinita hierarquia dos anjos e arcanjos, que nos precedem na imensurável escadaria sideral.

Represento um modesto grau de consciência nessa escalonada espiritual, assim como entre vós uns manifestam graus mais adiantados e outros mais atrasados do que o vosso padrão atual evolutivo. É certo que já pude alcançar um estado de paz e de compreensão espiritual que me coloca em posição algo venturosa, comparando-o com o da maior parte da humanidade terrena, que ainda se digladia ferozmente pela posse dos tesouros precários, dos galardões dourados ou dos poderes provisórios, que inevitavelmente terão de deixar à beira do túmulo. Na minha última existência terráquea, não me seduziam mais as quinquilharias terrenas, que pesam tanto em nossa economia angélica. Essa paz e compreensão de que vos falei é de natureza exclusivamente interior, que representa incessante sustentação vigorosa e equilibra o nosso espírito, cujo valor indiscutível não trocamos por nenhum tesouro ou prazer sedutor do mundo físico.

A comunidade astral do Grande Coração, a que me filio no momento, corresponde aos ideais e propósitos que já esposava na Terra, como preâmbulo de minha definitiva procura do mistério do espírito. O cenário exterior do agrupamento espiritual onde vivo, e as relações que se processam entre os seus moradores, são de molde a me causarem o maior contentamento e estímulo para novas jornadas evolutivas.

PERGUNTA: — Gostaríamos de saber qual foi o vosso modo de vida na Terra, a fim de nos inspirarmos no vosso padrão de atividades, uma vez que alcançastes uma situação bastante agradável, no Além.

ATANAGILDO: — Não guardeis essa grande ilusão; não creio que o meu modo de vida, na Terra, possa vos servir de melhor roteiro do que aquele que já nos doou o insigne Mestre Jesus. Com sua vida tão simples e, ao mesmo tempo, tão grandiosa em amor e bondade, ele ofertou-nos a definitiva chave que nos abrirá as portas do céu. O nosso júbilo no Além depende exclusivamente do nosso modo de pensar, sentir e agir no mundo material; mas, sob qualquer hipótese, todo êxito decorre da maior ou menor integração viva no Evangelho de Jesus. Uma vez que a minha relativa ventura, no Espaço, dependeu

78   Ramatís...

exatamente da aplicação íntima dos postulados evangélicos em minha vida terráquea, o mais aconselhável e sábio não é que sigais os meus passos, mas que procureis, resoluta e incondicionalmente, a fonte original na qual me inspirei, que é esse admirável Evangelho, o verdadeiro Código Moral de nossa evolução espiritual na época em que viveis.

PERGUNTA: — Quando foi realizado o vosso funeral, sentistes alguma irradiação perniciosa, partida da mente dos vossos acompanhantes?

ATANAGILDO: — Não tive conhecimento do meu funeral, porque perdi a consciência de mim mesmo logo em seguida à minha desencarnação; quando despertei, já me encontrava naquele agradável refúgio astral, que vos descrevi antes. No trabalho sidéreo desempenhado pelos mentores espirituais, são sempre evitados quaisquer acontecimentos que não produzam mais influências ou modificações no íntimo de nossa alma. A minha presença em espírito, ao funeral do meu corpo físico, só seria proveitosa se ainda me fosse preciso avaliar a reação psíquica daqueles que me cercavam no mundo material ou, então, se necessitasse saber da posição mental para comigo, por parte de algum adversário deixado na Terra. Mas eu partia da Crosta sem mágoa ou qualquer diferença vibratória para com alguém, afora certa animosidade para comigo, por parte de Anastácio.

Eu já possuía um grande treino psicológico no contato humano, assim como resgatara com paciência a dívida cármica para com o meu derradeiro adversário do passado. Aquilo que eu poderia aquilatar e concluir durante a realização do meu enterro corporal, eu já o havia conseguido muito antes de desencarnar.

PERGUNTA: — Ainda na crença de que nos poderá ser útil conhecer o teor da vida terrena que vos proporcionou alguns benefícios no Além, gostaríamos de que, ao menos, nos désseis uma idéia dos vossos propósitos gerais cultivados na Terra. Não estaremos sendo indiscretos ou descorteses para convosco?

ATANAGILDO: — Eu sou apenas uma centelha espiritual, cuja vida está intimamente relacionada com os vossos destinos; em conseqüência, não há descortesia em me pedirdes que relate aquilo que é de nosso interesse e que pode servir de

... uma Proposta de Luz

aprendizado educativo. Desde muito jovem, eu já era bastante devotado à filosofia ocultista, profundamente interessado em saber a origem e o destino da alma, e por esse motivo compulsava amiúde todos os ensinamentos oriundos da tradição mística hindu ou dos velhos conhecimentos egípcios. Quando se me abriram clareiras de luz espiritual, principiei a vigiar todos os meus pensamentos e a controlar os meus julgamentos alheios, assim como o domador vigia as feras que pretende domesticar.

Esforcei-me muitíssimo para destruir o germe daninho da maledicência, que nos é tão comum nas relações humanas, constituindo um mau hábito tão disfarçado, que chega a nos lograr inconscientemente. Mesmo quando havia razões lógicas para eu julgar alguém, preferia deixar de lado o assunto e não emitir pareceres antifraternos; vivia despreocupado das histórias pecaminosas e do comentário das mazelas alheias. Afastava-me também do anedotário indecente, evitando rebaixar, quer pela linguagem, quer por pensamento, essa nossa companheira de existência, que é a mulher, que passei a tratar com elevado respeito, vendo-a apenas como filha, irmã, esposa ou mãe. Esse respeito estendi-o mesmo às infelizes irmãs que descambam para as torpezas da prostituição da carne.

Era particularmente simpático e entusiasta para com tudo que propendesse para um sentido universalista e educativo, respeitando o fundo espiritual de todas as religiões e doutrinas sectaristas, embora não pudesse me furtar, de vez em quando, à necessidade de esclarecer os religiosos ainda algemados aos seus dogmas. Esforçava-me para derrubar a extensa mataria religiosa criada pela ignorância humana, sem que com isso procurasse magoar os seus fiéis adeptos. Não me preocupava a idéia de saber quem era o melhor — se o pastor protestante, o sacerdote católico, o doutrinador espírita, o instrutor esotérico ou o teosofista — e reconhecia em todos o esforço para ensinar a humanidade a se encaminhar para Deus.

Sem dúvida, não podia trair os meus novos propósitos no mundo, nem olvidar aquilo que me beneficiara tanto com a paz e a compreensão íntima, motivo por que pregava a Lei da Reencarnação e a Lei do Carma de modo positivo e insistente, transmitindo ao homem moderno novos conceitos que ainda esclareciam e valorizavam a Bondade, o Amor e a Sabedoria de Deus. Também não guardava a ingênua ilusão de me salvar

80

Ramatís...

espiritualmente só pelo fato de manusear compêndios de alto ensino espiritualista, na forma de conhecimentos esotéricos, teosofistas, espíritas, rosa-cruzes etc., pois considerava tudo isso apenas como lanternas que muito me poderiam auxiliar no encontro de mim mesmo.

Importava-me, antes de tudo, o estado de harmonia espiritual com todos os meus irmãos, sem me preocupar diretamente com as suas doutrinas e preferências. Nunca tive, também, pretensões ou vocação para "salvar" profitentes de credos, seitas ou religiões, ou defender princípios religiosos entre adversários, na tola vaidade de demonstrar maior conhecimento da Verdade. Acreditava que, discutindo com o meu irmão adverso, de outro credo, eu o desgostaria, o que me parecia bastante anti-evangélico; no entanto, se fosse derrotado nos argumentos aplicados para a defesa do meu sistema religioso simpático, sem dúvida, exporia ao ridículo aquilo que não soubesse defender a contento.

Entendia, como entendo, que "só o amor salva o homem" e não os credos ou filosofias geniais. Embora insaciável no conhecimento, e incessantemente à procura de novos bens do espírito, costumava efetuar íntimas consultas a Jesus toda vez que deparava com um problema de ordem fraterna, religiosa, moral ou desfavorável ao meu irmão. Para mim, foi fácil viver com todos e sentir prazer nessa afetividade incondicional, porque sempre evitei me tornar um sectarista ou intolerante, algo como o prolongamento enfermo de uma doutrina ou religião.

PERGUNTA: — Do que nos dizeis, deduzimos que preferíeis ser um cristão a serdes ligado especificamente a um credo religioso; não é assim?

ATANAGILDO: — Exatamente; mas, muitas vezes, inspirando-me no Cristo, chegava a ter receio de afirmar que era um cristão e guardava o digno propósito de não me diferenciar dos meus irmãos budistas, muçulmanos, taoístas, judeus, hinduístas ou confucionistas que, por uma índole psicológica particular, e, atendendo ao seu clima emotivo, seguem doutrinas anteriores àquelas que se inspiraram nos postulados deixados por Jesus.

Desde que os ocidentalistas eram cristãos por seguirem o Cristo-Jesus, dizia-me a "voz divina" que, para eu estar com todos, deveria antes ser "crístico" e não "cristão", pois enquanto ser cristão é integrar-se com exclusivismo no conjunto dos seguidores do Rabi da Galiléia, ser "crístico" é fundir-se ao princípio do Amor, que é a essência de todos os seres criados por Deus. Sendo o Cristo a segunda manifestação cósmica e indissolúvel do próprio Amor de Deus, aquele que se diz crístico está sempre pronto a se comunicar amorosamente com todos os seres, independentemente da procedência dos postulados religiosos de cada um. Graças a essa minha incessante disposição de afeto incondicional e acentuada despreocupação pelos bens materiais ou preconceitos em moda, a minha desencarnação não produziu choques excessivos na estrutura do meu perispírito, pois já havia logrado certo "afinamento" vibratório, que muito me auxiliou na ascensão para o lugar onde obtive o repouso confortante. E foi esta uma das razões por que também me livrei das situações incômodas do cerimonial fúnebre.

PERGUNTA: — Não é melhor que sigamos o caminho religioso, doutrinário ou filosófico que mais se afine à nossa psicologia espiritual? Dizemos isto, porque ainda sentimos certa relutância para tomar parte numa fusão geral das religiões, na qual perdêssemos a nossa característica de simpatizantes de determinado credo. Que nos dizeis a esse respeito?

ATANAGIILDO: — Não vos esqueçais de que apenas vos estou dando notícias de minha experimentação particular — é o caso pessoal de um espírito. Essa foi a minha índole, que me tornou psicologicamente incapaz de me isolar num círculo religioso ou doutrina particularizada, embora eu sempre guardasse maiores simpatias pelas correntes espiritualistas iogues, da Índia, em cuja região me reencarnara maior número de vezes.

De modo algum defendo a mistura de conjuntos religiosos, pois é óbvio que, com isso, ganharíeis em quantidade, enquanto perderíeis em qualidade. Dentro da ética avançada do espiritismo, alicerçado sobre o Código Moral do Evangelho, a ordem é de amor incondicional e de respeito completo por qualquer doutrina ou seita, quer esteja aquém ou além dos postulados espiritistas. Quando me dediquei ao estudo da codificação de Kardec, o meu coeficiente de ternura, afeto, tolerância e fraternidade ainda mais se ampliou, assim como a chuva benéfica, em terreno ressequido, enseiva as plantinhas emurchecidas. Tudo depende, portanto, do sentido em que tomardes o vosso caminho, porque, se os credos são dos homens, o Amor de Jesus é doutrina de Deus.

A Sobrevivência do Espírito

Capítulo 3
Noções sobre o perispírito e suas delicadas funções

PERGUNTA: — Em face das dificuldades que na vida física nos impedem de conhecer com exatidão a vida do espírito desencarnado, ser-vos-á possível dar-nos melhores detalhes sobre a natureza do perispírito depois da morte do corpo físico?

ATANAGILDO: — Desde que vos compenetreis de que um espírito não é nenhum fantasma compungido ou consagrado pelas lendas fantásticas do passado, ou um produto virtual da imaginação do médium, julgo bastante conveniente que indagueis sobre a seqüência de nossa vida espiritual, o que muito poderá vos auxiliar depois da desencarnação.

PERGUNTA: — Apesar de diversas obras espíritas fornecerem numerosos detalhes sobre a natureza e a estrutura do perispírito, ainda não conseguimos formular uma idéia exata desse corpo astral depois de desencarnado, e por esse motivo gostaríamos que nos auxiliásseis a clarear melhor as nossas idéias a esse respeito. Podeis explicar, por exemplo, como sentis o vosso perispírito ou, então, como ele se vos apresenta neste momento?

ATANAGILDO: — Sinto-me mais vivo; muitíssimo mais vivo do que quando me encontrava algemado ao pesado escafandro de carne, que deixei na sepultura terráquea. Esse corpo sobrevivente e que denominais de "perispírito" é muito mais complexo e de maior valor que o organismo físico, pois o corpo de carne é feito para o homem viver na Terra a média de 60 ou

80 anos; por esse motivo, a técnica sideral o projeta no campo de forças planetárias dentro de uma resistência prevista para essa média de vida. O perispírito, no entanto, é organização definitiva, cuja vida não pode ser medida pelo calendário humano; a sua constituição teve início há alguns milhões de anos terrenos, durante os quais ele veio se plasmando através de todos os reinos da natureza e no seio de todas as espécies inferiores.

Durante esse prolongado mas progressivo desenvolvimento, acumularam-se nele as energias fundamentais, plasmaram-se os órgãos e os sistemas etereoastrais, até ele alcançar o progresso e a sensibilidade suficiente para servir como o mais valioso veículo intermediário entre o mundo invisível dos espíritos e o mundo físico dos encarnados.

Ainda são raras as criaturas que se apercebem da complexidade de todos os órgãos e atividades do perispírito, cujo equipo tanto preexiste ao nascimento físico como sobrevive após a morte carnal.

PERGUNTA: — Segundo temos observado, a maioria das criaturas ainda pensa que o perispírito é um corpo constituído do éter flutuante, que esvoaça à vontade do espírito e não possui qualquer organização ou função que lembre o corpo físico. Que dizeis?

ATANAGILDO: — Não ignoro que algumas pessoas imaginam o perispírito como sendo um bloco de fumaça ou, então, o supõem igual a uma espécie de massa vaporosa e informe, que vagueia daqui para ali, mas que tudo vê, ouve e sente, assim como se um floco de nuvem tivesse inteligência e vida própria.

Se eu fosse uma dessas configurações etéricas esvoaçantes, é óbvio que, neste momento, não poderia levar a minha mão à cintura, como o estou fazendo, pois seria de crer que essa mão afundar-se-ia no seio da massa gasosa de que devia ser eu constituído... Mas a verdade é que, ao apertar minha cintura etereoastral, tenho o sentido do tato, e além disso, uma percepção de vida muitíssimo mais viva do que se estivesse no corpo físico. Encontro-me atuando num campo vibratório excessivamente mais dinâmico e fenomenicamente mais elástico do que o é o plano letárgico e pesadão da matéria.

PERGUNTA: — Então, por que motivo vemos os espíritos

tão deformados nas fotografias de materialização?

ATANAGILDO: — Tendes alguma razão na pergunta, pois nas fotografias de materialização dos espíritos, ou ainda durante a produção desse fenômeno, as nossas figuras parecem recortadas no açúcar-cande fluidificado, instáveis e sem continuidade, movendo-se no seio de massas gasosas, como se realmente fôssemos nuvens de algodão com movimentos espasmódicos e deformantes. Bem sei que às vezes nos vedes semelhantes a máscaras carnavalescas, cujos olhos, bocas e nariz horrendos não só assustam os neófitos, como ainda impressionam mal muitos freqüentadores de sessões de fenômenos físicos que então nos julgam egressos de um mundo mórbido e lúgubre, no qual é provável que só vivamos nos compondo e nos desfazendo incessantemente no seio da fumaça leitosa do astral. Mas tudo isso é conseqüente de dificuldades no trabalho e por causa dos tipos de ectoplasma de certos médiuns, pois em muitos deles a fluidificação é rude e primária, produzida em centros orgânicos demasiadamente instintivos, sem a sutilização vibratória suficiente para configurar todas as minúcias e contornos de nossa verdadeira configuração perispiritual. Na verdade, a nossa aparência é bem outra, pois os espíritos, quanto mais evoluídos, tanto mais se tornam belos e rejuvenescidos em seu aspecto humano: os seus modos são agradáveis, e eles têm certa graça e leveza que pode ser comparada à delicadeza dos movimentos dos pássaros.

PERGUNTA: — Temos observado que mesmo alguns dos espiritualistas mais estudiosos não escondem o seu constrangimento quando se lhes diz que o perispírito possui órgãos muito parecidos aos que existem no corpo físico. Que nos dizeis a respeito?

ATANAGILDO: — É certo que muitos espiritualistas ainda se escandalizam com essa idéia, que lhes parece absurda, de os espíritos desencarnados possuírem ainda órgãos semelhantes e bem mais complexos do que os existentes no corpo grosseiro de carne. Como se poderá convencer todos os cidadãos do mundo terreno, ante um assunto ainda tão discutido no vosso mundo, como o é o da natureza do nosso corpo desencarnado? De um lado, alguns afirmam que não passamos de massas gasosas simulando mórbidas caricaturas humanas; de outro lado, há os que não nos consideram simplesmente como fumaça astral, mas também não querem admitir a fisiologia importantíssima do

... uma Proposta de Luz

perispírito e a sua semelhança com a configuração carnal, porque não podem conceber a idéia de coração, pulmões ou fígado funcionando dentro de um corpo espiritual.

Há os religiosos dogmáticos que nos consideram bandos de almas penadas, sofrendo o castigo das chamas do inferno, ou então como felizes borboletas em eterno vôo sem pouso, no seio das nuvens amigas, ou presas no céu a contemplar a "face" de Deus... Há os que crêem que detestamos qualquer parente, afeto ou coisa que tenha ficado no mundo terreno do pecado e que, por isso, não abandonamos o céu para visitá-lo afetuosamente. Outros consideram-nos como prolongamentos vivos de nossos ideais e responsabilidades, vivendo em ambiente sensato e sem hiatos violentos, possuindo corpos adequados às relações com o meio astral, porém temem-nos como espantalhos ou figuras doentias e caricatas de um mundo melancólico.

PERGUNTA: — Mas guardais ainda a sensação de estardes ligado a um corpo com exigências orgânicas semelhantes às da natureza carnal?

ATANAGILDO: — É mister compreenderdes que os órgãos do corpo físico, como já tenho dito por diversas vezes, são apenas cópias resumidas dos modelos ou das matrizes orgânicas esculpidas na substância etereoastral do perispírito e que há muitos milênios constituem a sua exata fisiologia.

Neste momento em que me comunico convosco — não tenhais dúvida! — estou sentindo o meu coração a bater, num ritmo perfeito e facilmente controlável pela minha própria força mental desenvolvida; posso acelerá-lo ou reduzi-lo em seus movimentos de diástole e sístole. Basta impor-lhe a minha vontade e esse magnífico órgão etereoastral modificará o padrão de sua pulsação comum no ambiente em que vivo, coisa que ainda não podeis fazer com o vosso coração carnal, embora eu vos possa afirmar que, no futuro, o homem físico ainda venha a alcançar esse resultado tão admirável.

Atualmente, os homens terrenos aceleram inconscientemente os seus órgãos físicos quando atuam nos seus originais existentes no perispírito; mas, infelizmente, não o fazem por maturidade espiritual e sim através da violência, do desregramento ou da irascibilidade, ou como conseqüência da cólera, do ódio, do ciúme ou do amor-próprio ofendido.

Não tendes observado, porventura, que as criaturas que

mais sofrem dos intestinos, do duodeno ou do fígado são geralmente as que mais se queixam de ser muito nervosas ou de exagerada sensibilidade? A verdade é que elas são mental e psiquicamente muito descontroladas e, por isso, vivem molestando os órgãos do perispírito e lesando continuamente as suas contrapartes físicas.

PERGUNTA: — Pensamos que o vosso atual equilíbrio perispiritual é devido em grande parte aos estudos mentalistas a que vos dedicastes quando ainda vos encontráveis encarnados. Não é assim?

ATANAGILDO: — Tenho insistido em vos dizer que não se alcança santificação nem se consegue genialidade a toque de magia ou de ociosidade mental. Sem dúvida, a Terra é nossa escola primária de educação espiritual e ai daqueles que subestimam os seus valores educativos, na crença ingênua de que depois irão desenvolver todos os seus poderes no Além. Sei que muitas criaturas do vosso mundo vicejam pelo catolicismo, pelo protestantismo, pelo espiritismo e círculos esotéricos, mas se desinteressam de qualquer estudo ou leitura aproveitável, que lhes desperte outros valores além da cômoda contemplatividade sectarista. Evidentemente, esperam o pretenso milagre que lhes compense a ociosidade mental e os torne senhores da mente, assim que abandonarem o corpo físico, que acreditam ser a verdadeira causa do seu embaraço psíquico na Terra. Quando me encontrava encarnado pela última vez, estudei muitíssimo a ciência da respiração iogue; então eduquei a vontade e a apliquei poderosamente sobre todas as zonas respiratórias, conseguindo acentuado poder sobre os meus pulmões. Com esse exercício disciplinado, consegui também o controle mental dos pulmões originais do meu perispírito.

Através de certo método da ioga, que não me cumpre descrever nesta obra, eu havia também aprendido a descarbonizar o sangue e torná-lo mais puro, aproveitando com êxito tanto o oxigênio fluente da corrente arterial, como libertando imediatamente as cotas oxigênicas que na corrente venosa se uniam na forma de anidrido carbônico.

Também costumava inundar completamente de ar os pulmões, operando através da respiração baixa, média e alta, tão familiar aos "hata-iogues", para que a mais diminuta quantidade de ar, purificado pela mente e controlado pela vontade, pudesse atingir o extremo do ápice pulmonar e expulsar qualquer resíduo nocivo à integridade pulmonar e à renovação sangüínea. Como os pulmões físicos são cópias exatas dos pulmões do perispírito, é óbvio que, neste exercício energético e perseverante, eu não só ativava os órgãos carnais e purificava todo o sistema respiratório, como ainda obtinha excelentes resultados no aprimoramento dos próprios pulmões perispirituais, que hoje me relacionam otimamente com o meio astral.

É evidente, pois, que devo muito do meu equilíbrio perispiritual à feliz conexão entre as minhas forças mentais, algo desenvolvidas, conjugadas propositadamente ao metabolismo psicofísico respiratório.

PERGUNTA: — Podeis nos informar se os desencarnados se preocupam também com a saúde do perispírito, assim como procedemos para com o corpo físico?

ATANAGILDO: — Isso é evidente, pois quando fui recebido na metrópole do Grande Coração, os técnicos examinaram as condições de minha saúde etereoastral e felicitaram-me pelo excelente estado dos meus pulmões, cuja limpidez e transparência — asseguraram-me — os faziam parecidos a dois órgãos confeccionados em lâmina de cristal iluminado. Não registro este fato a título de vaidade tola, mas apenas para lembrar-vos de que sempre colhemos os resultados exatos de nossa boa ou má semeadura.

Não posso eximir-me de vos informar que devo muito de minha saúde perispiritual ao fato de ser sistematicamente adverso ao uso do fumo, do álcool e das toxinas provenientes de gorduras normalmente provindas das carnes de animais abatidos. Embora através do perispírito eu guarde ainda a sensação de possuir um corpo lembrando algo do metabolismo carnal, não vos posso descrever a plenitude do meu gozo sideral, em face da circulação astral se encontrar desimpedida de qualquer estigma terreno.

Baseando-vos no peso e na constituição rude do corpo material, tendes razão em opor dúvidas ao que vos exponho; mas o homem futuro, depois que for senhor de uma forte vontade esclarecida, manejando conscientemente o seu potencial de forças mentais, saberá restabelecer-se, também, de suas enfermidades e submeter todos os seus órgãos materiais à direção completa do espírito.

PERGUNTA: — Mas vos guiastes por alguma doutrina espiritualista ou vos submetestes a experimentações técnicas, por nós conhecidas, para conseguirdes o vosso desenvolvimento psicomental?

ATANAGILDO: — Examinei a fundo todas as fontes espiritualistas que me pudessem abrir clareiras no denso cipoal da vida humana; entreguei-me disciplinada e tenazmente às práticas respiratórias e às purificações mentais. Aprendi a absorver o magnetismo vitalizante do ambiente ou o tradicional "prana", como o designam os orientais, treino que me foi utilíssimo após a desencarnação. Adotei a alimentação vegetariana e repudiei sempre todos os alimentos intoxicantes, perniciosos à saúde humana, e que fatalmente seriam também nocivos à harmonia do meu perispírito. Evitei a submissão fanática a qualquer seita, bem como o arrendamento incondicional de minha pessoa a qualquer instituição religiosa, não obstante reconhecer todas as suas extraordinárias contribuições em favor da Verdade.

PERGUNTA: — Quereis dizer que, embora sejamos portadores de virtudes que nos elevariam a planos superiores, ainda teremos de sofrer as conseqüências de certos descuidos com os principais órgãos do corpo físico; não é assim?

ATANAGILDO: — Se credes, realmente, que todos os órgãos do corpo físico são duplicatas exatas ou cópias perfeitas dos originais existentes no perispírito, também haveis de compreender que tanto o zelo como o descaso humanos produzem efeitos duradouros nesses órgãos tão delicados e valiosos. No caso do cigarro, por exemplo, embora o fumar não signifique pecado contra Deus, há a considerar que, quando o fumo se carboniza, desprende substâncias etereoastrais, que então agridem os pulmões delicadíssimos e causam dificuldades ao espírito após a desencarnação.

PERGUNTA: — Dissestes há pouco que, quando na Terra, já havíeis aprendido a dominar os vossos órgãos respiratórios, para o que muito contribuíram os vossos estudos espiritualistas. No entanto, a maioria dos religiosos, e mesmo alguns espíritas, descrêem de tal êxito. Que nos dizeis a esse respeito?

ATANAGILDO: — A vontade desenvolvida e a mente disciplinada com dignidade tanto podem remover os empecilhos do corpo físico, como controlar as próprias operações dos órgãos autônomos e desenvolvê-los a contento de uma visão sadia. É claro que devem descrer de tal possibilidade aqueles que ainda não conseguiram o domínio espiritual de si mesmos, esperando talvez que algum mago de feira lhes desvende em praça pública os mistérios que sempre foram guardados sob o respeito das instituições iniciáticas, ou os poderes conquistados por almas sensatas e heróicas. Os estudos nesse sentido são sempre apreciados pelos orientais porque eles não se deixam condicionar exclusivamente aos fenômenos transitórios dos cinco sentidos.

Como já deve ser do vosso conhecimento, alguns faquires têm sido submetidos a experiências em determinados centros médicos da Europa e, embora se trate de experiências corriqueiras e por vezes até indesejáveis, eles hão comprovado a força real do pensamento ao demonstrarem absoluto controle mental sobre o metabolismo de seus corpos físicos. Convém lembrar os casos daqueles que se deixam enterrar vivos, em estado cataléptico e algo parecido à moderna hibernação científica. Magos há que aceleram ou retardam a sua pulsação cardíaca, atuando deliberadamente nos centros térmicos de seus organismos, produzindo temperatura gélida ou quente; outros invertem as funções peristálticas do intestino e apressam a diurese ou a produção de sucos gástricos e pancreáticos. Se alguns homens sem grandes atributos crísticos, mas teimosos e tenazes em sua disciplina física, conseguem exercer domínio e controle em seus corpos carnais, dirigindo-os a seu bel-prazer, é claro que esse domínio, aqui no astral, pode ser alcançado de modo mais positivo e com absoluto sucesso, porque já estamos livres das algemas da carne.

Esses fenômenos são conseguidos em vosso mundo pela feliz atuação da vontade treinada sobre o perispírito e, em conseqüência, os órgãos etéricos deste último reagem nas suas cópias físicas sustendo funções ou incentivando o dinamismo material. Sabeis que, em hipnose, o paciente, ao receber sugestões imperiosas do hipnotizador, e agindo através de reflexos condicionados, atua nos seus centros térmicos e tanto pode baixar como elevar sua temperatura, sob a vontade daquele que o induz a sentir frio ou calor. Sabeis ainda que a vontade do hipnotizador pode fazer regredir a personalidade adulta do hipnotizado, obrigando-o a escrever até com as próprias garatujas que lhe eram próprias na longínqua infância.

Se mesmo através de representações corriqueiras, em palcos públicos, fica demonstrada a capacidade mental que o homem pode atingir por meio apenas da perseverança e tenacidade, imaginai, então, o que podemos realizar com a sabedoria do espírito, visando fins nobres.

PERGUNTA: — O que nos informastes, relativamente à existência de órgãos no vosso perispírito, como sejam coração, fígado, estômago e intestinos, nos deixa algo intrigados, pois supúnhamos que já estivésseis isento de qualquer função fisiológica, em face de o vosso corpo ser espiritual.

ATANAGILDO: — Preliminarmente, cumpre-me lembrarvos de que o meu corpo espiritual nada tem de excepcional, em relação aos vossos, senão a durabilidade, pois é organização definitiva. Acresce que a nutrição perispiritual se exerce mais pelo fenômeno da osmose magnética, por absorção e eliminação do magnetismo do meio ambiente. No entanto, conforme o grau de materialidade do espírito recém-chegado da Terra, ele exige recursos afins e grosseiros para atender ao seu metabolismo astral, ainda fortemente condicionado às funções também grosseiras do corpo físico. O perispírito é possuidor de um automatismo permanente, conseqüente da onda de vida que flui por ele e o alimenta, automatismo esse que teve o seu impulso inicial há muitos milênios. Por causa desse poderoso impulso, que não só sustém coeso o perispírito como torna sensível a sua memória etérica e alicerçada a consciência individual do espírito, não é possível destruir-se essa delicada e importante organização. Embora muitas almas delinqüentes sofram horrores na Terra e por isso se desesperem, a ponto, às vezes, de pretenderem extinguir-se definitivamente como entidades conscientes, isto lhes é impossível, em face de jamais poderem neutralizar a onda vital que se formou alhures, na maré da vida planetária. O perispírito é um organismo tão sábio, que é capaz de corrigir quase todos os descuidos do espírito e obedecer docilmente às leis imutáveis que lhe regulam o intercâmbio entre o mundo espiritual e o material. Esse automatismo, tão sábio e eficiente, transfere-se para o corpo físico em cada encarnação do espírito, a fim de que possam ser controlados os fenômenos que podem dispensar o consciente.

PERGUNTA: — Podeis explicar mais claramente esse

... uma Proposta de Luz

91

"automatismo" do perispírito?

ATANAGILDO: — Para o compreender melhor, basta notardes que, sob a ação do automatismo milenário do perispírito, o homem não precisa pensar para dormir ou andar, nem precisa cogitar de promover a assimilação nutritiva e a produção de sucos ou hormônios, dispensando também o controle pessoal dos fenômenos excretivos de toxinas, suores e substâncias perigosas à integridade física. O vosso corpo, neste momento em que me comunico convosco, realiza centenas de funções, sem que vos seja preciso intervir no fenômeno; não é assim? Graças a essa inteligente direção e capacidade de controle automático e milenário do perispírito, todos os dispêndios e recuperações de energias se efetuam sob elogiável disciplina e se destinam ao mais breve progresso e aperfeiçoamento do espírito. A prova da existência desse automatismo sábio do perispírito, podeis tê-la durante o seu afastamento no processo de anestesia, quando cai a temperatura do corpo físico e diminuem as suas funções orgânicas, como se o patrão se afastasse do estabelecimento e os empregados negligenciassem no serviço...

Essas energias próprias do perispírito mais se ativam durante o Verão, estação muito conhecida pelos astrólogos sob a designação de "Grande Crescente", época na qual o magnetismo perispiritual se torna mais ativo e então as unhas, os cabelos e os pêlos crescem mais rapidamente do que no Inverno. Há povos que obedecem tão rigorosamente a esse "crescente", que possuem cabelos vigorosos e unhas fortes, porque só os cortam rasos no Inverno, em perfeita harmonia com o tempo de poda da vegetação comum. Eles sabem que, se os cabelos forem cortados no Verão, perder-se-á grande quantidade de seiva que, no crescente, sobe mais vigorosamente e depois fará falta ao vigor da cabeleira.

O conhecimento avançado dessa maravilhosa organização, que é o perispírito, do qual a maioria dos homens ainda ignora o alto valor, permitir-vos-ia solucionar muitos dos problemas como paralisias, epilepsias, doenças desconhecidas e distúrbios nervosos, porque ele é realmente o principal organismo onde está sediada a onda da vida que flui pela constelação solar e depois através dos planetas e da Terra, para então se infiltrar pelos reinos inferiores, nutrindo o reino vegetal, o animal e o hominal.

Convém que destaquemos a grande importância e preponderância do perispírito sobre o corpo físico, pois ele é a matriz,

92   Ramatís...

o molde, ou seja, a origem exata da organização de carne e o "detonador" de todos os demais fenômenos corporais projetados pela mente humana. Eis porque, em suas funções etereoastrais, ele também possui coração, fígado, baço, rins, pâncreas, estômago e intestinos, de substância idêntica à do meio astral, inclusive as reminiscências de alguns órgãos físicos já atrofiados e alguns novos projetos de acessórios orgânicos que servirão ao homem do futuro.

PERGUNTA: — Certa vez, ao tocardes ligeiramente neste assunto, empregastes a expressão "queda específica do perispírito". Que quer dizer isso?

ATANAGILDO: — O perispírito, sob ação mental, elevada, respira aprimorado magnetismo; mas, submetido à violência psíquica e emotiva, debilita-se e intoxica-se, tornando-se, então, ponto convergente das energias do baixo astral. O seu magnetismo, quando se adensa, aumenta-lhe o peso específico, isto é, o seu peso normal e natural, fazendo-o precipitar-se nas regiões infernais, enquanto que, atuado por pensamentos sublimes, ele se adelgaça e se purifica, elevando-se para os mundos felizes, logo em seguida ao abandono do corpo físico. Nesse fenômeno da ciência transcendental, constata-se a justeza do ensinamento de Jesus, quando afirmava que "os humildes serão exaltados e os que se exaltarem serão humilhados".

O Mestre aludiu veladamente ao peso específico do perispírito, que tanto se adensa na exaltação da cólera ou do orgulho, como se afina e se eleva na humildade e na bondade. A cólera revela fraqueza de espírito e, portanto, comprova debilidade de caráter, pois aquele que se encoleriza perde a direção do seu comando mental em favor dos impulsos do instinto animal; obscurece-se a sua mente e se aniquila a vontade. O arrebatamento irascível semeia a discórdia e conduz à revolta, transformando o homem racional num louco momentâneo. Por isso, quando o perispírito é submetido a tal processo pelo homem exaltado e desgovernado, enche-se de sombras e fulgores sinistros, que depois o sobrecarregam da fuligem gasosa do baixo astral, para onde então se inclina em "queda específica", por causa do aumento do seu peso magnético.

PERGUNTA: — Mas é óbvio que, se o vosso corpo atual possui intestinos, fígado, pâncreas, etc., não é porque pre-

cisais deles; não é verdade? Não nos parece que tenhais de atender ainda a qualquer metabolismo semelhante ao que se registrava no corpo carnal que deixastes na Terra.

ATANAGILDO: — O fato de eu dizer que possuo órgãos semelhantes aos do corpo físico não implica em afirmar que o metabolismo do perispírito é perfeitamente idêntico ao do corpo carnal. Esses órgãos continuam a servir-me, mas em funções algo semelhantes às dos órgãos da matéria, e não iguais, pois a nutrição do perispírito é outra, e bem diferente, de acordo com o mundo astral que passa a habitar. Seria inconcebível que, de posse de um corpo fluídico, eu continuasse a ingerir substâncias idênticas às que fornecem as mercearias, as padarias e os açougues da Terra. Durante a absorção prânica, ou seja, de energia magnética do astral — na qual eu já me havia exercitado no mundo físico — processam-se no metabolismo do perispírito transformações químicas muito mais acentuadas (e de natureza transcendental) do que as que se registram para alimentação e sustento do corpo de carne. Os resíduos das substâncias astrais consumidas pelo perispírito também precisam ser expelidos para o exterior, dissolvendo-se no meio ambiente através de um processo que denominamos de "emanações residuais". Há muito tempo já me ajustei a essa alimentação magnética, e só quando desço para as regiões do astral inferior é que me sirvo de sucos etéricos de frutas, ou mesmo de caldo de essências reconfortantes, pois nos postos socorristas, próximos aos charcos, só se encontram horríveis alimentos pastosos, que exalam um odor semelhante ao de carnes fervidas, visto que só assim se pode satisfazer o apetite de infelizes desencarnados que ainda se lembram de suas alimentações prediletas, da Terra, sofrendo atrozmente por não se acostumarem a outra alimentação.

PERGUNTA: — E esses órgãos do perispírito, algo semelhantes aos do organismo físico, permanecerão definitivamente no corpo perispiritual?

ATANAGILDO: — À medida que o espírito vai ascensionando para esferas mais distanciadas da matéria, os órgãos do perispírito vão se atrofiando pelo desuso; mas, enquanto ele ainda necessita de encarnações nos mundos físicos, é óbvio que precisa manter em atividade os órgãos do seu perispírito, que são as contrapartes etéricas, exatas, dos mesmos órgãos físicos. Quando se trata, porém, de espíritos de certa elevação, que já se habituaram com a nutrição astral e estão entrosados na vida sutilíssima do plano mental, o perispírito vai se tornando obsoleto, e então se encaminha para o fenômeno da "segunda morte", no mundo astral, porque tais espíritos não só já se imunizaram contra as emoções humanas alimentadas pelos fluidos astrais do "mundo dos desejos", como também estão dispensados em definitivo dos renascimentos na carne. Então, passam para o plano mental concreto, que lhes é imediato, onde o espírito passa a viver instintivamente tudo aquilo que criou e pensou.

Tudo isso prova a justeza da lei de que "a função faz o órgão" pois, como já expliquei, as matrizes originais do perispírito modelam os órgãos do corpo físico em cada nova encarnação, mas futuramente eles se atrofiam pelo desuso no ambiente astralino. Só então a alimentação do espírito será exclusivamente mental e ele poderá dispensar o perispírito e poupar os cuidados para mantê-lo ativo a fim de servir às reencarnações futuras. É claro que, alcançando tal progresso, e habitando definitivamente um plano tão sutil, o espírito poderá dispensar o uso de fígado, estômago, intestino, rins, dentes e uma infinidade de cuidados como os que precisais ter com o vosso corpo carnal.

Daí, pois, os motivos principais por que eu também ainda me encontro na posse de um perispírito portador de órgãos etérico-astrais, parecidíssimos com os que exercem função no organismo de carne. É esse organismo etérico sobrevivente e tão destro que ainda deverá servir-me como abençoado instrumento de ligação com a carne, na minha próxima encarnação no Brasil, mais ou menos pelo ano de 1970. Se mais tarde algum de vós me identificar na cidade de São Paulo, onde renascerei, acredito que há de se defrontar com um bebê robusto, pois serei dotado de uma excelente saúde e, principalmente, de um coração tão sadio e equilibrado quanto este que palpita agora no meu peito e que será o molde original do mesmo órgão físico de carne.

Asseguro-vos que deverei ter também muito equilíbrio psicofísico, porque nos materializamos na Crosta em perfeita conformidade com o produto de nossas criações espirituais e mentais. E como tenho me mantido algo regrado e zelado bastante pelas energias do meu corpo perispiritual, a Lei Cármica permite-me o direito de possuir um organismo de acordo com esse zelo e cuidado.

... uma Proposta de Luz

Fisiologia da Alma

Capítulo 20

Considerações sobre a origem do câncer

PERGUNTA: — Podeis dizer-nos se o câncer é uma enfermidade proveniente do meio planetário que habitamos?

RAMATÍS: — Já vos dissemos anteriormente que o corpo físico é o prolongamento do próprio perispírito atuando na matéria; podeis mesmo compará-lo a um vasto mata-borrão capaz de absorver todo o conteúdo tóxico produzido durante os desequilíbrios mentais e os desregramentos emotivos da alma. Qualquer desarmonia ou dano físico do corpo carnal deve, por isso, ser examinado ou estudado tendo em vista o todo do indivíduo, ou seja o seu conjunto psicofísico. O corpo humano, além de suas atividades propriamente fisiológicas, está em relação com uma vida oculta, espiritual, que se elabora primeiramente no seu mundo subjetivo, para depois, então, manifestar-se no mundo físico.

O espírito é uno em sua essência imortal, mas a sua manifestação se processa em três fases distintas; ele pensa, sente e age. Em qualquer aspecto sob o qual for analisado, ou em qualquer uma de suas ações, deve ser considerado sob essa revelação tríplice, que abrange o pensamento, o sentimento e a ação. E para maior êxito no verdadeiro conhecimento do homem, é conveniente saber-se que ele é também a mesma unidade quando manifesta as suas atividades morais, intelectuais, sociais e religiosas. Deste modo, quer na enfermidade ou na saúde, não há separação entre o pensamento, a emoção e a ação do homem; em qualquer acontecimento de sua vida, há de sempre revelar-se numa só consciência, num só todo psíquico e físico, numa só memória forjada no simbolismo do tempo e do espaço.

Em conseqüência, como o espírito e o corpo não podem ser estudados separadamente, quer na saúde, quer na doença, é óbvio que também no caso do câncer e do seu tratamento específico é muito importante e sensato identificar-se antes o tipo psíquico do doente e, em seguida, considerar-se então a espécie de doença. Embora certa porcentagem de incidência do câncer seja oriunda do choque ocorrido entre as forças ocultas que descem do plano superior e as energias astrais criadoras dos diversos reinos da vida física, a sua manifestação mórbida no homem é proveniente da toxicidade fluídica que ainda circula no perispírito e que foi acumulada pelos desatinos mentais e emotivos ocorridos nas várias encarnações pretéritas.

Esse morbo fluídico "desce", depois, do perispírito para concentrar-se num órgão ou sistema orgânico físico, passando a perturbar a harmonia funcional da rede eletrônica de sustentação atômica e alienando o trabalho de crescimento e coesão das células.

Embora cada corpo físico seja o produto específico dos ascendentes biológicos herdados de certa linhagem carnal humana, ele sempre revela no cenário do mundo físico o aspecto interior da própria alma que o comanda. Mesmo considerando-se as tendências hereditárias, que disciplinam as características físicas das criaturas, há também que se reconhecer a força dos princípios espirituais que podem dirigir e modificar o corpo de carne. Cada organismo físico reage de acordo com a natureza íntima de cada alma encarnada, e de modo diferente entre os diversos homens; e isto ocorre tanto na saúde como na enfermidade.

Assim, variam as reações e a gravidade de um mesmo tipo de tumor canceroso em diferentes indivíduos, porque a sua maior ou menor influência, além da resistência biológica, também fica subordinada à natureza psíquica, emotiva e mesmo psicológica do enfermo.

PERGUNTA: — Então devemos considerar que o câncer é uma doença espiritual, uma vez que provém dos deslizes psíquicos cometidos pelo homem no passado?

RAMATÍS: — É na intimidade oculta da alma que realmente tem início qualquer impacto mórbido, que depois perturba o ritmo e a coesão das células na organização de carne.

É por isso que também se distinguem a natureza, a freqüência e a qualidade das suas energias, tanto quanto elas agem mais profundamente no seio do espírito humano. Assim, a força mental sutilíssima que modela o pensamento é muitíssimo superior à energia astral, mais densa, que manifesta o sentimento ou a emoção, da mesma forma que, na matéria, o médico também reconhece que a força nervosa do homem é superior à sua força muscular. Eis por que, durante a enfermidade, seja uma simples gastralgia ou o temido câncer, o raciocínio, a emoção e a resistência psíquica de cada doente apresentam consideráveis diferenças e variam nas reações entre si. Enquanto o homem predominantemente espiritual e de raciocínio mais apurado pode encarar o seu sofrimento sob alguma cogitação filosófica confortadora ou aceitá-lo como justificado pelo objetivo de sua maior sensibilização, a criatura exclusivamente emotiva é quase sempre uma infeliz desarvorada, que materializa a dor sob o desespero incontrolável, por causa de sua alta tensão psíquica.

O certo é que as energias sutilíssimas, que atuam no mundo oculto da criatura humana e se constituem na maravilhosa rede magnética de sustentação do edifício atômico de carne, só podem manter-se coesas e proporcionar tranqüila pulsação de vida desde que também permaneça o equilíbrio harmonioso do espírito. Só então a saúde física é um estado de magnífico ajuste orgânico; o ser não sente nem ouve o seu pulsar de vida, porque o seu ritmo é suave e cadenciado pelo mais leve arfar de todas as peças e funções orgânicas. Manifestando-se admiravelmente compensadas em todo o seu metabolismo, elas não perturbam a consciência em vigília, porque não provocam o desânimo, a inquietação ou a angústia, que se geram durante a desarmonia do espírito.

O animal selvagem ou o bugre puro, da floresta, embora sejam de vida rudimentar, são portadores de organismos bem dispostos, como preciosas máquinas estruturadas de carne a funcionarem tão ajustadas como se fossem valiosos cronômetros de precisão. Sem dúvida, isso acontece porque vivem distantes das inquietações mentais dos civilizados, não lhes ocorrendo quaisquer distúrbios psíquicos que possam alterar-lhes a harmonia das forças eletrônicas responsáveis pela coesão molecular da carne.

Não desconhecemos a existência de certas doenças capazes de afetar os seres primitivos e que não se produzem por quaisquer ações ou emoções desatinadas; mas insistimos em vos lembrar que é justamente entre os civilizados, como seres pensantes em essência, que a enfermidade grassa cada vez mais insidiosa. É notório que os selvagens sadios enfermam com facilidade logo que entram em contato com as metrópoles e passam a adotar os seus vícios e capciosidades mais comuns.

O câncer, que tanto se manifesta na forma de tumores como desvitalizando o sistema linfático, nervoso, ósseo ou sangüíneo, não deve ser considerado apenas como um sintoma isolado do organismo, pois a sua maior ou menor virulência mantém estreita relação com o tipo psíquico do doente. O morbo cancerígeno avulta pelos desatinos mentais e emotivos, que abalam o campo bioelétrico animal e lesam o sistema vital de defesa, para depois situar-se num órgão ou sistema orgânico mais vulnerável do corpo carnal. Em conseqüência, a "causa remota" patológica, do câncer, deve ser procurada consciensiosamente no campo original do espírito e na base de suas atividades mentais e emotivas. Não se trata de acontecimento mórbido da exclusividade de qualquer dependência orgânica, que se produza sem o conhecimento subjetivo do todo-indivíduo.

PERGUNTA: — Como poderíamos entender melhor essa manifestação mórbida do câncer "desde o campo original do espírito"?

RAMATÍS: — O espírito é o comandante exclusivo e o responsável pela harmonia e funcionamento de todo o cosmo de células que constituem o seu corpo de carne, o qual não tem vida à parte ou independente da vontade do seu dono. Mesmo o senso instintivo que regula as diversas atividades orgânicas do corpo físico, e que se presume funcionando sem o conhecimento direto da alma, tal como o fenômeno de nutrir-se, andar e respirar, não é acontecimento autômato, pois a sua harmonia e êxito de ação controladora ainda dependem do melhor contato do espírito com a carne. O sistema respiratório, o estômago, o intestino ou o próprio coração também podem alterar-se sob a menor emoção ou mudança de pensamento pois, embora sejam órgãos fora do alcance de nossa vontade, são perturbados no seu automatismo quando submetidos a demasiada insistência de nosso temor, angústia, irascibilidade ou melancolia.

É do conhecimento popular que a alegria aumenta o afluxo da bílis no fígado, a cólera o paralisa e a tristeza o reduz.

... uma Proposta de Luz   99

Os médicos afirmam que se produzem inúmeras modificações e reações na vesícula biliar à simples variação do nosso pensar e sentir. E essas alterações, como já lembramos anteriormente, ocorrem mais comumente na região hepática, porque o corpo astral, que é o responsável pela manifestação das emoções do espírito, encontra-se ligado ao de carne justamente no plexo solar, mais conhecido por plexo abdominal na terminologia médica, e o principal controlador dos fenômenos digestivos. Também acontece ali se ligarem os nervos simpático e parassimpático, com importantes funções nessa zona; o primeiro tem por função acelerar o trabalho dos órgãos digestivos e regular a vertência da bílis, na vesícula, enquanto o segundo retarda todos os seus movimentos fisiológicos.

Inúmeros fenômenos que ocorrem no corpo físico comprovam a intervenção do pensamento produzido pela mente humana, que atua através do sistema nervoso e repercute pelo sistema glandular, facilmente afetável pelas nossas emoções. O medo, a vergonha, a raiva ou a timidez causam modificações na circulação cutânea e produzem a palidez ou vermelhidão do rosto. Sob as descargas de adrenalina e demais alterações dos hormônios, sucos gástricos e mudanças nos centros térmicos, as pupilas se contraem e se dilatam, assim como os vasos capilares. Muitas enfermidades próprias da região abdominal, como as do estômago, do intestino ou do pâncreas, originam-se exatamente das perturbações nervosas decorrentes do descontrole mental e emotivo.

Desde que o corpo físico é constituído por células em incessante associação com as mais variadas e inúmeras coletividades microbianas, que vivem imersas nos líquidos hormonais, sucos, fluidos, e noutras substâncias químicas produzidas pelos órgãos mais evoluídos, é evidente que a coesão, a harmonia e a afinidade de trabalho entre essas forças vivas assombrosas, do mundo microscópico, também dependem fundamentalmente do estado mental e da emotividade do espírito. Este é o verdadeiro responsável pelo equilíbrio eletrônico da rede atômica e pelas relações do mundo oculto com o mundo exterior da matéria. A saúde, pois, assim como a doença, vem de "dentro para fora" e de "cima para baixo", conforme já o definiram com muita inteligência os homeopatas, porque a harmonia da carne depende sempre do estado de equilíbrio e da harmonia do próprio espírito encarnado.

Já explicamos que a força mental comanda a força nervosa e esta é que então repercute no organismo muscular, para depois efetuar as modificações favoráveis ou intervir desordenadamente, lesando a estrutura dos órgãos ou sistema orgânico. A doença, pois, em vez de ser uma desarmonia específica de determinado órgão ou sistema de órgãos, é o produto de uma desordem funcional que afeta toda a estrutura orgânica; é um estado mórbido que o próprio espírito faz refletir perturbadoramente em todos os seus campos de forças vivas e planos de sua manifestação. Já dissemos que a irregularidade no campo mental também produz suas toxinas específicas mentais, as quais repercutem pelo corpo astral e carbonizam as forças astralinas inferiores. Então processa-se o gradativo abaixamento vibratório do conteúdo tóxico psíquico, que se encorpa e se adensa, fluindo para a carne e constituindo-se no morbo que se situa, depois, em qualquer órgão ou sistema do corpo físico, para produzir a indesejável condição enfermiça.

Assim é que a manifestação mórbida que provoca a doença no organismo humano principia pela perturbação do espírito "desde o seu campo original" de ação espiritual, e depois "baixa" gradativamente através dos vários planos intermediários do mundo oculto.

PERGUNTA: — Diante de vossas considerações, deduzimos que o câncer também pode provir de várias origens diferentes entre si. Estamos certos?

RAMATÍS: — O câncer, no homem, não fornece a possibilidade de se identificar, no momento, um agente infeccioso propriamente físico e passível de ser classificado pelos laboratórios do mundo, assim como se descobriram pelo microscópio os bacilos de Koch, Hansen, Kleber ou o espiroqueta de Shaudin. Não se trata de um microrganismo de fácil identificação pela terminologia acadêmica, pois é um bacilo psíquico, só identificável, por enquanto, no mundo astral, e que se nutre morbidamente da energia subvertida de um dos próprios elementais primários, criadores da vida física. Esse elemental primitivo e base da coesão das células da estruturação do mundo material, torna-se virulento e inverte os pólos de sua ação criadora para destruidora, assim que é irritado em sua natureza e manifestação normal, o que pode acontecer tanto pelo choque de outras forças que fecundam a vida, que operam na intimidade da criação, como pela intervenção violenta, desarmônica e deletéria por parte da mente e da emoção humana.

... uma Proposta de Luz

É certo que alguns tipos de animais e aves, como o coelho, o camundongo, o sapo, o marreco, a rã, a galinha e o peru, podem acusar a transmissibilidade e contaminação do câncer, atestando, pois, a existência de um vírus ou agente infeccioso quando são inoculados pelo filtrado ativo de tecido canceroso e cujas células tenham ficado retidas no filtro. Mas essa experiência já não serve de paradigma para se verificar o câncer no homem, que é um ser mais complexo e evolvido que o animal, revelando também uma vida psíquica superior. Mas, como no fundo de qualquer câncer permanece dominando morbidamente uma energia primária criadora, que foi perturbada, capaz de alimentar o vírus de natureza predominante astral ou psíquica, no animal ela sofre essa alteração para pior, em um nível magnético mais denso, mais periférico no campo das forças instintivas. Deste modo, o vírus astral cancerígeno, que se nutre dela, manifesta-se então mais à superfície da matéria no réptil, no animal, na ave e mesmo na vegetação, com possibilidade de ser entrevisto no futuro, assim que a Ciência conhecer o microscópico "eletro-etéreo".

Como essa alteração da energia primária criadora, no homem, que é criatura mais evolvida, processa-se no seu campo mental e emotivo mais profundo, o vírus astral não adquire o encorpamento necessário para ser pressentido à luz do laboratório físico ou conjeturado em qualquer outra experiência de ordem material.

Desejamos esclarecer-vos — embora lutemos com a falta de vocábulos adequados — que na vegetação, nas aves, nos répteis ou nos animais, o vírus do câncer ainda é passível de ser auscultado pelo aparelhamento material, porque a energia criadora subvertida o fecunda na freqüência mais baixa, num campo biomagnético mais denso e inferior, enquanto que no homem o mesmo fenômeno se processa em nível superior mental e emotivo, o que torna inacessível a sua auscultação no aparelhamento físico. Em ambos os casos, esse elemental primário perturbado durante a simbiose das energias criadoras ou pela intervenção nefasta da mente ou da emoção humana, atua depois desordenadamente no encadeamento normal das células físicas, originando o câncer tão temido.

PERGUNTA: — Como poderíamos entender melhor esse choque de forças criadoras que perturbam o elemental pri-

mário, dando ensejo ao câncer nos animais, ou então produzindo-o no homem pela irritação mental e emotiva?

RAMATÍS: — Trata-se de uma das energias primárias fecundantes da própria vida física e que, ao ser desviada de sua ação específica criadora, converte-se num fluido morboso que circula pelo perispírito ou nele adere na forma de manchas, nódoas ou excrescências de aspecto lodoso. Transforma-se num miasma de natureza agressiva, assediando ocultamente o homem e minando-lhe a aglutinação normal das células físicas. A sua vida astral mórbida e intensamente destrutiva, numa perfeita antítese de sua antiga ação criadora, escapa à intervenção propriamente física procedida de "fora para dentro"; daí, pois, o motivo por que é imune à radioterapia, cirurgia ou quimioterapia do mundo material, permanecendo ativa, como um lençol compacto de vírus interferindo na circulação astral do perispírito, capaz de produzir as recidivas como a proliferação dos neoplasmas malignos nos tecidos adjacentes aos operados ou cauterizados.

Se a Medicina pudesse estabelecer uma patogenia psicoastral e classificar minuciosamente todas as expressões de vida e forças que se manifestam no mundo astralino microcósmico e interpenetram toda a estrutura atômica do globo terráqueo, nutrindo os reinos vegetal, mineral e animal, é certo que também poderia identificar esse elemento primário e criador que, ao ser irritado por forças adversas em eclosão, ou pela mente humana, perturba a base eletrônica das células construtoras do organismo físico. Quando é violentado no campo de forças mais densas, que caldeiam as configurações vivas mais grosseiras, origina os efeitos cancerosos que atingem os vegetais, as aves, os insetos, os répteis e os animais; porém, se é atingido por alterações energéticas mais profundas, produzidas pelas forças mental e emotiva, então produz o câncer no homem.

Sendo uma das energias que participam da extensa cadeia de forças vivas ocultas e criadoras das forças do mundo físico, é semelhante ao alicerce de pedras que, embora permaneça oculto no solo pantanoso ou no terreno rochoso, garante a estabilidade do arranha-céu. No entanto, desde que esse alicerce arruine-se pela infiltração de umidade, por alguma deficiência na liga da argamassa, ou por qualquer erosão do solo, é evidente que todo o edifício sofrerá na sua verticalidade e segurança, porquanto a sua garantia e base sólida transformam-se num elemento perigoso para a sustentação arquitetônica.

... uma Proposta de Luz

O mesmo ocorre com o elemental primário oculto, que provoca o câncer, o qual é também um dos alicerces sustentadores do edifício atômico das formas vivas do mundo físico, desde que não seja subvertido por qualquer intervenção perturbadora. Se o desviam de sua ação criadora ou o irritam pelo uso delituoso, ele se transforma numa energia prejudicial às mesmas coisas e seres a que antes servia de modo benfeitor. Revela-se, pois, uma força nociva e destruidora quando o convocam do seu mundo oculto para fins contrários à sua energética normal.

PERGUNTA: — A fim de podermos perceber melhor qual a ação exata dessa energia, que tanto sustenta a vida física como também pode perturbá-la causando o câncer, poderíeis dar-nos algum exemplo comparativo com qualquer outra energia conhecida em nosso mundo?

RAMATÍS: — Cremos que a natureza e a ação da eletricidade poderiam ajudar-vos a compreender melhor a natureza e a ação desse elemental primário que, ao ser irritado, produz o terreno mórbido para o câncer. A eletricidade é uma energia pacífica no mundo oculto, e integrante de todos os interstícios de toda vida planetária e, também, só se manifesta à periferia da matéria, depois de excitada ou irritada, quer seja pelo atrito mecânico e irritação das escovas de metal sobre o dorso dos dínamos em movimento, quer pela simples fricção entre dois panos de lã. A energia elétrica, pois, encontra-se também em estado latente no seu mundo natural, na forma de um elemental primário, atendendo a certa necessidade da vida física. Mas, assim que a irritam, baixa em sua vibração normal e passa a agir vigorosa e intempestivamente na superfície material.

O homem, através da máquina elétrica, produz a eletricidade pela fricção desse elemental energético e natural do mundo astral, porém interpenetrante em toda a vida física. É evidente, pois, que a energia elétrica existe tanto no dínamo como em suas escovas de metal, mas a sua revelação só se faz pela fricção, que o homem consegue controlar habilmente. Quando o relâmpago risca o céu e o raio fende o espaço carbonizando a atmosfera, partindo árvores ou fundindo objetos na sua atração para o solo, ainda nesse caso é a mesma energia primária que se transforma em eletricidade, materializando-se por efeito do atrito ou da "irritação" produzida pelos choques das nuvens.

Embora a eletricidade seja, depois, força agressiva e perigosa quando aflora do mundo oculto para o exterior, o homem dispõe de aparelhamento capaz de transformá-la e armazená-la para o aproveitamento útil e adequado no vosso mundo. Mas, como do nada não pode provir nada, a eletricidade também não poderia provir do nada, mas sim derivar de um elemental oculto no seio da própria matéria integrante de todas as formas e seres.

A eletricidade é conhecida do homem porque ele a produz pela fricção ou por outros métodos modernos; mas é evidente que ainda ignora qual seja a espécie exata de força oculta dispersa pelo Cosmo e que, depois de excitada, "baixa" do mundo invisível em sua freqüência vibratória e se torna sensível ao aparelhamento terreno. É força que precisa ser convenientemente controlada para evitar-se a sua ação ofensiva e destruidora, pois há muita diferença entre o transformador de alta tensão, que suporta 10.000 ou 50.000 volts, e o modesto transformador do rádio doméstico, que só resiste a 120 volts.

Analogamente à eletricidade, também podeis avaliar a existência de um elemental primitivo ou energia primária oculta em todas as coisas e seres vivos, que as sustenta no processo de coesão e substituição das células responsáveis pelo fundamento do reino vegetal, mineral e animal. A poderosa rede eletrônica de força primitiva do mundo invisível, que é constituída por entidades vivas astralinas e inacessíveis à instrumentação do mundo físico, quando perturbada pode inverter os pólos de sua função coordenadora específica, provocando as rebeliões das células e os conseqüentes tumores cancerígenos ou a leucemia.

Assim como a eletricidade se produz pela fricção que irrita o seu elemental primário oculto, o câncer também se manifesta pela irritação que altera o curso normal da ação pacífica e construtiva do elemental responsável pela coesão e labor sinérgico das células da matéria, as quais, embora sejam unidades com vida própria, tanto anatômicas como fisiológicas, fundamentam a sua sustentação harmônica na energia que o espírito distribui em sua vestimenta imortal.

Esse elemental, que tanto faz parte integrante do perispírito como do organismo físico, é capaz, por isso, de reagir conforme seja a disposição mental e emotiva do homem. Quando o homem pensa, emite ondas cerebrais eletrodinâmicas, que afetam todo o campo de suas energias ocultas e, quando se emociona, pode alterar a freqüência vibratória do seu próprio sistema eletrônico de sustentação atômica. É natural, pois, que um

... uma Proposta de Luz

elemental cancerígeno venha-se irritando em sua intimidade há decênios, séculos e até milênios, pela força das vibrações dos pensamentos desregrados e das emoções violentas do espírito encarnado, e essa carga nociva, atingida a fase de sua saturação, deve convergir profilaticamente para a carne. A mente aí funciona em distonia, projetando dardos mentais que desorganizam as aglomerações celulares, adensando-se o magnetismo até obstruir o trabalho criativo do cosmo orgânico, impondo-se então a moléstia cancerosa através da desarmonia psicofísica.

PERGUNTA: — Como poderíamos entender melhor essa irritação ou mau uso do elemental primário, que depois produz o câncer?

RAMATÍS: — Sabeis que a eletricidade é energia dinâmica e o magnetismo é energia estática; a primeira intervém de modo súbito e pelas descargas de chofre, enquanto a segunda exerce o seu efeito mais suavemente, por força da atração ou de imantação. Isso também sucede com o elemental primitivo que, invertendo a sua ação benfeitora, produz o câncer; ele tanto pode agir de imediato, alterando a intimidade celular dos vegetais ou animais, em face do conflito entre as demais forças criadoras, como também ser violentado pela mente ou irritado pelas emoções perniciosas do homem, produzidas pelas paixões indomáveis.

Qualquer energia potencializada a rigor tanto pode produzir benefícios como efeitos nocivos, e o homem, pela sua força mental desordenada e suas emoções em desequilíbrio, pode provocar irritações nesse elemental primário, que depois o prejudicam, promovendo a rebelião das células. A mesma radioterapia que, sob a aplicação benfeitora, será capaz de desintegrar certos neoplasmas malignos, transforma-se em força maléfica quando é imposta sobre algumas zonas delicadas do sistema nervoso.

PERGUNTA: — Podeis explicar-nos como é que o elemento primário, em questão, pode provocar o câncer nos animais, pelo "conflito de energias" operantes na intimidade dos mesmos?

RAMATÍS: — Conforme já sabeis, o câncer não atinge apenas o homem, mas também afeta certos peixes, répteis, animais e até vegetais, embora seja muito raro nos animais selvagens ou nos silvícolas, que ainda vivem em perfeita harmonia com a natureza. Como já explicamos, é uma doença que pode provir das circunstâncias do meio e do conflito entre as próprias forças criadoras da vida, porque, cerceando-lhes a atividade dinâmica, também atua o elemental primitivo que, depois de perturbado, torna-se virulento e cancerígeno.

Esse conflito pode produzir-se durante o acasalamento sinérgico entre as forças ocultas e criadoras do mundo instintivo inferior e as energias vitais diretoras, que baixam do plano do psiquismo superior. Nem sempre essa simbiose de vida realiza-se de modo harmonioso na intimidade das plantas e árvores, ou dos animais; então origina-se o choque energético, desorganizando a composição das células vegetais ou animais.

PERGUNTA: — Em face da complexidade do assunto, apreciaríamos que nos ajudásseis a compreender melhor a natureza desse conflito energético, e como ele se processa entre as forças da vida instintiva e as energias psíquicas descidas dos planos superiores.

RAMATÍS: — Assim como o choque entre as correntes de ar frio e ar quente, que se processa na atmosfera, produz o conflito motivado pela diferença de pressão e temperatura, resultando os vórtices ou turbilhões mais conhecidos como redemoinhos, e que às vezes atingem até a violência do furacão, as forças criadoras do astral inferior, quando se defrontam com as energias diretoras do astral superior, provocam, por vezes, os conflitos no campo magnético ou eletrobiológico dos seres vivos, perturbando a aglutinação das células e favorecendo as excrescências anômalas. Então altera-se o crescimento normal do cosmo celular do animal ou do vegetal, sem qualquer possibilidade de ser sustada a ação desordenada e corrigido esse desvio biológico, porque a irritação se processa justamente num dos próprios elementos energéticos sustentadores da vida.

Daí o motivo por que não devemos considerar essas manifestações cancerígenas dos animais como decorrentes de culpas cármicas do passado, mas apenas como conseqüência natural da desarmonia nas trocas energéticas do meio hostil onde precisam gerar-se as espécies inferiores. A Terra ainda é um imenso laboratório de ensaios biológicos destinados a fixar os tipos definitivos do futuro e a tecer os trajes orgânicos mais evoluídos, que devem vestir novas expressões do psiquismo adormecido. É cadinho de forças onde o Criador ensaia, tempera e plasma os invólucros para o espírito adquirir consciência de existir e saber.

... uma Proposta de Luz

Nem sempre as adaptações para melhor se fazem sob a desejada harmonia celular. É o caso dos animais domesticados que, por isso, ficam enfraquecidos no seu senso instintivo de adaptação e sobrevivência ao meio, uma vez que passam a depender diretamente do homem, que lhes modifica até a alimentação tradicional. Eles se tornam mais vulneráveis ao câncer, porque seus hábitos milenares são perturbados, irritando a energia primária de sua sustentação biológica natural. E o que acontece com o cão, o cavalo, o boi, o carneiro e mesmo os ratos das cidades que, para sobreviverem a contento, devem adaptar-se apressadamente às condições de vida do civilizado, embora na sua contextura biológica ainda lhes grite o condicionamento selvagem de milênios. E por isso os mais débeis pagam também o tributo do câncer quando submetidos a essas urgentes mutações, sem quaisquer culpas cármicas de vidas pregressas, mas em face da passagem algo violenta da vida selvagem para a domesticada. No entanto, o animal selvagem e livre só muito raramente se torna canceroso, porque permanece um sadio equilíbrio em sua rede de sustentação e coesão molecular, sem a irritação do elemental primário e a conseqüente alienação do crescimento das células.

Apesar de parecer injusta essa porcentagem de sacrifício entre os animais, em conseqüência do câncer, o aperfeiçoamento prossegue e compensa depois os acidentes naturais e imprevisíveis que, durante a sutilíssima simbiose energética, conduzem para melhor os seres e as coisas. Entretanto, o câncer no homem é essencialmente de natureza cármica, pois a sua predisposição mórbida resulta do expurgo da carga miasmática elaborada pelos seus atos danosos no passado, em prejuízo do semelhante.

PERGUNTA: — Poderíeis expor-nos com maiores detalhes como se dá a intervenção ou ação do homem sobre o elemental primário que lhe causa o câncer?

RAMATÍS: — Já vos explicamos alhures que o homem, na qualidade de criatura que pensa, sente, age e pode examinar os seus próprios atos, tanto é responsável pelas "virtudes" que o beneficiam, como pelos "pecados", que o prejudicam espiritualmente. No primeiro caso, ele sensibiliza-se afinando a sua indumentária perispiritual; no segundo, perturba-se pela mente e pela emoção descontroladas, alterando a harmonia eletrônica das energias ocultas que lhe sustentam o equilíbrio biopsíquico. Conforme for a natureza do pecado ou a violência mental que exercer em oposição espiritual, também perturbará o tipo de elemental primário ou energia básica primitiva do mundo astral e que, no conhecido choque de retorno, produz uma reação lesiva idêntica, no perispírito, e que depois se transfere do mundo oculto para a carne, produzindo o estado enfermiço que a Medicina então classifica em sua terminologia patológica.

Conforme a natureza do pecado, o conflito mental ou emotivo que a criatura cria para com a harmonia do seu espírito também irrita o tipo de elemental específico que lhe sustém a energia biológica, estabelecendo o terreno mórbido que se torna eletivo para determinada invasão microbiana. Assim produz-se a nefrite, a tuberculose, a asma, a lepra, a sífilis, a amebíase, o pênfigo ou o câncer e, conforme seja ainda a devastação orgânica, pode ocorrer a alienação mental, a esquizofrenia ou a epilepsia. O processo morboso que reage do mundo oculto, através do próprio elemento criador que é perturbado, ataca o sistema linfático, o sangüíneo, o ósseo, o endocrínico ou o muscular, produzindo doenças características e diferentes entre si, desarmonizando as relações entre o perispírito e a carne.

A maioria dos casos de câncer que afetam o homem produz-se pela disfunção da base psíquico-eletrônica da organização das células, por causa do elemental que fecunda a vida material se tornar virulento. Então essa modificação morbosa se torna o alimento predileto de certos bacilos psíquicos ainda inacessíveis a qualquer percepção do aparelhamento de laboratório terreno, pois a origem mórbida só pode ser avaliada no campo das conjecturas patológicas. O residual enfermiço vai-se acumulando no perispírito, na decorrência das encarnações, formando a indesejável estase, em que o organismo físico satura-se até ficar excessivamente sensibilizado. É bastante uma singela contusão mal cuidada, estenose insolúvel, enfermidade mais demorada num órgão debilitado, irritação por agentes químicos, abuso excessivo do fumo, do álcool, da carne de porco, dos narcóticos ou sedativos a granel, intoxicação medicamentosa, hemorragia incontrolável, intervenção cirúrgica inoportuna ou excrescência parasitária, para se iniciar a desarmonia celular com a vertência do morbo fluídico para a carne e a conseqüente anomalia no crescimento e justaposição das células.

Poucos médicos sabem que algumas vezes é bastante um estado de irascibilidade, ódio, violência, mágoa ou insidiosa

... uma Proposta de Luz

melancolia para dar início à drenagem tóxica e à incidência cancerígena, que se manifesta como se tivesse sido acionada por forte detonador psíquico.

A virulência fluídica em descenso do perispírito rompe o equilíbrio entre a energia biológica do homem e as coletividades microscópicas que lhe garantem a estabilidade da vida física, sempre dependente da harmonia psicossomática. Então a carne é a grande sacrificada pelos neoplasmas que, depois, a terminologia acadêmica distingue na forma de sarcomas, epiteliomas, etc., ou da implacável leucemia.

PERGUNTA: — Poderíeis explicar-nos, de modo mais compreensível, como se processa o acometimento cancerígeno no corpo da criatura humana, através da subversão do elemental primário de função criadora? Ser-vos-ia possível dar-nos uma idéia do motivo de ser tão dificultosa a cura do câncer, embora a Medicina já conte com aparelhagem tão eficiente?

RAMATÍS: — Sob a nossa visão espiritual, temos observado que o elemental fluídico primitivo e criador, depois de subvertido ou irritado pelas vibrações violentas ou mórbidas da mente humana, adensa-se como um forte visco astral que adere ao tecido delicado do perispírito, ameaçando perigosa petrificação que exige pesado tributo à alma. Verificamos que no fundo de todas as tumorações físicas cancerosas ele se acumula na forma de manchas, emplastros ou excrescências astralinas, que muito se assemelham à lama, aderente às contrapartes etereoastrais, mantendo ali uma vida parasitária e independente, como se fossem nódoas negras sobre uma vestidura de linho alvo.

Através do fenômeno de osmose, o fluido contaminado do elemental alterado é absorvido pelo perispírito, e salienta-se como o hóspede indesejável no processo mórbido do vampirismo fluídico que, por lei da vida sideral, precisa ser alijado da vestimenta imortal do espírito, uma vez que se trata de energia nociva, que não pertence à sua circulação normal. No caso da leucemia ou do câncer sangüíneo, esse elemental lodoso, primário e posteriormente agressivo, circula pela contextura do perispírito, polarizando-se mais fortemente nas contrapartes etereoastrais, que são as matrizes ajustadas à medula óssea, ao fígado e ao baço, ensejando perturbações perniciosas ao conhecido processo da hematopoese, ou seja, da formação dos glóbulos de sangue, constituindo a nossos olhos verdadeira "infecção fluídica".

Se o médico terreno pudesse examinar essa essência primária alterada pelo próprio espírito do homem, como excrescência lodosa aderida à organização perispiritual, sem dúvida iria associá-la às formas características repugnantes dos lipomas, que por vezes deformam grotescamente o rosto das criaturas. E um dos fatos mais significativos é que ela aumenta a sua força e vibração agressiva em perfeita sintonia com os resíduos de outras energias deletérias, que o homem movimenta na imprudência de novos desequilíbrios mentais e emotivos. Nutre-se, fortifica-se em sua virulência quando recebe novo combustível fluídico pelo psiquismo humano durante os estados de ódio, cólera, ciúme, inveja, crueldade, medo, luxúria ou orgulho. Eis por que os médicos modernos têm verificado que as crises dos cancerosos mantêm estreita relação com os seus estados psíquicos.

O homem, como centelha emanada do Criador, um foco de luz obscurecida pela personalidade transitória carnal, deveria manter-se acima das paixões e interesses inferiores do mundo material a fim de, concentrando as energias que lhe ativam a luminosidade espiritual interior, projetar as forças que dissolvem as aderências e as petrificações astrais do seu perispírito, livrando-o dos processos morbosos que lhe obscurecem a transparência sideral. E no caso do câncer só a dinamização vigorosa de forças geradas no mundo interior do espírito é que poderão diminuir a ação agressiva do elemental primário que, depois de perturbado, é o causador do câncer.

PERGUNTA: — Ainda podeis estender-vos mais um pouco sobre a forma desse elemental primário responsável pelo câncer, informando-nos como ele opera sobre o perispírito na sua invasão morbosa?

RAMATÍS: — Para a nossa visão de desencarnados, esse elemental, depois de subvertido, perde a sua aparência comum de fluido cintilante, que lembra o fluxo do luar sobre o lago sereno, para tornar-se obscurecido, denso, repugnante, agressivo e insaciável na sua ação invasora. Invertido na sua função criadora, assume a forma destruidora e ataca a substância translúcida e tenuíssima do perispírito; tenta, mesmo, combinar a sua natureza inóspita e deletéria com a contextura evolvida daquele, procurando rebaixá-lo para uma forma e condição

... uma Proposta de Luz

astralina conspurcada, lembrando a nódoa de tinta alastrando-se pelo tecido alvacento.

A sua configuração mais comum aderida ao perispírito lembra gigantesca ameba fluídica, que emite tentáculos sob movimentos larvais incessantes, ou assume a forma de exótica lagosta ou reptil aracnídeo, interceptando o curso nutritivo das correntes "vitais-magnéticas", para alimentar a sua vida parasitária e vampírica. A sua ação é interpenetrante na veste perispiritual e condensa facilmente toda substância mental que, por efeito do mau uso dos dons do espírito, baixa em sua freqüência vibratória; também atua fortemente ao nível das emoções descontroladas e interfere principalmente na função do "chacra esplênico", que é o centro etérico controlador e revitalizante das forças magnéticas que se relacionam através do baço. No perispírito, que é a matriz da organização carnal, já se pode observar, então, a caracterização subversiva das células neoplásticas do câncer, cuja proliferação anárquica repercute pouco a pouco em direção ao corpo físico, em concomitância com o fluido pernicioso que opera sub-repticiamente no seu incessante abaixamento vibratório. Infelizmente, é o próprio espírito do homem que enfraquece o seu comando biológico e concorre com os seus desatinos mentais e paixões violentas para que a manifestação cancerígena se processe mais cedo.

Ante a desarmonia verificada nesse comando eletrônico, responsável pela aglutinação atômica que edifica a carne, o miasma astralino intercepta o fluxo vital e perturbam-se as linhas de forças magnéticas que predispõem a harmonia orgânica, resultando a rebelião incontrolável das células.

Os clarividentes encarnados podem observar, com certa clareza, que esse miasma cancerígeno emite uma série de tentáculos ou pseudópodes que, emergindo do perispírito, depois se interpenetram invisivelmente pela pele e pelos órgãos físicos, aos quais se aferram com vigor, traçando antecipadamente o curso anárquico das formações celulares. Doutra feita, estendem-se pela intimidade da medula óssea, do fígado ou do baço, vampirizam os glóbulos vermelhos e caracterizam a hiperplasia do tecido formador dos glóbulos brancos.

As células físicas embebidas por essa essência aviltante e parasitária se disturbam e atropelam-se em sua genética, materializando-se na carne sob a conformação heterogênea e nociva dos neoplasmas malignos.

MEDIUNISMO

CAPÍTULO 8

As dificuldades nas comunicações mediúnicas com o Alto

PERGUNTA: — Há fundamento na afirmação de que os espíritos elevados defrontam sérias dificuldades para entrar em contato com os médiuns, ou com o Plano material?

RAMATÍS: — Em face da vibração sutilíssima dos espíritos superiores, que já se distanciam bastante do padrão espiritual comum de vossa humanidade, eles se vêem obrigados a mobilizar todos os seus esforços e energias para serem percebidos pelos encarnados. Somente através dos médiuns sublimados no serviço do Cristo é que as entidades angélicas conseguem se manifestar mais a contento, por encontrarem fluidos sutilizados e balsâmicos, com que podem revestir os seus perispíritos para o contato com a matéria. Em geral, esses espíritos necessitam extrair grande quantidade de fluidos dos médiuns, mas só aproveitam uma pequena parte, isto é, a que for menos animalizada e mais susceptível de "eterização" angélica.

Embora se trate de seres sublimes, cuja presença é agradabilíssima e balsâmica às percepções das criaturas bastante sensíveis, eles não podem prescindir das energias grosseiras do plano carnal, quando desejam sintonizar-se com o perispírito dos médiuns. Daí o maior sucesso dos médiuns nesse elevado intercâmbio, quando se devotam incessantemente ao Bem e vivem à distância dos vícios e das paixões degradantes, pois isso também sublima-lhes os fluidos animalizados, pela constante conexão com a freqüência vibratória das regiões edênicas.

PERGUNTA: — Poderíeis nos explicar qual o tipo de sofri-

mento que então afeta esses espíritos elevados durante o seu contato terreno?

RAMATÍS: — Não se trata propriamente de qualquer sofrimento à semelhança do que acontece convosco no mundo físico, pois as vibrações espirituais dessas entidades sublimes superam a mediocridade de freqüência vibratória da matéria, tal como o raio do Sol não sofre perturbação quando incide sobre o vaso de barro.

Os espíritos sábios e angélicos só podem afligir-se quando necessitam manter um contato mais direto convosco e atuar mais positivamente na matéria. Quando eles se servem dos médiuns para as comunicações com os encarnados, ingressam no seio de energias primárias da vida animal, e por isso sofrem a fadiga produzida pelo magnetismo opressivo do meio, o qual atua-lhes no perispírito e oprime-lhes a delicada composição fluídica. Envidam hercúleos esforços para baixar a sua dinâmica angélica natural e assim sintonizarem-se com os fluidos mais inferiores, a fim de poderem se fazer perceptíveis no cenário material.

Embora não possamos descrever com os vocábulos da linguagem humana o estado fluídico incômodo, angustioso e opressivo que ataca os seres angélicos quando se ajustam aos fluidos coercivos do mundo físico, lembramos-vos o caso de um homem sadio e jovial que, depois de habituado ao oxigênio puro e ao perfume inebriante das flores, se visse quase tolhido na sua respiração natural, e ainda obrigado a absorver as emanações sulfídricas de algum pântano. Essa dificuldade no contato mais direto das entidades angélicas com os fluidos ásperos e animalizados do mundo terreno lembra também o caso da criatura que, vestindo alvíssimo traje de linho, necessitasse penetrar com urgência no meio da lama gélida e repugnante, para socorrer alguém em perigo.

PERGUNTA: — Porventura as altas vibrações próprias dos espíritos angélicos não ultrapassam as freqüências vibratórias das faixas mais inferiores da matéria, imunizando-os contra qualquer atuação confrangedora? Então esses espíritos elevados, para não se perturbarem em sua ventura, paradisíaca, não devem se aproximar do nosso mundo material?

RAMATÍS: — Repetimos-vos, mais uma vez, que o raio de Sol não se perturba quando incide no vaso de lama. As altas entidades espirituais só padecem pelas vibrações angustiosas quando precisam entrar em "contato direto" com os médiuns e acioná-los no seu ambiente físico. Então necessitam tornar-se receptivas na tela do mundo material, por cujo motivo revestem-se de fluidos terráqueos opressivos, aos quais já estais acostumados por ser condição normal de vossa vida física. É certo que, por força da mesma lei que Deus criou para encaminhar os seus filhos à ventura eterna espiritual, todos os espíritos angélicos também já cursaram a escola terrena e, por força de sua ignorância, natural do início de sua consciência no seio do Cosmo, também laboraram nos mesmos equívocos e experimentaram as mesmas paixões e vícios que ainda são comuns à humanidade terrena.

Só depois de percorridas as etapas planetárias que lhes facultaram a libertação definitiva da carne, é que então desvestiram-se dos trajes de fluidos animalizados, e puderam integrar-se definitivamente no seio da comunidade angélica. Em suas memórias siderais, eles não esquecem suas próprias dores atávicas, padecidas na vida educativa da matéria, o que então os faz apiedarem-se dos seus irmãos encarnados, que ainda gemem à retaguarda, aproveitando todos os ensejos favoráveis para ajudá-los.

Por isso não temem enfrentar a massa pegajosa e opressiva, que é produzida pelas paixões e pelos vícios da humanidade, assim como certas vezes eles renunciam à sua paz e ventura gozadas na moradia bem-aventurada, para renascerem na matéria com o fito de ministrar diretamente suas lições espirituais no seio da família consangüínea. E isso o têm provado os sacrifícios dos grandes líderes da vida espiritual, como Antúlio, Hermes, Crisna, Buda e outros, e com particular destaque Jesus, que deixou suas esferas celestiais para habitar a carne terrena e expor pessoalmente os mais avançados programas de salvação do homem imperfeito.

PERGUNTA: — Ante a grande dificuldade de os espíritos sublimes comunicarem-se com o nosso mundo físico, não seria possível e aconselhável proceder-se à higienização antecipada do ambiente onde eles dois pretendem atuar? Essa providência profilática não os poderia ajudar a se fazerem mais compreendidos ou, então, favorecê-los para o melhor êxito no espiritual?

RAMATÍS: — Sem dúvida, para o melhor contato convosco no campo mediúnico, os espíritos superiores tanto requerem a cooperação dos técnicos siderais, para a necessária higienização fluídica ou "ionização" do ambiente em que pretendem se manifestar, como ainda precisam exercer uma ação profilática sobre os próprios médiuns. Estes costumam participar dos trabalhos mediúnicos, em sua generalidade, envolvidos ainda pela aura psíquica que conserva os resíduos mentais dos pensamentos, palavras, objetivos e hábitos esposados durante o dia. Essa emanação residual da mente do médium é densa cortina de fluidos inferiores interpondo-se entre os espíritos elevados comunicantes, o que então requer a sua dispersão e a limpeza do halo mental.

Embora esta providência saudável seja tomada com bastante antecipação, em geral, as entidades elevadas ainda necessitam estagiar de três a seis horas no seio dos fluidos densos e das substâncias espessas em que operam, para só depois conseguirem a possibilidade de agir em direção ao mundo material.

A mensagem espiritual transmitida das esferas elevadas para o mundo físico exige antecipadamente atencioso planejamento e, além disso, os mensageiros responsáveis pela sua divulgação benfeitora devem ser auxiliados tecnicamente na sua descida gradativa, para as camadas fluídicas cada vez mais inferiores. A redução vibratória pelo adensamento gradativo do perispírito deve ser realizada em perfeita correspondência com o tempo de trabalho e o "quantum" de energia disponível no ambiente em que as entidades deverão atuar. A entidade superior que voluntariamente se devota ao serviço espiritual junto aos encarnados deve ser poupada tanto quanto possível ante a opressão angustiosa dos fluidos densos sobre a sua delicada vestimenta perispiritual.

Mesmo no mundo terrestre não se exige a permanência de alguém por longas horas em local impróprio à sua organização física ou de emanações agressivas senão pelo tempo exato para cumprir-se ali a tarefa determinada. Seria absurdo, por exemplo, exigir-se que o encarregado de alimentar animais no jardim zoológico devesse permanecer longas horas em cada jaula infecta, para depois cumprir a tarefa que exige alguns minutos.

O serviço sideral junto à Terra é supervisionado matematicamente pelo Alto, sendo previstos todos os acontecimentos favoráveis ou desfavoráveis durante o "descenso" vibratório das entidades angélicas, cujo prazo é cuidadosamente determinado, a fim de não ficar oprimido em demasia o energismo perispiritual dessas almas sublimes. Quando elas se propõem a auxiliar os

116   Ramatís...

encarnados, necessitam revestir-se de uma couraça protetora de fluidos densos, que lhes estorvam os movimentos mais diminutos, tal como acontece com os antigos mergulhadores que, submetidos a dificultosa permanência no fundo dos rios, só depois que abandonam o escafandro à superfície das águas é que podem se mover desembaraçadamente.

PERGUNTA: — Nesse planejamento tão meticuloso, em que esses espíritos superiores "baixam" espontaneamente até o nosso mundo, eles sempre logram o êxito esperado em seus projetos benfeitores?

RAMATÍS: — Só muito raramente conseguem o sucesso almejado no contato com o mundo material, e já se consideram bem satisfeitos quando em suas heróicas empreitadas logram um vigésimo do êxito previsto. Embora precisem mobilizar todas as suas energias perispirituais, em conexão com sua inteligência, perseverança e tenacidade espiritual, não ignoram que ainda são bem precários os resultados favoráveis na empreitada de esclarecer o homem terreno.

PERGUNTA: — Poderíeis nos indicar quais os fatores adversos que neutralizam os esforços e o devotamento desses espíritos superiores no seu empreendimento sacrificial para esclarecer a humanidade através dos médiuns?

RAMATÍS: — Os principais fatores adversos decorrem principalmente da deficiência do material humano, que nesse caso é o próprio médium encarregado de recepcionar os pensamentos e interpretar as orientações angélicas transferidas para o entendimento do homem encarnado. Muitas vezes um programa espiritual de ordem superior, elaborado cuidadosamente e descido do Alto em ritmo dificultoso, é sacrificado em sua concretização final pelo médium transviado, que ainda vive preso às paixões perigosas e aos vícios do mundo terreno, atraindo espíritos infelizes e vampirizadores que o desviam facilmente de sua tarefa benemérita.

A irresponsabilidade, o comodismo, os prazeres efêmeros e os interesses subalternos podem aniquilar à última hora um programa sideral que requereu avultadas energias despendidas pelas almas de escol. E isso acontece porque os seus intérpretes humanos negam-se a cumprir exatamente a etapa derradeira que lhes cabe no serviço de propagar a mensagem espiritual

... uma Proposta de Luz

educativa para a matéria. É algo semelhante à construção de um importante edifício de objetivo educacional e que, depois de planejado com imenso carinho por engenheiros competentes, adquiridos com suma dificuldade o terreno e todo o material necessário, os operários, num ato de condenável irresponsabilidade, se recusassem a trabalhar.

PERGUNTA: — Como poderíamos compreender mais claramente a irresponsabilidade dos médiuns, perante essa empreitada sacrificial de esclarecimento terreno, empreendida pelos espíritos superiores?

RAMATÍS: — Não vos deve parecer duvidoso que a concretização final de um programa superior, elaborado no mundo oculto de espírito angélico e com a finalidade de ser revelado em seus mínimos detalhes na Terra, dependa da derradeira peça que, nesse caso, é o médium encarregado de sua materialização no cenário físico. Apesar de se tratar de um projeto organizado nas regiões superiores e muito acima das imperfeições humanas, a sua revelação à luz dos sentidos humanos exige o concurso indispensável do médium, como o último elo situado na matéria.

Embora seja ele a peça menos valiosa no esquema sideral é, no entanto, imprescindível para o trabalho a ser realizado. É a janela viva menos importante, mas tão responsável pelo sucesso da mensagem benfeitora para o mundo físico, tanto quanto a vitória do exército beligerante depende, às vezes, do plano de batalha que o comando geral envia às pressas e por intermédio do mensageiro ignorante. Como espírito encarnado na matéria, com a sensibilidade psíquica avançada para unir os dois pólos, o do mundo espiritual e o da matéria, o médium representa a etapa final dos objetivos ideados pelos espíritos superiores.

Em conseqüência, é muito grave a sua responsabilidade nesse serviço auxiliar com o Alto pois, além de sua própria deficiência espiritual e a dádiva da mediunidade para sua redenção moral, ele ainda é agraciado com a confiança angélica, que o associa às sublimes tarefas de esclarecimento humano. Lastimavelmente, alguns projetos siderais baixam até à crosta material, pela renúncia e pelo sacrifício heróico dos seus elevados executores, mas ficam dependendo, em seu desfecho final, da vontade frágil, indócil e caprichosa de certos médiuns que ainda são escravos das paixões deletérias e devotos das ilusões tolas da vida física.

Mas, pelos esforços conjugados de todas as entidades experimentadas no labor educativo das diversas esferas intermediárias entre a Terra e o mundo angélico, os princípios esclarecedores da vida imortal baixam até o nível comum dos médiuns sediados na Terra, pois alguns deles, pela sua abnegação e critério superior, compensam a irresponsabilidade e o descaso dos companheiros invigilantes.

PERGUNTA: — Poderíamos crer que o esclarecimento do Alto para a Terra sempre se processou desse modo, ficando o seu êxito dependente de médiuns negligentes e irresponsáveis?

RAMATÍS: — Não resta dúvida de que o esclarecimento espiritual do homem deverá ser feito através do próprio homem, o qual é um espírito encarnado e, como tal, um médium em potencial ligado ao mundo invisível. Alguns homens são médiuns inconscientes de sua função, e tanto podem transmitir o bem como o mal. Outros, que já visualizam o fenômeno mediúnico em si, então se transformam nos instrumentos conscientes e disciplinados da revelação da vida oculta.

Mas é preciso convir em que o Alto não fica na dependência exclusiva dos homens imperfeitos para transmitir a sua mensagem salvadora ao mundo físico, pois, quando milhares de homens ou médiuns convocados deixam de transmiti-la a contento, basta um punhado de outros seres conscientes e sublimes intuitivos sintonizados à Mente Divina para compensá-los de modo louvável. Todas as vacilações no intercâmbio mediúnico, as revelações contraditórias, os fracassos de missões espirituais e o retardamento de orientações para a Terra foram compensados regiamente pela presença de um Rama, Hermes, Antúlio, Crisna, Buda, Kardec, Ramacrisna, Maharishi e o Mestre Jesus, os quais restabeleceram as bases indestrutíveis da Verdade Imortal.

PERGUNTA: — Mesmo os médiuns de "prova" estão assim comprometidos com tarefas elevadas? Como distinguir os que se ligam a compromissos severos com o Alto, daqueles que só resgatam o seu fardo cármico no serviço mediúnico? Os médiuns, em geral, oferecem tão diversas condições morais e variam tanto em sua capacidade intelectual, que dificilmente se poderiam identificar os mais credenciados para um serviço espiritual incomum. Não é verdade?

RAMATÍS: — O nosso principal escopo nestes relatos é o de ressaltarmos a grande responsabilidade dos médiuns no desempenho de sua tarefa mediúnica, e também exortá-los

... uma Proposta de Luz

quanto às suas atividades no mundo terreno. Já vos temos lembrado que o médium é o homem diretamente comprometido com a direção espiritual do planeta para realizar um serviço definido junto à humanidade, e também em favor de sua própria renovação moral superior.

Visto não poder eximir-se de sua obrigação pré-encarnatória, que assumiu no Espaço, ele deve apurar o seu caráter, controlar suas emoções e aprimorar o seu intelecto no contato incessante com os valores preciosos da espiritualidade.

Em conseqüência, não é de muita importância a preocupação de distinguirdes quais os médiuns comprometidos particularmente com os espíritos sublimes, destinados a exercer trabalhos incomuns no mundo físico. O mais certo e proveitoso é que todos os médiuns cultuem dignamente a vida humana e renunciem em definitivo às ilusões do mundo, protegendo-se, assim, contra as perfídias do astral inferior e credenciando-se eletivamente para cumprir na íntegra qualquer mandato sob o comando das falanges angélicas.

PERGUNTA: — Podeis indicar os principais motivos ou fatos que, em geral, fazem os médiuns negligenciarem seus compromissos de última hora, impossibilitando os seus mentores de ultimarem na matéria o seu programa sideral manifesto depois de um andamento tão dificultoso?

RAMATÍS: — Os médiuns, em sua maioria, e antes de se encarnarem na Terra, prometeram cumprir à risca determinados programas com objetivos espirituais, que lhes expuseram no Além, com o fito de influírem algumas criaturas para a sua renovação crística. Entretanto, à última hora, grande parte negligencia ou foge do seu compromisso espiritual, enquanto outra vive de modo tão equívoco, que se torna impermeável à receptividade dos seus elevados mentores. Em geral, eles se deixam influir pelos espíritos maquiavélicos das sombras, que tudo fazem para interceptar as mensagens nobres do Alto e operam contra os objetivos sadios da vida crística.

Às vezes, após incessante assistência cotidiana e benfeitora do guia junto ao seu médium, incentivando-o para que participe de certo trabalho mediúnico com o fito de abalar as convicções errôneas de algumas criaturas, eis que ele desiste de sua tarefa mediúnica da noite, preferindo realizar a visita trivial, demorar-se no repasto glutônico, prender-se à prosa fútil ou entregar-se à aventura pecaminosa.

Como o êxito do intercâmbio mediúnico superior depende muitíssimo do estado vibratório do espírito do médium, isso só é conseguido quando ele se devota a uma vida sadia de corpo e de alma, a fim de manter-se pronto, a qualquer momento, para a convocação do serviço espiritual. Mas, às vezes, o médium apresenta-se para cumprir o seu dever mediúnico só depois que abandona as mesas opíparas, com o estômago e os intestinos forrados pelos miasmas da carne regada a álcool, mal podendo dissimular as eructações da fermentação hostil produzida pela digestão descontrolada.

Quando não é assim, ele gasta os derradeiros minutos que o separam do serviço mediúnico no humorismo vil das palestras fesceninas e do anedotário indecente, cujos assuntos alicerçam-se despudoradamente sobre a figura da mulher. Então apresenta-se para cumprir a tarefa junto à "mesa espírita", com os fluidos corrompidos, malgrado o esforço profilático dos seus guias para o sanearem das impurezas comuns. Afora de tudo isso, ainda existem os médiuns que buscam a concentração mediúnica depois de violenta discussão conjugal ou da altercação insultuosa com o vizinho teimoso. Enfraquece-se ainda a prática da mediunidade naqueles que destrambelham os seus nervos com emoções tolas junto ao carteado clandestino, pela avidez de ganho na aposta imprudente ou então pela paixão fanática com que comenta colericamente os lances duvidosos do seu clube de futebol em competição infeliz.

Assim, louváveis empreendimentos programados no Espaço, com o fito de esclarecer a humanidade terrena, ficam na dependência exclusiva dos médiuns invigilantes e indiferentes, que deixam de aproveitar integralmente o "acréscimo" da mediunidade concedida generosamente para a sua própria redenção espiritual.

PERGUNTA: — Como se caracteriza o médium adequado e digno de exercer o intercâmbio com os espíritos superiores?

RAMATÍS: — O médium já caracterizado definitivamente pela eclosão de sua faculdade mediúnica, e que pode ser convocado para o serviço ativo do Bem, é algo semelhante ao mensageiro enviado a ruidosa cidade repleta de vícios e ilusões perigosas, onde ele deve estagiar para divulgar a mensagem sublime dos seus maiorais. Ele tem o direito de trocar a sua veste empoeira-

... uma Proposta de Luz

121

da pelo traje limpo, usufruir da alimentação justa, do sono reparador e permanecer junto dos seus entes queridos. Entretanto, comprometeu-se a evitar qualquer contato vicioso e indigno, que possa enodoar o serviço superior e trair a confiança daqueles que o credenciaram para a consecução dos objetivos benfeitores.

No seu contrato espiritual, o médium obrigou-se a repelir qualquer empreendimento capaz de subverter-lhe a sensibilidade mediúnica ou afetar-lhe o caráter espiritual, tais como as aventuras condenáveis, onde a malícia, o desrespeito, a paixão desregrada ou o vício deletério terminam atrofiando as mentes levianas e indisciplinadas. Ele deve ser o esposo digno, o pai amoroso, o cidadão honesto, o filho generoso, assim como o amigo fiel para os que o aceitam no círculo de suas amizades, ou o homem tolerante e benevolente para com os seus adversos.

Embora não despreze os viciados e os infelizes que tombam sob o guante das paixões pecaminosas, não deve pactuar com o vício e a corrupção. Jesus afagava os pecadores, mas de modo algum ele condescendia com o vício e as impurezas do mundo. Amava os homens, mesmo quando eram pervertidos ou débeis de espírito, mas não se associava às suas tramas desonestas nem admitia os seus desregramentos morais.

O médium, como espírito que aceitou espontaneamente a tarefa de servir aos encarnados, precisa evitar as práticas viciosas que lhe agravam o carma pretérito, para usufruir da aura benfeitora que se nutre só dos fluidos sadios dos pensamentos regrados e dos sentimentos benevolentes. Embora ele seja também um espírito encarnado atuando no seio turbilhonante da vida física e, assim, participando dos ambientes de infelicidade e dos sofrimentos humanos, ainda cumpre-lhe o dever de orientar o próximo por entre o cipoal contraditório da vida humana, ofertando-lhe os ensinamentos confortadores que recebe dos seus amigos desencarnados. Mas, sem dúvida, não deve olvidar que, acima de toda a sua obrigação mediúnica, ainda precisa cuidar carinhosamente de sua própria redenção espiritual.

Se ainda existe um contato proveitoso das altas esferas com a humanidade encarnada, isso se deve muito mais ao heroísmo dos espíritos bondosos, que abdicam do seu ambiente paradisíaco para socorrerem seus irmãos ainda comprometidos com a carne, do que ao trabalho dos médiuns existentes na Terra.

PERGUNTA: — Essas frustrações muito comuns no inter-

câmbio dos espíritos benfeitores para com a Terra só ocorre com os chamados "médiuns de prova", ou também poderão ocorrer entre aqueles cuja mediunidade é o fruto de sua evolução espiritual?

RAMATÍS: — Conforme já frisamos anteriormente, há grande distinção entre a mediunidade de "prova" e a mediunidade "natural", em que esta última é faculdade espontânea e intrínseca do espírito já sublimado, isto é, uma decorrência ou corolário do seu próprio grau espiritual. Aquele que usufrui da Intuição Pura, como percepção angélica, fruto abençoado dos milênios de sacrifícios, renúncia e renovação moral na escalonada espiritual, põe-se facilmente em contato com a consciência crística do Criador, pois já vive em sua intimidade o estado de Paz e euforia das almas santificadas.

Não pode ele sofrer alterações que o contradigam espiritualmente na sua faixa vibratória já alcançada; é imune às influências menos dignas, pois não vibra com as modulações inferiores dos vícios, das paixões ou das seduções da matéria. Ele não entra em desacordo com o comando angélico do orbe. Sua alma filtra os pensamentos e as revelações angélicas, assim como a lâmina diamantífera fulge à luz suave do Sol, sem se ofuscar o seu brilho natural.

O médium natural não exige que os altos dignitários da Vida Oculta desçam vibratoriamente até à sua organização humana para efetuar o serviço mediúnico, uma vez que ele se encontra ligado permanentemente a fonte angélica e representa na Terra o seu prolongamento vivo. É o cidadão sideral que desceu de sua moradia sublime, mas sem se desligar do plano Divino, cuja mente vibra sempre à distância de qualquer pensamento ou resíduo moral menos digno. Buscando-vos algum exemplo esclarecedor, diríamos que o médium em prova é a lâmpada de vidro colorido, que dá à luz que ele filtra a cor de que também é constituída, enquanto o médium natural, como um foco luminoso cristalino, irradia sempre a luz em sua pureza original.

Como não há retrogradação na intimidade do espírito, o médium natural nunca apresenta contradições em sua mediunidade, a qual é somente a emanação de sua própria graduação espiritual. A faculdade mediúnica é intrínseca à sua própria índole superior, não podendo poluir-se com as imperfeições do meio em que vive, porque também não há decadência em seu nível superior já consolidado. Em conseqüência, ele não pode causar

... uma Proposta de Luz

nenhuma decepção às almas que o inspiram pela "via interior" e o induzem a elevar o seu padrão espiritual do mundo físico.

Ele jamais precisa ser atuado para agir corretamente, uma vez que permanece continuamente ligado ao pensamento crístico da vida sublime, e a qualquer momento constitui-se na sentinela avançada do Alto sobre a Terra. Quando ele pensa, deseja e age, ainda reproduz vivamente o alto grau da mensagem angélica porque, sendo íntegro no trato evangélico com todos os seres, em seus atos reflete sempre a vontade definitiva do Criador. Assim o foram Francisco de Assis, Antônio de Pádua, Crisna, Tereza de Jesus, Pitágoras, Buda, Jesus e muitos outros anônimos que o mundo desconhece, pela sua grande renúncia e humildade.

PERGUNTA: — Os médiuns que negligenciam com esses compromissos espirituais deverão sofrer severamente, depois de desencarnados, as penas impostas pelo Tribunal Divino?

RAMATÍS: — Desnecessário é vos dizer que o sofrimento dos médiuns que não cumprem o seu mandato espiritual dignamente na Terra — e que eles mesmos requereram para a sua própria redenção bem antes de se reencarnarem — não é imposto à semelhança dos julgamentos da justiça humana. Embora não lhes seja aplicado deliberadamente nenhum castigo determinado pelas autoridades sidéreas, as suas condições vibratórias demasiadamente confrangedoras e o remorso cruciante, pelo desrespeito à confiança angélica, são suficientes para vergastar-lhes a consciência e maltratar-lhes a alma angustiada.

Depois que despertam no Além e reconhecem, à luz meridiana de sua consciência espiritual, os enormes prejuízos que causaram na consecução do elevado programa organizado pelos espíritos benfeitores, os médiuns delinqüentes se tornam ainda mais infelizes, verificando a necessidade de recomeçar novamente a mesma tarefa na Terra, não só em piores condições como ainda deserdados do endosso angélico de que abusaram negligentemente. E como ainda é extensa a fila dos espíritos desencarnados aguardando novos corpos físicos para uma reabilitação espiritual que lhes amaine as dores perispirituais e lhes olvide o remorso das vidas pregressas mal vividas, esses médiuns perdulários e faltosos terão de permanecer muitos anos no mundo astral, a meditar nas suas desditas e sofrer o efeito de suas mazelas íntimas.

124

Ramatís...

MEDIUNIDADE DE CURA

CAPÍTULO 6

Os passes mediúnicos e o receituário de água fluidificada

PERGUNTA: — Que dizeis sobre as qualidades terapêuticas da água fluidificada pelos médiuns?

RAMATÍS: — A água fluidificada é a medicina ideal para os espíritas e médiuns receitistas, pois, embora seja destinada a fins terapêuticos, sua aplicação não deve ser censurada pelos médicos, pois não infringe as posturas do Código Penal do mundo e sua prescrição não constitui prática ilegal de medicina. Quando a água é fluidificada por médiuns ou pessoas de físico e psiquismo sadios, ela se potencializa extraordinariamente no seu energismo etérico natural, tornando-se um medicamento salutar, capaz de revitalizar os órgãos físicos debilitados e restabelecer as funções orgânicas comprometidas.

A água é elemento energético e ótimo veículo para transmitir fluidos benéficos ao organismo humano. Ela é sensível aos princípios radioativos emanados do Sol e também ao magnetismo áurico do perispírito humano.[1]

---

1 — Nota do Revisor: Ainda como elucidação quanto aos benefícios da água magnetizada, transcrevemos o que diz o esclarecido espírito Emmanuel: — "A água é um dos elementos mais receptivos da Terra e no qual a medicação do Céu pode ser impressa através de recursos substanciais de assistência ao corpo e à alma.

A prece intercessória, como veículo de bondade, emite irradiações de fluidos que, por enquanto, são invisíveis aos olhos humanos e escapam à análise das vossas pesquisas comuns.

A água recebe-nos a influenciação ativa de força magnética e princípios terapêuticos que aliviam e sustentam, que ajudam e curam.

A rogativa que flui do imo d'alma e a linfa que procede do coração da Terra, unidas na função do bem, operam milagres. Quando o Mestre advertiu que o doador de um simples copo de água ofertado em nome de sua memória, fazia jus à sua bênção, Ele reporta-se ao valor real da providência, a benefício do corpo e do espírito, sempre que estejam enfermiços.

Por conseguinte, se o indivíduo que lhe transfundir os seus fluidos for de físico enfermiço, depauperado, ou que, em sua mente, estejam em efervescência emoções nocivas, neste caso, a água que ele fluidificar transformar-se-á em elemento deletério.

Porém, não se deduza que o doador de fluidos tenha de ser um santo; mas, sim, que o seu espírito esteja com "boa saúde", pois se, por exemplo, em sua mente ainda estiverem em ebulição as toxinas de uma explosão de ciúme que o tomou na véspera, torna-se evidente que os seus fluidos não podem ser benéficos.

A água fluidificada é medicação eficaz sem a toxidez das drogas e produtos da farmacologia moderna, os quais algumas vezes são fabricados por industriais que, pela avidez de maiores lucros, não atendem a um escrúpulo rigoroso quanto aos fatores qualidade e técnica irrepreensíveis. Embora seja raro, há casos em que a água potencializada ou fluidificada por médiuns poderosos e de sadia vitalidade chega a alcançar o "quantum" energético e benfeitor da homeopatia na sua 100.000 dinamização infinitesimal.

Os médiuns vegetarianos, sem vícios deprimentes e libertos de paixões violentas, são capazes de produzir curas prodigiosas pelo emprego da água fluidificada, a qual ainda é superativada pelo energismo mobilizado pelos espíritos desencarnados em serviços socorristas aos encarnados.

PERGUNTA: — Qual é, enfim, o verdadeiro processo que torna a água fluidificada superior à água comum, a ponto de transformá-la em medicamento com propriedade curativa?

RAMATÍS: — Em verdade, é o próprio organismo do homem que oferece as condições eletivas para então manifestar-se em sua intimidade orgânica a ação terapêutica da água fluidificada.

Conforme os conceitos modernos firmados pela ciência terrena, o corpo humano é apenas um aspecto ilusório de "matéria", na qual predomina um número inconcebível de espaços

---

Se desejas, portanto, o concurso dos Amigos espirituais na solução de tuas necessidades fisiopsíquicas ou nos problemas de saúde e equilíbrio dos companheiros, coloca o teu recipiente de água cristalina, à frente de tuas orações, espera e confia. O orvalho do Plano Divino magnetizará o líquido com raios de amor, em forma de bênçãos, e estarás então consagrando o sublime ensinamento do copo de água pura, abençoado nos Céus".

vazios denominados "interatômicos" prevalecendo sobre uma quantidade microscópica de massa realmente absoluta. Caso fosse possível comprimirem-se todos esses espaços vazios que existem na intimidade da substância material do corpo físico, até ele se transformar no que os cientistas chamam de "pasta nuclear", resultaria dessa desagregação químico-física apenas um punhado de pó compacto representando a massa real existente, do homem, mas cabível numa caixa de fósforos, continuando, porém, a manter o mesmo peso conhecido. Comprova-se, assim, que um homem cujo peso normal é de 60 quilos, caso pudesse reduzir-se à condição dessa "pasta nuclear" compacta em absoluto, do tamanho de uma caixa de fósforos, para surpresa geral e, embora assim reduzida, continuaria a pesar os mesmos 60 quilos da sua estatura normal.

Em conseqüência, o organismo humano, na realidade, constitui um portentoso acumulador ou rede de energia, que a precariedade dos sentidos humanos distingue sob forma aparente de um corpo de carne ou matéria. Porém a sua individualidade intrínseca e preexistente é o espírito eterno cujo "habitat" adequado é o plano espiritual onde ele utiliza os seus atributos de pensar e agir sem precisar de um corpo físico.

Quando o homem se alimenta, ele apenas ingere massa ilusória, repleta de espaços vazios ou interatômicos, nos quais a energia cósmica prevalece sustentando a figura provisória do ser. Embora a alimentação comum do homem se componha de substância material, ela se destina essencialmente a nutrir os espaços vazios do "campo magnético" do homem. O corpo físico, na verdade, funciona como um desintegrador atômico que extrai todo o energismo existente nas substâncias que absorve em sua nutrição.

Ele libera completamente a energia atômica que existe em sua própria alimentação, ou nos medicamentos que a medicina terrena prescreve para defesa da sua saúde orgânica. Na verdade, tudo se resume em "revitalização magnética", isto é, aquisição de energia e não propriamente de substância. Os alimentos, o ar, a energia solar ou demais fluidos ocultos do orbe terráqueo estão saturados de princípios similares aos da eletricidade, os quais, na realidade, é que asseguram a estabilidade da forma humana em sua aparência física.

O médium é um ser humano e, portanto, um receptáculo dessa eletricidade biológica, transformando-se num acumulador vivo que absorve as energias de todos os tipos e freqüências vibratórias, a fim de prover às necessidades do seu próprio metabolismo carnal. Desde que ele possa potencializar essas energias e conjugá-las numa só direção, comandando-as pela sua vontade desperta e ativa, poderá fluir ou dinamizar a água e transformá-la em líquido vitalizante capaz de produzir curas miraculosas. É evidente que o corpo humano dos enfermos, quais outros acumuladores de carga mais debilitados, absorvem tanto quanto possível o "quantum" de energia que lhes carreia a água fluidificada pelos médiuns. E assim que esse energismo provindo do socorro mediúnico penetra na organização perispiritual do enfermo, distribui-se por todos os espaços interatômicos e eleva o "tônus vital" pela dinamização de sua estrutura eletrobiológica.

PERGUNTA: — Como poderemos entender que a água potencializada pelos fluidos magnéticos dos médiuns incomuns pode mesmo superar certos medicamentos poderosos da nossa medicina?

RAMATÍS: — Já dissemos que o médium, tanto quanto o enfermo, não passam de acumuladores vivos com diferença de carga energética em comum, cujos corpos reduzidos em sua estrutura e espaços interatômicos cabem perfeitamente numa caixa de fósforos. Ao ingerir a água fluidificada, isto é, um conteúdo potencializado de modo incomum no seu energismo, o homem absorve diretamente e em estado de pureza, essa carga de forças vitalizadoras. Mas no caso dos medicamentos fabricados, ele, extraindo deles o "quantum" de energia de que necessita, também absorve desses elementos as impurezas e substâncias tóxicas da sua natural composição química.

Sabem os médicos que a eliminação dos sintomas enfermiços do corpo físico nem sempre significa a cura da moléstia, porquanto neutralizar os efeitos mórbidos não induz à extinção da sua causa. No entanto, essas drogas excitantes, antiespasmódicas, dilatadoras, sedativas ou térmicas, embora benfeitoras na eliminação de sintomas dolorosos, são compostas, geralmente, de tintura de vegetais agressivos, minerais cáusticos, substâncias tóxicas extraídas de insetos e répteis e que, se fossem ministradas na sua forma química natural, causariam a morte imediata. Essa é a grande diferença entre a água fluidificada e a medicação medicinal. Enquanto a primeira é energia pura transmitida através dum veículo inofensivo, como é a água comum, a segunda, embora ofereça também proveitoso energismo para o campo magnético do homem, utiliza substâncias nocivas, que obrigam o perispírito a uma exaustiva reação de defesa contra a sua toxidez. Enquanto tais drogas ou medicamentos extinguem sintomas enfermiços do corpo carnal, o seu eterismo oculto e desconhecido da ciência comum ataca o perispírito, porque esse eterismo origina-se do duplo etérico de minerais, vegetais, insetos e répteis do mundo astral primário, próprio dos reinos inferiores do orbe.

A água é, pois, naturalmente um bom "condutor" de eletricidade, e que depois de fluidificada ainda eleva o seu padrão energético comum para um nível vibratório superior. Assim operam-se verdadeiros milagres[2] pelo seu uso terapêutico adequado, igual ao passe mediúnico ou magnético que, aplicado por médiuns ou pessoas de fé viva e sadios, transforma-se em veículo de energias benéficas para a contextura atômica do corpo físico. A matéria, conforme explicou Einstein, é "energia condensada", o que ficou comprovado pela própria desintegração atômica conseguida pela ciência moderna, transformando novamente a matéria em energia. Deste modo, o que nos parece substância sólida, absoluta, é um campo dinâmico em contínua ebulição, cuja forma é apenas uma aparência resultante desse fenômeno admirável do movimento vibratório. Não há estática absoluta no Cosmo, uma vez que no seio da própria pedra há vida dinâmica, incessante, condicionada a atingir frequências cada vez mais altas e perfeitas.

---

2 — Nota do Revisor — Como exemplo e prova de tais "milagres", obtidos mediante a aplicação de água fluidificada e passes magnéticos, Ramatís nos permitiu deixar consignado nesta obra o seguinte fato: — Há muitos anos, um casal de nossa amizade se lastimava e se considerava infeliz porque, tendo-se consorciado havia seis anos, ainda não tinham obtido a graça de lhes nascer um filho.

Inconformados com a dita provação, o marido decidiu levar a esposa a um médico especialista, a fim de ser identificada a causa e adotarem as providências adequadas. Então, feito o exame ginecológico, ficou constatado que, além do distúrbio específico causador da omissão e escassez do fluxo mensal, a infecundidade era devida a um atrofiamento das trompas uterinas, por anomalia congênita. E o médico aconselhou o recurso de uma intervenção cirúrgica. Ficou marcado o dia em que deveria ser efetuada a operação.

Aconteceu, no entanto, que dito casal, tomando conhecimento de um caso idêntico, cuja operação não dera o resultado previsto, ficou receoso e desistiu da intervenção cirúrgica.

Nessa emergência, lembraram-se de vir ao nosso encontro solicitar que fizéssemos uma "consulta aos espíritos". Em face da angústia que os dominava, decidimos fazer a dita consulta. E a resposta foi a seguinte: — "Durante vinte dias aplicar passes magnéticos (resolutivos e de dispersão), no baixo-ventre; e em seguida, uma lavagem interna, com um litro de água fria fluidificada. Após esse tratamento, a

... uma Proposta de Luz

Assim é que, na intimidade do corpo físico, o perfeito equilíbrio gravitacional das órbitas microeletrônicas, governadas pelas forças de atração e repulsão, é que lhe dá a aparência ilusória de matéria compacta. A anulação recíproca da lei de gravidade no mundo infinitesimal, e que permite a cada elétron manter-se em órbita em torno do seu núcleo, é também conseguida pela sua maior ou menor velocidade, tal como acontece com os satélites artificiais lançados pelos cientistas terrenos, os quais, de acordo com sua velocidade, mantêm-se em rotação em torno da Terra entre determinado apogeu e perigeu.

PERGUNTA: — Toda água fluidificada pelos médiuns produz sempre resultados terapêuticos benéficos aos doentes?

RAMATÍS: — Não é bastante os médiuns fluidificarem a água, ministrarem passes mediúnicos ou extraírem receitas para, com isso. alcançar resultados positivos. Eles precisam melhorar sua saúde física e sanar os seus desequilíbrios morais. A simples operação de estender as mãos sobre um recipiente contendo água e fluidificá-la para que ela se torne em um veículo de magnetismo curador, exige, também, do médium, o fiel cumprimento das leis de higiene física e espiritual, a fim de elevar o padrão qualitativo das suas irradiações vitais.

Embora as forças do espírito sejam autônomas e se manifestem independentemente das condições físicas ou da saúde corporal. o êxito mediúnico de passes e fluidificação da água é afetado, quando os médiuns ou passistas negligenciam a sua higiene física e mental.

PERGUNTA: — E que dizeis quanto às particularidades profiláticas dessa higiene que deve ser observada pelos médiuns passistas?

---

paciente ficará curada e em condições de conceber".

O tratamento prescrito foi efetuado rigorosamente. Porém, decorridos três meses, o esposo, ao certificar que a mulher estava com o ventre inchado, ficou bastante apreensivo e atribuiu o caso a uma inflamação interna produzida (segundo sua convicção) pelas lavagens de água fria. E, então, lamentava haver concordado com semelhante tratamento.

Tendo sido informado dessa nova angústia doméstica, decidimos ir a sua casa para dizer-lhe apenas o seguinte: — "Meu irmão": o guia ou espírito que formulou o tratamento asseverou, conforme dissemos, que "após vinte dias, sua esposa ficaria em condições de conceber". Por conseguinte, a fim de identificar a causa dessa "inchação" ventral, aconselho que a leve a um médico ginecologista.

Assim se fez; e o diagnóstico foi o seguinte: — "Sua esposa está grávida!" Efetivamente, no prazo certo nasceu o primeiro filho; e nos cinco anos seguintes nasceram mais cinco. Porém, infelizmente, logo a seguir, a dita senhora enviuvou. E como era pobre, teve de travar grande luta para manter-se com os seis filhos.

RAMATÍS: — Em muitos centros espíritas ainda faltam a torneira de água e o sabão para certos médiuns passistas eliminarem a sujeira das unhas ou das mãos quando, à última hora, chegam aos trabalhos mediúnicos. Malgrado a boa vontade desses médiuns no seu serviço caritativo por "via espiritual", as suas mãos entram em contacto cotidiano com centenas de objetos, criaturas enfermas, animais, líquidos, substâncias químicas agressivas, medicamentos, poeira, tóxicos, cigarros, alcoólicos, dinheiro, lenços contaminados, etc... E na falta de limpeza prévia, elas se transformam, à hora dos passes, em desagradável chuveiro de fluidos contaminados pelos germens e partículas nocivas a transmitirem-se aos pacientes.

Jesus era pobre, mas asseado; as suas mãos eram limpas e ele evitava até a alimentação indigesta ou tóxica.

PERGUNTA: — Os espíritas kardecistas afirmam que o mandato mediúnico é tarefa puramente espiritual, motivo por que podem ser dispensados quaisquer rituais, preocupações preventivas ou recursos do mundo material para se lograr bom êxito. Asseveram-nos que a boa intenção e a conduta ilibada são suficientes para atrair os bons espíritos sempre prontos a auxiliar os serviços socorristas sob a égide do espiritismo.

RAMATÍS: — Somos de parecer que os médiuns não devem confundir "rituais" com "preceitos de higiene". O principal objetivo da prática de rituais no mundo terreno é exaltar a vontade humana pela sua focalização em símbolos e recursos sugestivos que impressionem a mente, a fim de se produzir um estado de "fé" ou de confiança incomuns, capaz de acelerar o energismo espiritual do ser, a fim de se conseguirem realizações psíquicas excepcionais.

Mas a higiene corporal e o asseio das vestes dos médiuns, durante suas tarefas mediúnicas terapêuticas, nada tem a ver com rituais, práticas ortodoxas ou quaisquer cerimônias de exaltação da fé humana. O uso do sabão e da água para a limpeza do corpo físico é necessidade essencial com o fito de eliminar-lhes a sujidade, o mau odor e os germens contagiosos que podem afetar os pacientes.

Não temos dúvida de que Francisco de Assis ou Jesus poderiam mesmo dispensar quaisquer recursos profiláticos do mundo material para o perfeito êxito de sua missão junto à

... uma Proposta de Luz

humanidade terrena. A luz que se irradiava continuamente de suas auras, impregnadas de fótons profiláticos, era suficiente para nutri-los de forças terapêuticas ou preservá-los das germinações virulentas. A bênção e a prece de tais almas sublimes eram suficientes para transformar a água comum em medicamento poderoso.

Mas é óbvio que os médiuns ainda não podem alimentar essa presunção, pois ainda são espíritos em prova sacrificial no mundo terreno, empreendendo sua redenção espiritual mediante intensa luta contra as suas mazelas e culpas de existências pregressas. Ante a falta de credenciais de alta espiritualidade, eles não devem olvidar os recursos profiláticos do mundo físico, a fim de obterem o máximo sucesso na terapia mediúnica, em benefício do próximo.

PERGUNTA: — Considerando-se a necessidade de o médium dispensar sério cuidado à higiene do corpo, para o serviço de passes ou fluidificação da água, poderíamos então supor que a sua faculdade magnética, só por si, não é fundamental? Que nos dizeis?

RAMATÍS: — As nossas presentes considerações não têm por escopo dogmatizar sobre o exercício da mediunidade, pois ainda somos pelo velho conceito de que "a verdade sempre está no meio". Sem dúvida, o médium que já possui mais treino e experiência no seu "métier", tal como a ferramenta que se aguça pelo próprio uso, também há de conseguir melhores resultados do que os obtidos pelos neófitos com todos os seus recursos profiláticos do mundo material.

Mas, infelizmente, entre muitos médiuns e espíritas ainda é dogma o velho e errôneo conceito de que a "matéria não vale nada". Esse conceito tomou alto relevo nas primeiras horas do entusiasmo espirítico, ao verificar-se pelas provas mediúnicas, que o "real" é o espírito, enquanto a "carne" é o "transitório". Daí, pois, a tácita negligência que se verifica entre muitos neófitos e mesmo veteranos da doutrina espírita quando olvidam que a matéria é uma projeção da própria Divindade e que o corpo carnal é o prolongamento fiel do espírito que o comanda. O corpo físico, pois, é tão importante para a manifestação da entidade espiritual quanto o violino é o instrumento valioso que expressa o gênio e o talento do artista sensato e zeloso de sua arte

132   Ramatís...

Embora existam pessoas que não sofrem quaisquer alterações em sua sensibilidade psíquica, quando submetidas aos passes de médiuns desleixados e mal-asseados, também já vos temos lembrado que os pacientes tornam-se mais receptivos aos fluidos terapêuticos mediúnicos quando os recebem de passistas que se impõem pelo melhor aspecto moral, asseio e delicadeza. Se o médium se desinteressar dos preceitos mais comuns de sua higiene e apresentação pessoal, certamente dará motivo a uma certa antipatia entre os seus consulentes.

PERGUNTA: — Poderíeis explicar-nos quais são os principais fatores que, durante a aplicação de passes, podem despertar essa antipatia entre o médium e os seus pacientes?

RAMATÍS: — Entre os pacientes submetidos aos passes mediúnicos serão poucos os que se sentem atraídos e confiantes no médium que, arfando qual fole vivo, sopra-lhes no rosto o seu mau hálito e respinga-os de saliva, enquanto ainda os impregna com a exalação fétida do corpo ou dos pés mal-asseados. Outros médiuns ainda acrescentam a tais negligências o odor morno e sufocante do corpo suado, da brilhantina inferior no cabelo e da roupa empoeirada. Malgrado nossas considerações parecerem, talvez, exageradas, repetimos, ainda, mais uma vez: o êxito da terapia mediúnica depende fundamentalmente do estado de receptividade psíquica dos enfermos. Em conseqüência, todos os motivos ou aspectos desagradáveis no serviço mediúnico, mesmo os de ordem material, reduzem consideravelmente o sucesso desejado.

PERGUNTA: — Porventura existem outras organizações de assistência terapêutica que se preocupem fundamentalmente com a adoção obrigatória dos preceitos da higiene física, para o melhor êxito da manifestação espiritual?

RAMATÍS: — Nas tradicionais instituições e fraternidades iniciáticas, antes de quaisquer cerimônias ritualísticas e antes de os seus adeptos exercerem o culto exotérico ou a tarefa terapêutica, devem submeter-se ao banho de corpo inteiro em água odorante, ou, pelo menos, efetuar a ablução das mãos em líquido profilático. Comumente eles trocam as vestes de uso cotidiano por outras, limpas e suavemente incensadas, substituindo os calçados empoeirados pelas sandálias de pano alvo e asseadas. Em face dos elementos eletromagnéticos que

... uma Proposta de Luz

constituem a essência da água, tomar um banho após um dia estafante proporciona à criatura um bem-estar saudável e reconfortante.

Certos movimentos espiritualistas como o esoterismo, a teosofia, a rosa-cruz, a ioga, os essênios e os fraternistas costumam queimar incenso em suas reuniões de estudos, meditações ou irradiações. Mas assim o fazem independentemente de qualquer ritual ridículo ou intenção de neutralizar a ação de espíritos malfeitores, como ainda supõem certos críticos desavisados da realidade. Essa prática, portanto, obedece mais propriamente a um senso de estesia espiritual e sensibilidade olfativa, em que os seus componentes procuram eliminar odores e exalações desagradáveis do ambiente, substituindo-os pelo aroma agradável e de inspiração psíquica, que provém do incenso em sua emanação delicada. É recurso natural usado no mundo físico e condizente com a natureza de um trabalho espiritual elevado, mas sem qualquer superstição mística ou providência de magia.

Não se confunda, pois, a limpeza das mãos, a substituição das vestes empoeiradas e suarentas, pelos trajes limpos, o banho preventivo ou o próprio aroma agradável no ambiente de trabalho psíquico, com os preceitos pagãos do ritualismo supersticioso ou cerimônias tolas. Assim como é censurável o fanatismo do ritual, também é censurável a falta de higiene corporal e a ortodoxia cega contra os recursos naturais do mundo em que viveis e que ajudam a melhor sensibilização psíquica.

Não recomendamos uma profilaxia fanática e exagerada, capaz de transformar a mais simples limpeza do corpo ou do ambiente, em implacável formalismo a objetos e rituais. Mas também não concordamos que alguns médiuns espíritas e curandeiros se apresentem aos centros espíritas com as mãos gordurosas ou sujas de vitualhas temperadas, enquanto guardam a ingênua presunção de doar eflúvios agradáveis e sadios aos enfermos.

PERGUNTA: — Mas o auxílio dos guias de alta vibração espiritual, junto aos médiuns, não é suficiente para neutralizar o efeito dessas emanações ou odores, que são próprios do corpo de carne e não do espírito imortal?

RAMATÍS: — Alhures já vos dissemos que, se bastasse unicamente a presença de bons guias para se eliminarem quaisquer surtos enfermiços ou odores desagradáveis dos médiuns ou do ambiente, é óbvio que estes então seriam dispensáveis, por não passarem de simples estorvo a dificultar a livre fluência das energias doadas pelos desencarnados. As criaturas já santificadas podem prescindir de qualquer rito ou recursos profiláticos do mundo físico na tarefa de curar o próximo, porquanto são verdadeiros condensadores das vibrações do Cristo. Mas, em geral, os médiuns são homens defeituosos, enfermos, e alguns, até viciados e de pouca higiene, ou mesmo preguiçosos, que ainda deixam a cargo dos seus guias os problemas e os obstáculos naturais do mundo físico.

Muitos deles, presunçosos do seu poder mediúnico e convencidos de que vivem sempre assistidos pelos espíritos de hierarquia espiritual superior, deixam de mobilizar os recursos próprios do plano em que atuam, guardando a esperança de que o milagre há de se realizar à última hora.

PERGUNTA: — Pressupomos que nem todos os médiuns dispõem de tempo e circunstância favoráveis que lhes permitam o cumprimento integral de suas tarefas mediúnicas, pois, em geral, o homem terreno vive completamente algemado ao relógio, mal conseguindo atender às suas obrigações comuns. O médium pobre, por exemplo, mal dispõe de alguns minutos para o seu alimento e descanso, pesando-lhe ainda na vida a função assistencial da mediunidade. Que dizeis?

RAMATÍS: — Considerando o velho provérbio de que "água não custa dinheiro", obviamente, não a usa quem não deseja, enquanto a maior parte dos médiuns que alegam falta de tempo para a leitura de um livro, do asseio corporal ou das vestes, gasta a maior parte do seu tempo em dormir, na leitura de jornais, de revistas ou nas visitas inoportunas.

Atualmente, existem no mundo os mais variados compêndios de ensinamentos esotéricos e roteiros educativos de outros movimentos espiritualistas, além do espiritismo, mas que ajudam os próprios médiuns a disciplinar a sua vontade, melhorar sua higiene mental e física, bem como o controle emotivo tão necessário ao êxito da prática terapêutica. Aqueles que souberam aproveitar alguns minutos disponíveis entre suas obrigações terrenas nesse estudo hão de auferir conhecimentos que tanto lhes aperfeiçoarão as condições psíquicas como também os seus recursos físicos.

... uma Proposta de Luz

Essas obras expõem pormenores e experimentações que Allan Kardec não pôde esmiuçar em sua época, mas servem de melhores esclarecimentos a tudo que o próprio codificador deixou como base definitiva da doutrina. Os médiuns do futuro serão criaturas disciplinadas por cursos técnicos e conhecimentos científicos, efetuando o melhor aproveitamento da energia psíquica no serviço mediúnico de transfusão de fluidos terapêuticos, mas isso será graças ao seu domínio mental sobre os movimentos instintivos do corpo e à prática da respiração iogue, que melhor purifique a circulação sangüínea e aumente a vitalidade magnética do corpo.

Embora sejam poucos os médiuns que dispõem de algum tempo para estudar proveitosamente a doutrina espírita ou a técnica da mediunidade, eles serão sempre os verdadeiros beneficiados na tarefa socorrista ao próximo. Em conseqüência, que procurem auferir o melhor proveito no exercício de sua faculdade mediúnica no mundo material e cumpram-na acima de todas as inutilidades e desperdícios de tempo, se realmente desejam o benefício redentor de amortizar suas faltas passadas.

O médium colhe exatamente o que semeou outrora e, embora a Lei Cármica se manifeste sob diferentes esquemas de compromissos individuais, e de acordo com a necessidade de cada criatura, na verdade, os conceitos superiores e definitivos que fundamentam a evolução do espírito na Terra ainda são aqueles do Mestre Jesus: "Faze aos outros o que queres que te façam" e "ama ao próximo como a ti mesmo".

PERGUNTA: — Voltando a tratar do asseio corporal e do melhor aspecto dos médiuns em suas tarefas mediúnicas de passes ou fluidificação de água, lembramo-nos de alguns curandeiros, que se tornaram célebres pelos seus tratamentos e curas impressionantes, mas foram homens de aspecto desleixado e sem qualquer princípio de higiene corporal. Que dizeis?

RAMATÍS: — A fé que, em certos casos, os enfermos depositam sinceramente nos seus curandeiros hirsutos e desasseados é, justamente, o detonador psíquico que lhes desata as próprias forças vitais latentes, desentorpece-lhes os músculos atrofiados ou renova-lhes os tecidos enfermos, assim como a corrente elétrica ativa as funções das células nervosas na conhecida neuroterapia dos "choques elétricos". É desse modo que se processam as curas de Fátima, de Lourdes, e os milagres das promessas ao Senhor do Bonfim, de Iguape, a Nossa Senhora da Penha, de Guadalupe ou do Rocio, inclusive nos tradicionais lugares santos, imagens que choram e as estampas que piscam ou se movem.

Assim é que, diante das estátuas, das imagens mudas ou nos lugares santos e miraculosos, os aleijados abandonam as muletas, os cegos vêem, os surdos tornam a ouvir e desaparecem as doenças mentais atrozes, embora os enfermos não tomem qualquer contacto direto com criaturas vivas. Eles alimentam em si mesmo o clima energético espiritual que os torna hipersensíveis e dinâmicos; ou então absorvem os fluidos curadores dos espíritos terapeutas que ali atuam em favor da saúde humana.

Aliás, a verdadeira fonte oculta e sublime das energias curativas encontra-se na própria intimidade espiritual da criatura, restando-lhe apenas saber mobilizar essas forças através da vontade e da confiança incomuns, para então ocorrer o sucesso terapêutico, que posteriormente é levado à conta de admirável milagre contrariando as próprias leis do mundo. Em conseqüência, desde que existem estampas, fontes de água, túmulos, imagens ou relíquias sagradas que podem servir de estímulo à fé humana e produzir as curas incomuns, por que, então, o curandeiro sujo e ignorante também não pode servir de alvo para essa mesma fé despertar as energias curativas do espírito imortal? Porventura o corpo físico, como um dos mais impressionantes reservatórios de forças criadoras, já não é um autêntico milagre da vida?

A sua capacidade de gerar-se e desenvolver-se no ventre materno, em seguida vir à luz do mundo, crescer e consolidar-se como abençoado instrumento de trabalho e aperfeiçoamento do espírito é a prova mais evidente desse milagre estupendo da Natureza. Quer provendo-se de alimentos ou sob a ação dos medicamentos da medicina do mundo, o organismo físico é quem realmente substitui, por outras revitalizadas, as células exauridas, modifica os tecidos decrépitos, consolida fraturas ósseas, cicatriza lesões e recompõe cabelos e unhas, enquanto fabrica toda espécie de sucos, hormônios e líquidos necessários às diversas funções do metabolismo vital.

Em sua capacidade e inteligência instintiva e oculta, o corpo mantém a pressão, a circulação, a temperatura ou o tônus cardíaco que se fazem necessários para manter em equilí-

... uma Proposta de Luz

brio o ser, no meio em que se manifesta. Apenas o homem fere uma falange do seu dedo mínimo, já a sua prodigiosa maquinaria de ossos, nervos e músculos mobiliza "cimento, cola", minerais e antissépticos carreando-os para o local acidentado, a fim de evitar a hemorragia fatal ou debelar a infecção perigosa.

Nos primeiros meses de vida, a criança é alimentada preferencialmente com leite materno ou leite artificial em pó; mas, para espanto dos observadores, em troca desse líquido de cor branca e inodoro, miraculosamente, ela produz cabelos louros, ruivos ou pretos; o sangue vermelho, a bílis esverdeada, os olhos azuis, marrons, verdes ou negros; as unhas rosadas, a pele amorenada, preta ou branca; a carne, os ossos, os nervos, os dentes. Sem dúvida, não é a substância alimentícia do leite, propriamente dita, o que permite tal milagre, mas é a energia atômica, a força nuclear das moléculas e dos átomos que a compõem, os recursos de que o organismo da criança lança mão e com eles constrói o seu edifício celular e vivo.

Na intimidade do homem, portanto, a sabedoria divina opera mobilizando todas as forças ocultas da vida superior e materializando à luz do mundo planetário o espírito lançado na corrente evolutiva da angelitude.

PERGUNTA: — Poderíeis configurar-nos algum exemplo mais objetivo, quanto a essa dinamização de forças ocultas que vivem na própria intimidade do homem e se transformam em recursos de efeitos miraculosos?

RAMATÍS: — Quando a criatura, mesmo instintivamente, é capaz de concentrar todas as suas forças mentais e vitais, enfeixando-as e projetando-as num só impacto curativo sobre o seu corpo enfermo, elas então conseguem realizar a cura, quer tenham sido dinamizadas pela sua fé e confiança no médico, curandeiro, médium, santo miraculoso ou imagem de santa.

Em rápido exemplo comparativo, lembramos-vos o que acontece quando a carroça sobrecarregada atola-se no banhado ou estaca na subida por excesso de peso e o condutor, hábil e experiente, conjuga então todas as energias dos seus cavalos e os anima, ajustando-os gradativamente até lograr a perfeita sintonia de suas forças. No momento exato da mais vigorosa tensão, num só brado e ímpeto vigoroso de ação, ele chicoteia os cavalos em conjunto, os quais, num só arranco uniforme e coeso, movem a viatura pela coordenação mútua de suas próprias forças lançadas numa só direção. Da mesma forma, existem criaturas que, por uma disposição mental, intuitiva ou mesmo instintiva dinamizam suas energias pela fé ou confiança incondicional em alguém ou alguma coisa, e depois aproveitam-nas em um só impacto energético sobre si mesmas, logrando o milagre de sua recuperação orgânica, instantânea.

Mas nem todos os seres são capazes de potencializar em si mesmos o "quantum" de suas energias curativas latentes no imo da alma, por culpa de sua vontade débil e falta de confiança em sua própria força. Sob tal aspecto, os médiuns também devem conjugar todos os seus esforços espirituais em suas tarefas terapêuticas, inclusive os recursos profiláticos do mundo físico, assim como pela sua simpatia, confiança e ânimo espiritual influir favoravelmente na potencialização energética dos próprios enfermos.

PERGUNTA: — É justificável a atitude de alguns médiuns e espíritas que, durante os passes mediúnicos ou magnéticos, advertem os pacientes para não cruzarem as mãos ou os pés? Porventura não se trata de superstição ou reminiscência de algum rito da prática de magia de outrora?

RAMATÍS: — Se tal prática fosse resultante de qualquer superstição ou rito de magia, então teríeis que também subestimar todos os movimentos que os médiuns executam com suas mãos durante os passes, o que fazem dentro da técnica da magnetoterapia para distribuírem eqüitativamente as forças vitalizantes do mundo oculto sobre os plexos nervosos dos enfermos.

Aliás, ainda são poucos os médiuns que possuem uma noção satisfatória das leis ocultas que disciplinam os pólos positivos e negativos das correntes eletromagnéticas ou eletrobiológicas, que circulam através dos seres vivos. Os mais ignorantes confundem a técnica dos passes terapêuticos com as vassouradas que praticam de cima para baixo e de baixo para cima sobre os enfermos, quando então misturam os fluidos perniciosos com os eflúvios vitais benéficos. Não sabem praticar a "descarga fluídica" antes dos passes; não conhecem as leis de dispersão, de fuga ou polarização dos fluidos perispirituais, e assim praticam toda sorte de equívocos e tolices quanto à técnica sadia na sua função de passistas, cujos resultados ainda são algo proveitosos pela interferência contínua das entidades experimentadas do

... uma Proposta de Luz

"lado de cá".

Aqui, esses médiuns condensam fluidos revitalizantes sobre os órgãos congestos; ali, dispersam as forças vitalizantes das regiões anêmicas dos pacientes; acolá, efetuam passes longitudinais em zonas orgânicas que pedem apenas uma polarização fluídica. No seu fanatismo cego, muitos médiuns repudiam os ensinamentos mais valiosos de um tratado esoterista ou de qualquer compêndio teosófico ou iogue, que lhes facultariam um conhecimento sensato e sábio ao manusearem as forças ocultas.

Através das oscilações dos pêndulos radiestésicos, poder-se-á comprovar facilmente que no corpo humano circulam as correntes eletromagnéticas de natureza positiva ou negativa, quer movendo-se em sentido longitudinal, transversal ou horizontal, assim como polarizam-se em torno dos sistemas e dos órgãos físicos. Embora essas forças ocultas escapem à aferição dos sentidos humanos comuns, elas podem ser identificadas pelos médiuns treinados ou criaturas de psiquismo muito sensível e aguçado.

Elas interpenetram e vitalizam órgãos e sistemas de sustentação anatomofisiológica do homem, enquanto carreiam-lhe as impurezas fluídicas e processam as transfusões "etereoastrais" tão necessárias ao metabolismo perispiritual. Em conseqüência, desde que se cruzem as mãos ou os pés durante os passes mediúnicos e magnéticos, obviamente fecha-se o circuito etereomagnético dos próprios fluidos em circulação, e que precisam retemperar-se na fonte terapêutica do mundo espiritual, retornando depois às mesmas zonas do corpo humano desvitalizado. Quando o circuito magnético é fechado termina em polarização, isto é, reflui a energia e cessa o seu contacto direto entre o paciente e o passista, assim como baixa o tom do magnetismo do perispírito.

Reduzindo-se a absorvência perispiritual do enfermo, pela polarização dos fluidos em efusão, ele deixa de recepcionar as forças doadas pelos passistas, que não lhe penetram no metabolismo psicofísico e terminam por dissolver-se no meio ambiente.

O Sublime Peregrino

Capítulo 5
Jesus de Nazaré e o Cristo Planetário

PERGUNTA: — Conforme deduzimos de vossas palavras, então Jesus é uma entidade e o Cristo outra? Porventura tal concepção não traz mais confusão entre os católicos, protestantes e espíritas, já convictos de que Jesus e o Cristo são a mesma pessoa?

RAMATÍS: — Em nossas singelas atividades espirituais, nós transmitimos mensagens baseadas em instruções recebidas dos altos mentores do orbe. Portanto, já é tempo de vos afirmar que o Cristo Planetário é uma entidade arcangélica, enquanto Jesus de Nazaré, espírito sublime e angélico, foi o seu médium mais perfeito na Terra. O excessivo apego aos ídolos e às fórmulas religiosas do vosso mundo terminam por cristalizar a crença humana, sob a algema dos dogmas impermeáveis a raciocínios novos e para não chocar o sentimentalismo da tradição. As criaturas estratificam no subconsciente uma crença religiosa, simpática, cômoda ou tradicional e, obviamente, terão de sofrer quando, sob o imperativo do progresso espiritual, têm de substituir sua devoção primitiva e saudosista por outras revelações mais avançadas sobre a Divindade. Os religiosos de tradição, herdeiros e repetidores da crença dos seus avoengos e preferida pela família, habituados a "adorar" e jamais "pensar", sentem-se amargurados quando têm de abandonar as imagens preferidas de sua devoção e substituí-las por outras mais estranhas.

Assim, correspondendo à assimilação progressiva humana, Deus primeiramente foi devotado pelos homens primitivos através dos fenômenos principais da Natureza, como o trovão, a chuva, o vento, o mar, o Sol. Em seguida, evoluíram para a figura dos múltiplos deusinhos do culto pagão. Mais tarde, as pequenas divindades fundiram-se, convergindo para a idéia unitária de Deus. Na Índia honrava-se Brahma, e Osíris, no Egito; e Júpiter na Olímpia; enquanto os Druidas, no seu culto à Natureza, cultuavam também uma só unidade. Moisés expressa em Jeová a unidade de Deus, embora ainda o fizesse bastante humanizado e temperamental, pois todos os sentimentos e emoções dos hebreus, no culto religioso, fundiam-se com as próprias atividades do mundo profano. Com o aparecimento de Jesus, a mesma idéia unitária de Deus evoluiu então para um Pai transbordante de Amor e Sabedoria, que pontificava acima das quizílias humanas, embora os homens ainda o considerassem um doador de "graças" para os seus simpatizantes e um juiz inexorável para os seus contrários.

Tais idéias expressam-se de acordo com a psicologia, o sentimento e a cultura de cada povo. Osíris, no Egito, inspirou o culto da morte, enquanto Brahma, na Índia, recebia homenagens fabulosas como o primeiro da Trindade divina do credo hindu. Mas, também havia Moloc a exigir o sacrifício de tenras crianças e, finalmente, Jeová, entre os hebreus, louvado com o holocausto de animais e aves, além de valiosos presentes dos seus devotos. Mais tarde, o catolicismo definiu-se pela idéia do Criador na figura de um velhinho de barbas brancas, responsável pela criação do mundo em seis dias, pontificando dos céus, atrás das nuvens, mas ainda sensível à oferenda de velas, flores, incenso, relíquias e auxílios necessários à manutenção do serviço divino no mundo terreno. Atualmente, a doutrina espírita ensina que "Deus é a Inteligência Suprema, causa primária de todas as cousas", descentralizando a Divindade do antropoformismo, para ser entendida animando todos os acontecimentos da Vida.

Não há dúvida; já é bem grande a diferença entre a concepção espírita e os deuses mitológicos, que presidiam os fenômenos da Natureza ou se imiscuíam na vida dos seus devotos. No entanto, ainda existe diversidade da própria fórmula espiritista, em confronto com outras explicações iniciáticas do ocultismo oriental. Em verdade, essa idéia da pluralidade divina foi-se atenuando com a própria evolução do homem na esfera da Filosofia e no campo da Ciência; porém, se isto lhe facultou maior assimilação da Realidade do Criador, aumentou-lhe, no entanto, a sua responsabilidade espiritual. Quando o religioso tradicional tem de abandonar o seu velho mito ou modificar sua idéia formal da Divindade, acariciada há tanto tempo e infantilmente sob a proteção do sacerdócio organizado, ele então sofre na sua alma; e, da mesma forma, sofrem os adeptos de doutrina como o espiritismo, ante a concepção de que Jesus é uma entidade à parte do Cristo, o Logos ou Espírito planetário da Terra.

Todavia, o mais importante não reside, propriamente, nas convicções da crença de cada um, na caminhada da sua evolução mental e espiritual, mas no seu comportamento humano, quando o homem atinge um discernimento mais exato e real quanto às suas responsabilidades e à forma de se conduzir perante o Deus único, cuja Lei Divina abençoa os que praticam o Bem e condena os que praticam o Mal. Os homens mais se aproximam da Realidade à medida que também se libertam das crenças, pois estas, quer sejam políticas, nacionais ou religiosas, separam os homens e os deixam intolerantes, tanto quanto se digladiam os torcedores pelo demasiado apego a uma determinada associação desportiva. Vale o homem pelo que é, o que faz e o que pensa, pois a crença, em geral, é mais uma fuga da realidade.[1]

Os próprios espíritas, em sua maioria, embora já possuam noções mais avançadas da realidade espiritual, ainda se confrangem, quando se lhes diz que o Cristo é um Arcanjo Planetário e Jesus, o Anjo governador da Terra. O anjo é entidade ainda capaz de atuar no mundo material, cuja possibilidade a

---

1 — Transcrevemos da obra de Krisnamurti, *A Primeira e última Liberdade*, em seu capítulo XVI, "Sobre a Crença em Deus", o seguinte trecho que coincide bastante com o pensamento de Ramatís: "Há muitas pessoas que crêem; milhões crêem em Deus e encontram consolo nisso. Em primeiro lugar, por que credes? Credes porque isso vos dá satisfação, consolo e esperança; e dizeis que essas coisas dão sentido à vida. Atualmente vossa crença tem muito pouca significação, porque credes e explorais, credes e matais, credes em um Deus universal e assassinais-vos uns aos outros. O rico também crê em Deus; explora impiedosamente, acumula dinheiro e depois manda construir uma igreja e se torna filantropo. Os homens que lançaram a bomba atômica sobre Hiroshima disseram que Deus os acompanhava; os que voavam da Inglaterra para destruir a Alemanha, diziam que Deus era seu co-piloto. Os ditadores, os primeiros-ministros, os generais, os presidentes, todos falam de Deus e têm fé imensa em Deus. Estão prestando algum serviço, estão tornando melhor a vida do homem? As mesmas pessoas que dizem crer em Deus devastaram a metade do mundo, e o deixaram em completa miséria. A intolerância religiosa, dividindo os homens em fiéis e infiéis, conduz a guerras religiosas. Isso mostra o nosso estranho senso político".

... uma Proposta de Luz

própria Bíblia simboliza pelos sete degraus da escada de Jacó; mas o arcanjo não pode mais deixar o seu mundo divino e efetuar qualquer ligação direta com a matéria, pois já abandonou, em definitivo, todos os veículos intermediários que lhe facultariam tal possibilidade. O próprio Jesus, espírito ainda passível de atuar nas formas físicas, teve de reconstruir as matrizes perispirituais usadas noutros mundos materiais extintos, a fim de poder encarnar-se na Terra.

PERGUNTA: — Em face dessa distinção de Jesus ser o intermediário do Cristo Planetário da Terra, gostaríamos que nos désseis maiores esclarecimentos sobre o assunto.

RAMATÍS: — Jesus, como dissemos, não é o Cristo, mas a consciência angélica mais capacitada para recepcionar e cumprir a sua vontade em cada plano descendente do reino angélico até a Terra. Em sua missão sublime, Jesus foi a "janela viva" aberta para o mundo material, recebendo do Cristo as sugestões e inspirações elevadas para atender à salvação das almas, em educação na crosta terráquea. No entanto, Jesus também ascensiona ininterruptamente pela expansão ilimitada de sua Consciência e libertação definitiva das formas dos mundos planetários transitórios. É provável, portanto, que no próximo "Manvantara" ou "Grande Plano" ele também já se gradue na escala arcangélica; e então participará diretamente da criação dos mundos sob a inspiração do Arcanjo, do Logos ou do Cristo do vosso sistema solar.

É o Arcanjo, o Logos ou Cristo Planetário da Terra, cuja Luz e Essência Vital, em perfeita sintonia com a vontade e o plano de Deus, então alimenta a alma da humanidade terrícola. Os homens vivem embebidos de sua essência sublime e, por isso, sentem no âmago de suas almas uma direção que os orienta, incessantemente, para as melhores aquisições espirituais no mundo educativo da matéria. As criaturas mais sensíveis, os intuitivos e os inspirados, às vezes identificam essa "voz oculta" a lhes falar silenciosa e ternamente nas belezas edênicas, que os aguardam após o desenlace do corpo carnal. Assim, o Logos, o Verbo ou o Cristo do planeta Terra, em determinado momento passou a atuar diretamente pelo seu intermediário Jesus, anjo corporificado na figura humana, transmitindo à humanidade a Luz redentora do Evangelho.

No entanto, o Cristo planetário não podia reduzir-se ao

ponto de vibrar ao nível da mentalidade humana ou habitar a precariedade de um corpo de carne. Alguém poderá colocar toda a luz do Sol dentro de uma garrafa?

PERGUNTA: — Os teosofistas dizem que os Arcanjos são entidades oriundas de uma linhagem à parte e jamais viveram na face da matéria, cuja evolução ainda segue diretrizes diferentes dos homens. Isso é exato?[2]

RAMATÍS: — Jamais existem duas medidas diferentes no plano da Criação e da manifestação do espírito em peregrinação, para adquirir sua consciência individual. A centelha espiritual surge simples e ignorante em todas as latitudes do Cosmo, adquire o seu limite consciencial situando-se nas formas efêmeras dos mundos planetários e depois evolui através do transformismo das espécies. O esquema evolutivo é absolutamente um só; sensação através do animal, emoção através do homem, sabedoria através do anjo e o poder e a glória através do arcanjo. São condições inerentes a todos os espíritos, porquanto Deus não modifica o processo de sua criação fora do tempo e do espaço. Não existem duas espécies de processos evolutivos, em que uma parte dos espíritos progride exclusivamente no "mundo interno" e a outra inicia-se pelo "mundo externo". A matéria, conforme prova a ciência moderna, é apenas "energia condensada"; em conseqüência, não há mérito para o ser evoluir apenas no seio da "energia livre", ou qualquer demérito em submeter-se somente à disciplina letárgica da "energia condensada". A evolução é fruto de uma operação espontânea, um impulso ascendente que existe no seio da própria centelha por força de sua origem divina. À medida que se consolida o núcleo consciencial ainda no mundo do espírito, a tendência expansiva dessa consciência primária é de abranger todas as coisas e formas, por cujo motivo ela não estaciona, num dado momento, no limiar das formas físicas, mas impregna-as impelidas pelo impulso criador de Deus. Assim, o mais insignificante átomo de consciência espiritual criado no seio do Cosmo jamais poderá cercear o ímpeto divino que o aciona para a angelitude e, conseqüentemente, para a própria condição arcangélica. Isso comprova-nos a Justiça, a Bondade e a Sabedoria de Deus, sem quaisquer privilégios ou diferenciações na escalonada do

---

2 — Vide a obra *A Fraternidade dos Anjos e dos Homens*, de George Hogdson. Obra editada pela Editora O Pensamento.

... uma Proposta de Luz   145

espírito em busca de sua eterna ventura. Todo Arcanjo já foi homem; todo homem será Arcanjo — essa é a Lei.

Aliás, a importância da vida do espírito não é quanto à contextura da instrumentação provisória usada para despertar sua consciência; mas, sim, aquilo que desperta, acumula e desenvolve em si mesmo, habitando a Terra ou somente o Espaço. Não há milagres nem subterfúgios da parte de Deus; nenhuma entidade espiritual, malgrado ser um Logos Solar, poderá ensinar, orientar e alimentar humanidades encarnadas, caso não se trate de uma consciência absolutamente experimentada naquilo que pretende realizar. Não havendo "graças" imerecidas, nem privilégios divinos, obviamente os arcanjos também fizeram sua escalonada sideral sob o mesmo processo extensível a todas as almas ou espíritos impelidos para o seu aperfeiçoamento. Se um Arcanjo ou Logos planetário pode ligar-se ao espírito de um medianeiro, como o Cristo uniu-se a Jesus, e sendo incessante o progresso espiritual, mais cedo ou mais tarde, o próprio Jesus alcançará a mesma freqüência e graduação arcangélica. E quando o espírito do homem alcança a condição beatífica de Arcanjo, ele é então chamado o "Filho Sideral"; é um Cristo, cujo estado espiritual absoluto é o Amor, como a "Segunda Manifestação de Deus" ou a "Segunda Pessoa da Santíssima Trindade", ainda tão mal compreendida entre os católicos e os protestantes, e injustamente criticada pelos espíritas ortodoxos.

Assim, o Logos ou Cristo planetário da Terra é realmente a Entidade Espiritual que, atuando na consciência global de toda a humanidade terrícola, alimenta e atende a todos os sonhos e ideais dos homens. É a Fonte Sublime, o Legado Sideral de Deus doando a Luz da Vida; o "Caminho, a Verdade e a Vida", em ação incessante através da "via interna" de nossa alma. Não é evidente que a lâmpada elétrica de vosso lar busca sua luz e força no transformador mais próximo, em vez de solicitá-la à Usina distante? Deus, como "Usina Cósmica" e alimentador do Universo, legou aos seus Arcanjos, transformadores divinos de Luz e Vida, o direito e a capacidade de atenderem às necessidades humanas nas crostas terráqueas, doando-lhes a energia devidamente dosada para a suportação e benefício espiritual de cada ser. Não há desperdício energético no Cosmo; jamais a Divindade oferece um tonel de água para quem só pode suportar o conteúdo de um copo.

Os homens perdem-se pelos escaninhos dos raciocínios obscuros, buscando a Verdade e a Glória através de processos complexos e escravizando a Razão às formas transitórias, enquanto, junto de si, continua o copo de água refrescante do Evangelho, capaz de saciar toda sede humana. Mal sabem eles que Jesus codificou, em linguagem simples e de execução fácil, o Pensamento e a Glória do próprio Cristo Planetário.

PERGUNTA: — Existe alguma referência bíblica indicando-nos que o Cristo é realmente um espírito planetário, e não o próprio Jesus de Nazaré?

RAMATÍS: — Conforme já temos dito, cada orbe tem o seu Logos ou Cristo planetário, seja a Terra, Marte, Júpiter, Saturno ou Vênus. De acordo com a graduação espiritual de suas humanidades, também há maior ou menor absorvência da aura do seu Cristo, o que, às vezes, é assinalado com acerto pelos astrólogos, no estudo de suas cartas zodiacais coletivas.

Quanto mais evoluída é a humanidade de um orbe, ela também é mais sensível ou receptível à vibração espiritual do seu Arcanjo planetário; sente mais intimamente a sua influência benfeitora e pende para as realizações superiores.

No entanto, quando chega a época tradicional de "Fim de Tempos" ou de seleção espiritual nos planetas promovidos a melhor padrão educativo, é feita a separação no simbolismo dos lobos, das ovelhas, do joio e do trigo. Então os espíritos reprovados são considerados à esquerda do seu Cristo planetário, ou seja, à esquerda do Amor. Em seguida são exilados para orbes inferiores, cuja vida inóspita afina-se com o conteúdo espiritual violento, agressivo e despótico, que é próprio da sua graduação inferior. Essa emigração incessante de orbe para orbe, então gerou a lenda bíblica da "queda dos anjos", ou seja, espíritos talentosos, astutos e orgulhosos que subvertem as atividades do Bem, pelo abuso do poder e de privilégios em suas existências planetárias.

Mas é João Evangelista, no Apocalipse, quem deixa entrever de modo sibilino e sem duplicidade que o Cristo é uma entidade e Jesus outra, quando assim ele diz: "E eu ouvi uma grande voz no céu, que dizia: Agora foi estabelecida a salvação, e a fortaleza, e o reino de nosso Deus, e o poder do seu Cristo; porque foi precipitado o acusador de nossos irmãos, que os acusava dia e noite diante de nosso Deus" (Apocalipse,

... uma Proposta de Luz

12:10). João se refere, indiretamente, ao Cristo planetário do vosso orbe, de onde é enxotado Satanás, após a profética seleção espiritual, ou seja, simbolizado na comunidade de espíritos rebeldes ao Amor do seu Cristo.

Quando chega a época de "Fim de Tempo", ou de limpeza astralina de um orbe, então emigram os espíritos trevosos e rebeldes que lhes infestam a aura e reduzem a freqüência vibratória da luz crística provinda do interior. Depois de afastados da aura do orbe higienizado, é óbvio que este também se mostra menos denso na sua contextura astralina e por isso aflora maior quantidade de Luz do seu Cristo planetário ao ambiente selecionado. Essa operação de técnica sideral, João enuncia no Apocalipse, ao dizer que "o poder do seu Cristo foi restabelecido após a expulsão de Satanás". Usando de exemplo rudimentar, diríamos que a simples providência de se espanar uma lâmpada obscurecida pelo pó, permite-lhe maior projeção de sua luz em torno. É por isso que a "Segunda vinda do Cristo" será exclusivamente pela via interna do espírito do homem, e não conforme descreve a mitologia religiosa, pois quanto mais se sensibiliza o ser, mais ele poderá absorver a luz espiritual do seu Cristo.

Em conseqüência, o divino Logos ou Cristo já atuou através de Moisés, Crisna, Isaías, Zaratrusta, Zoroastro, Buda, Maomé, Confúcio, Fo-Hi, Anfíon, Numu e muitos outros instrumentos humanos. Mas Jesus foi o mais fiel intérprete do Cristo planetário, na Terra; ao completar 30 anos de idade física, quando lhe baixa sobre a cabeça a pomba simbólica do Espírito Santo, durante o batismo efetuado por João Batista, Jesus passou a viver, minuto a minuto, as fases messiânicas do plano espiritual, traçado pelo seu elevado mentor, o Cristo ou Arcanjo do orbe.

PERGUNTA: — Poderíeis apontar-nos alguma passagem bíblica cuja clareza nos dispense de interpretações dúbias, distinguindo o Cristo de Jesus?

RAMATÍS: — É muito significativo o diálogo que ocorre entre Jesus e Simão Pedro e os demais apóstolos, quando ele lhes indaga: "E vós, quem dizeis que eu sou?" E Pedro responde-lhe: "Tu és o Cristo, o Filho de Deus vivo". Finalmente, depois de certa reflexão, Jesus então mandou seus discípulos que a ninguém dissessem que ele era Jesus Cristo (Lucas,

148   Ramatís...

9:20,21; Mateus, 16:15,16,20).

Nesse relato, Jesus admitiu representar outro ser, o Cristo, além de si, e que há muito tempo o inspirava e fora percebido intuitivamente por Simão Pedro. Falando mais tarde às turbas e aos apóstolos, o Mestre Jesus esclarece a sua condição excepcional de medianeiro do Cristo, não deixando qualquer dúvida ao se expressar do seguinte modo: "Mas vós não queirais ser chamados Mestre, porque um só é o vosso Mestre, e vós sois todos irmãos. Nem vos intituleis Mestres; porque um só é o vosso Mestre — o Cristo!" (Mateus, 23:8,10). É evidente que Jesus, falando na primeira pessoa e referindo-se ao Cristo na segunda pessoa, tinha o propósito de destacá-lo completamente de sua própria identidade, porque, em face de sua reconhecida humildade, jamais ele se intitularia um Mestre. Aliás, inúmeras passagens do "Novo Testamento" fazem referências a Jesus e o chamam o Cristo (Mateus 27:17,22), pressupondo-nos que mais tarde ele chegou a admitir-se como o Cristo, o "Ungido" ou "Enviado".

E se Jesus não esclareceu melhor o assunto, assim o fez em virtude dos apóstolos não poderem especular sobre a realidade de que ele pudesse ter uma entidade, e o Cristo outra; assim como a falta de cultura, própria da época, não lhes permitia raciocínios tão profundos como a idéia de arcanjo planetário.[3]

---

[3] — Nota do Revisor — Recomendamos a leitura do cap. "Os Engenheiros Siderais e o Plano da Criação", da obra *Mensagens do Astral*, de Ramatís, que explica minuciosamente as particularidades dos Cristos Planetários e Constelares, e, em particular, a excelente obra "Assim dizia Jesus", de Huberto Rohden, quanto ao capítulo "Ninguém vai ao Pai a não ser por mim", em que o autor faz proficiente estudo sobre a diferença entre o Cristo e Jesus.

... uma Proposta de Luz

ELUCIDAÇÕES DO ALÉM

CAPÍTULO 19

O duplo etérico e suas funções

PERGUNTA: — Que dizeis sobre o duplo etérico, como veículo intermediário entre o corpo carnal e o perispírito do homem?

RAMATÍS: — O duplo etérico é um corpo ou veículo provisório, espécie de mediador plástico ou elemento de ligação entre o perispírito e o corpo físico do homem. É constituído de éter físico emanado da própria Terra;[1] e conforme já dissemos, dissolve-se no túmulo depois da morte física do homem. Ele recebe os impulsos do perispírito e os transfere para a carne, agindo também em sentido inverso.

Em rude analogia, citamos a função valiosa do fio elétrico, o qual recebe a carga de eletricidade da usina ou fonte produtora e depois ilumina a lâmpada ou move o motor. Sem esse fio modesto, aparentemente sem importância, o mundo oculto da eletricidade não poderia atuar sobre o mundo visível da matéria. O duplo etérico, portanto, à semelhança de um fio elétrico, cumpre a função de mensageiro submisso, que transmite ao corpo o que o espírito sente no seu mundo oculto, ou sejam, as emoções que a alma plasma na sua mente espiritual imponderável.

---

1 — Nota do Revisor — Conforme a concepção oriental, o Éter Cósmico é a essência virgem que interpenetra e alenta o Universo; é a substância "Virgem" da escolástica hindu. O Éter físico, no entanto, é mais propriamente uma exsudação, o qual éter ou radiação desse Éter Cósmico, flui através dos poros da terra, que funciona à guisa de um condensador de Éter. Sob tal aspecto, o Éter Cósmico perde a sua característica de essência "virgem" ou "pura", para tornar-se uma substância impregnada das impurezas do planeta durante a sua exsudação. Se considerarmos o Éter Cósmico semelhante à água pura, no seu estado natural, o éter físico então será a água com as impurezas depois de usada pelo homem.

O DUPLO ETÉRICO DO HOMEM

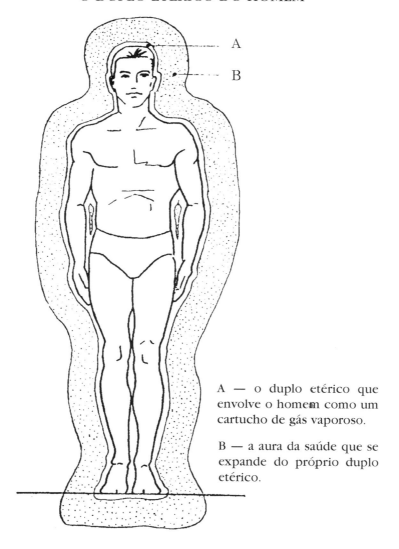

A — o duplo etérico que envolve o homem como um cartucho de gás vaporoso.

B — a aura da saúde que se expande do próprio duplo etérico.

PERGUNTA: — Dissestes, alhures, que o duplo etérico é um veículo já conhecido e estudado há muitos séculos por outras doutrinas espiritualistas?

RAMATÍS: — O duplo etérico, com o seu sistema de chacras, ou centros de forças etéricas situados à sua periferia[2] é, realmente, conhecido há muitos séculos pelos velhos ocultistas e iniciados hindus, egípcios, essênios, caldeus, assírios e chineses, embora só agora os mentores espirituais resolvessem popularizá-lo entre os espiritualistas do Ocidente. Aos espíritas, cumpre-lhes conhecer e divulgar a anatomia e a fisiologia do perispírito, que é o principal veículo de relação entre o espírito e a matéria; e também precisam estudar o duplo etérico, já conhecidíssimo dos rosa-cruzes, teosofistas, esoteristas e iogues. Isso não contraria nem perturba os objetivos dos postulados espíritas, pois conhecendo bem o duplo etérico, os médiuns poderão melhorar a sua tarefa mediúnica e dinamizar suas forças magnéticas; e os espíritas doutrinadores elucidarão as inúmeras incógnitas e percalços dos trabalhos de materializações, voz direta, levitações, transportes e operações fluídicas. Em todos esses fenômenos, o duplo etérico é o principal responsável pela elaboração de ectoplasma e da coordenação dos fluidos nervosos dos médiuns de efeitos físicos.

Eis por que insistimos nesse assunto junto à área espírita, pois trata-se de matéria de magna importância para os seus adeptos. O espiritismo é doutrina evolutiva e de incessante pesquisa no campo da espiritualidade. Já é tempo de se abandonar a velha fórmula do médium "analfabeto", mas de muito "boa intenção" e que, por isso, compensa suas tolices e ridículos só porque é humilde. A humildade é virtude muito discutível entre os homens, pois quase sempre se confunde com o servilismo, que é fruto de circunstâncias que obrigam a criatura a um comportamento melhor, mas acidental, não sendo, portanto, uma atitude resultante da evolução espiritual.

PERGUNTA: — O duplo etérico ainda é matéria algo desconhecida para nós, estudiosos do espiritismo, porque não temos sido orientados para tais ensinamentos.[3]

RAMATÍS: — A estrutura, o mecanismo, a fisiologia do duplo etérico e o seu funcionamento ainda é matéria desconhecida à maioria dos médiuns; e por isso, quase todos eles aventuram-se em realizações imprudentes sem o mínimo conhecimen-

---

2 — Vide o capítulo "Os Chacras" da obra *Elucidações do Além*.
3 — Nota do Revisor — Ressalvando a pergunta, cremos que a Federação Espírita de S. Paulo, de há muito tempo estuda com proficiência esse tema, graças à sua ótima escola de médiuns e à orientação progressista de Edgar Armond. Vide *Pontos da Escola de Médiuns*, e *Mediunidade, Passes e Radiações*, em que a

to das funções primárias dos diversos veículos que constituem o perispírito e servem ao espírito imortal para condicionar a fenomenologia mediúnica na Terra. Ignoram, mesmo, a sua verdadeira composição fisiológica, em atuação num campo vibratório superior ao da vida material.

O duplo etérico, em face da pronunciada influência que o espiritismo irá exercer doravante na humanidade, deve ser investigado e divulgado sob todos os seus aspectos.

Certos mentores invisíveis já estão transmitindo maiores conhecimentos quanto ao perispírito e ao duplo etérico.[4] É verdade que neste assunto ainda falta muita receptividade aos espíritas algo ortodoxos, presos dogmaticamente àquilo que Kardec "disse" ou "não disse". Porém, em face das exigências impostas pelo progresso atual, os movimentos espiritualistas tendem a desenvolver-se continuamente, no seio da massa comum.

Assim, qualquer doutrina que se obstine numa ortodoxia sectarista, de postulados exclusivos, tidos como superiores aos outros setores espiritualistas, será como peça de um museu e incapaz de explicar os múltiplos aspectos ou realidades da Vida Imortal.

PERGUNTA: — Qual é a natureza do duplo etérico?

RAMATÍS: — O duplo etérico é um veículo invisível à vista do homem comum, e ainda desconhecido à medicina terrena, pois os seus anatomistas e fisiologistas só se preocupam com o corpo físico, no qual efetuam os seus exames "positivos", fora de quaisquer conjecturas metafísicas. Trata-se de um corpo etéreo, cuja contextura, como já dissemos, é um produto específico do éter físico, isto é, do éter impuro exalado através do orbe terráqueo. Deste modo, o duplo etérico pode funcionar com êxito no limiar do mundo astralino e no do mundo físico, pois enquanto a sua composição exterior é do éter terráqueo, a sua base íntima e oculta é o próprio Éter Cósmico.

Malgrado o duplo etérico ser um corpo invisível para os olhos carnais, ele se apresenta à nossa visão espiritual como

---

matéria do duplo etérico, chacras e demais acervos dos velhos ocultistas são tratados com eficiente sistema didático.

4 — Nota do Revisor — Realmente, essa matéria está sendo tratada com certo carinho na área espiritista codificada por Kardec. Vide as obras *Entre o Céu e a Terra*, páginas 126 e 127, capítulo "Conflitos da Alma"; *Evolução Em Dois Mundos*, páginas 26 e 27, ambas de André Luiz; a obra *Roteiro* de Emmanuel, capítulo VI, "O Perispírito", todas psicografadas por Chico Xavier. Vide *Mediunidade*, e *Passes e Radiações*, capítulo "Os Chacras", de Edgar Armond, Editora Aliança.

... uma Proposta de Luz

uma capa densa algo física, que é sensível ao perfume, frio, calor, magnetismo e também afetada pelos condimentos, ácidos, substâncias hipnóticas, sedativos ou entorpecentes e pelo toque humano em certos momentos de maior condensação. Os médiuns deveriam ter o máximo cuidado em evitar os alimentos que possam ofender o seu duplo etérico, pois é dele que derivam os fenômenos medianímicos de natureza mais física.

PERGUNTA: — Quando o duplo etérico afasta-se do corpo físico pode ocorrer algum acidente?

RAMATÍS: — O duplo etérico, ao separar-se do corpo carnal, seja durante a anestesia ou no transe mediúnico, ou quando o espírito, à noite, vaga fora do corpo carnal adormecido no leito, isso provoca no homem uma redução de vitalidade física e queda de temperatura. Em tal condição, o duplo também adquire mais liberdade de ação, aumenta o seu energismo e torna-se hipersensível, porque o corpo físico estando adormecido ou em transe, mantém-se com reduzida cota de Prana para nutrir-se. Não é difícil, pois, que o corpo físico depois manifeste em sua contextura material os efeitos de qualquer acontecimento ofensivo ocorrido durante a separação do seu veículo etérico.

PERGUNTA: — Se pudéssemos observar o duplo etérico através de nossa visão física, como o veríamos na sua realidade imponderável?

RAMATÍS: — Os clarividentes treinados vêem o duplo etérico como um veículo vaporoso, que cobre o corpo em todos os sentidos e interpenetra-lhes os poros físicos e perispirituais. A sua configuração é transparente e a sua emanação etéreo-física ultrapassa o corpo do homem de 1/4 de polegada em todos os sentidos. E além de sua configuração ainda se forma uma aura radioativa semelhante a um imenso ovo que despede, por vezes, umas chispas argênteas. É a "aura da saúde", muito conhecida dos ocultistas e magos, a qual atinge de cinco a dez centímetros além do corpo físico. Vemo-lo também num tom róseo esbranquiçado, fracamente luminoso, impregnado ainda por tons azulíneos e emitindo algumas fulgurações violáceas. Há casos em que a sua cor pende para os matizes do alumínio transparente ou do vidro fosco, dependendo tudo isso do estado de saúde do homem e de sua maior ou menor capacidade de absorção de Prana. A contextura do duplo etérico varia conforme seja o tipo biológico humano, pois ele será mais sutil e delicado nos seres superiores e mais denso nas criaturas primitivas.

O éter físico que nutre o duplo etérico irradia-se dele para todas as direções. Quando o médium ou o magnetista estende as mãos para administrar passe aos enfermos, o éter físico converge febrilmente para as extremidades das mesmas e flui de modo tão intenso e pródigo para o enfermo, conforme seja a capacidade prânica vital do passista.

PERGUNTA: — Qual é a principal função do duplo etérico?

RAMATÍS: — A sua função mais importante é transmitir para a tela do cérebro do homem todas as vibrações das emoções e impulsos que o perispírito recebe do espírito ou alma imortal. E ele também absorve o Prana ou a vitalidade do mundo oculto, emanada do Sol, conjugando-a com as forças exaladas no meio físico; e em seguida as distribui pelo sistema nervoso e por todas as partes do organismo do homem. Embora seja um intermediário entre os centros sensoriais da consciência perispiritual e os centros da consciência cerebral física, o duplo etérico é resultante da emanação radioativa do próprio corpo físico da Terra. Não é um veículo consciente, pois é incapaz de atuar por si ou de modo inteligente, mesmo quando desligado do homem. Embora realize certos ajustes e tome providências defensivas, isto sucede pelo automatismo instintivo e biológico do próprio organismo carnal, pois este, quando se move independentemente do comando direto do espírito imortal, revela um sentido fisiológico inteligente e disciplinado, nutrindo e reparando as células gastas ou enfermas, substituindo-as por outras, sadias, de modo a recuperar-se de todas as perdas materiais.

O duplo etérico, além de suas importantes funções de intercambiar todas as reações do perispírito e do corpo carnal, é também um reservatório vital indispensável.

PERGUNTA: — Existe alguma diferença entre um homem comum e um médium, quanto à natureza e à função do seu duplo etérico?

RAMATÍS: — Os médiuns de "prova", isto é, aqueles que se encarnam na Terra com a obrigação precípua de cumprirem o serviço mediúnico e especialmente os de fenômenos físicos que elaboram e consomem ectoplasma, já renascem com certo desvio na linha magnética vertical dos pólos positivo e negativo do seu perispírito. Por causa de uma intervenção deliberada que os técnicos siderais processam no seu perispírito antes deles encarnarem-se, então a linha magnética perpendicular que desce do alto da cabeça, passa pelo umbigo e cruza entre os pés do homem para dividi-lo hipoteticamente em duas metades iguais, desvia-se mais à esquerda, em diagonal, atravessando assim a zona do baço.

O perispírito, com esse desvio magnético inclinado alguns graus à sua esquerda, cuja linha deveria cruzar-lhe os supercílios, e daí por diante passa sobre o olho esquerdo findando-lhe entre os pés, termina por também modelar no útero feminino um duplo etérico com esse mesmo desvio à esquerda do corpo físico. Desta forma e em obediência às linhas de forças que lhe forçam o desvio à esquerda do corpo físico, o duplo etérico se transforma na janela viva constantemente aberta para o mundo oculto e pondo o homem em contato mais íntimo com os fenômenos extraterrenos. Então, esse homem é um médium, ou seja, o indivíduo que pressente e ausculta a vida invisível mediante fenômenos incomuns.

Repetimos: o duplo etérico, durante o nascimento e o crescimento do homem com a prova da mediunidade, também se modela obedecendo à mesma inclinação da linha magnética do perispírito e assim fica algo deslocado à altura do baço físico e do chacra esplênico, facilitando o transe mediúnico de modo mais freqüente. O epiléptico também é criatura cujo duplo etérico afasta-se com freqüência do seu corpo físico; mas em vez de tratar-se de um fenômeno disciplinado pela intervenção da Técnica Sideral antes do espírito encarnar-se, ele ocorre com violência e absoluta imprevisão do seu portador.

Por isso, o transe mediúnico do médium de fenômenos físicos e o ataque do epiléptico apresentam certa semelhança entre si. A diferença, no entanto, é que o médium ingressa no transe de modo espontâneo e no momento oportuno, para o cumprimento do seu trabalho mediúnico determinado antecipadamente pelo "lado de cá"; o epiléptico, no entanto, é atirado ao solo, assim que o seu duplo etérico satura-se dos venenos expurgados pelo perispírito e afasta-se violentamente, para depois escoá-los no meio ambiente. Em certos casos, verifica-se que o epiléptico é também um médium de fenômenos físicos em potencial, pois a incessante saída do seu duplo etérico

156   Ramatís...

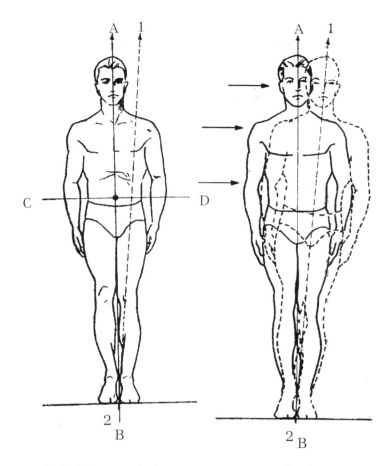

Linha AB, a perpendicular que passa entre os supercílios do homem e o divide em duas metades, passando entre os pés.

Linha "1" "2" (interrompida), a mesma perpendicular desviada à esquerda, sobre a altura do baço, o "abre" à mediunidade prematura, pois o perispírito e o duplo etérico ficam algo desviados à esquerda do corpo físico, como janelas vivas entreabertas para o Além.

abandonando o corpo físico, termina por abrir-lhe uma brecha mediúnica, que depois o sensibiliza para a fenomenologia mediúnica.

No entanto, a dupla inclinação do perispírito e do duplo etérico, que faculta a mediunidade de efeitos físicos, a psicografia mecânica ou a incorporação completa, nada tem a ver com as faculdades espirituais inatas do homem superior, como o poder da Intuição Pura ou da Clarividência Espiritual, qualidades sublimes que dependem fundamentalmente da formação moral e do grau sidéreo da alma, em vez de uma simples intervenção técnica extemporânea.

Através dessa "frincha" etérica aberta para o Além por causa do desvio da linha perispiritual magnética, o médium é então o homem hipersensível em contato mais demorado com os fenômenos do mundo oculto. No entanto, isso também lhe é faca de dois gumes, pois caso falseie em seus costumes, devote-se às paixões violentas e cultive os vícios degradantes, arrisca-se ao fracasso espiritual na vida física, conforme já tem acontecido para muitos médiuns imprudentes.

PERGUNTA: — Poderíeis dar-nos um exemplo mais concreto desse desvio magnético do perispírito e do duplo etérico, que se processa à esquerda do homem e à altura do baço, facultando-lhe um contato mais freqüente ou de maior intercâmbio com o Invisível?

RAMATÍS: — Tratando-se de um assunto transcendental, que não podemos exemplificar de modo substancioso por falta de vocábulos adequados ou exemplos técnicos familiares, nós só podemos compará-lo ao fenômeno ainda inexplicável pela Ciência do Mundo, qual seja a diferença que também existe entre os pólos geográficos e os pólos magnéticos da Terra. É evidente que a Terra também possui o seu duplo etérico, o qual é composto da soma do éter físico de todos os corpos etéricos e seres existentes à sua superfície. Considerando-se que o duplo etérico da Terra a interpenetra por todos os seus poros e interstícios físicos, transbordando numa aura gigantesca radioativa que se irradia a alguns quilômetros do seu contorno esférico, o certo é que também não coincidem no orbe a sua linha vertical magnética com a linha geográfica do pólo Norte ao pólo Sul.

Verifica-se, assim, que também existe uma diferença entre a linha perpendicular dos pólos geográficos com a perpendicular dos pólos magnéticos, coisa que facilmente se pode comprovar pelo desvio da agulha magnética da bússola, sempre a apontar o pólo Norte magnético mais à esquerda do mesmo pólo geográfico. Embora tal acontecimento seja um fato comum e explicável para os iniciados e fique no terreno das conjecturas para os cientistas terrenos, o certo é que esse desvio do duplo etérico da Terra é também uma hipersensibilidade natural do orbe em seu progresso para desideratos superiores.

No entanto, se a maior abertura etérica do orbe terráqueo para o mundo oculto só traz benefícios à sua humanidade, no caso dos médiuns eles necessitam de constante vigilância aos seus atos no mundo físico, pois as entidades malfeitoras do Invisível os espreitam a todo momento através desse pórtico psíquico vulnerável. Raros médiuns de fenômenos físicos puderam atingir o final de sua existência terrena de modo lisonjeiro, pois, em geral, os maquiavélicos "das sombras" conseguiram perturbar-lhes o mandato sideral expondo-lhes o orgulho, a vaidade, a cupidez e despertando-lhes interesses mercenários na especulação censurável de sua mediunidade.[5]

PERGUNTA: — Explicou-nos, alguém, que os médiuns são indivíduos mais vulneráveis aos efeitos tóxicos secundários das medicações sedativas, drogas hipnóticas, anestesias operatórias ou entorpecentes porque também são mais sensíveis do que o homem comum. Isso é verdade?

RAMATÍS: — Os médiuns, em geral, são nervosos e doentios, facilmente afetados pelos fenômenos materiais do meio onde vivem, das reações morais, emotivas e mentais dos demais seres que os cercam no mundo. Eles vivem superexcitados pelas preocupações mais comuns, enquanto as coisas mais simples avolumam-se e os afligem por causa da mente hipersensível e do contato mais freqüente do seu duplo etérico com o mundo oculto. O desvio parcial do duplo etérico e do perispírito, o que ainda é bem mais acentuado nos médiuns de efeitos físicos do que nos outros medianeiros, mantém-se em sintonia freqüente com a humanidade desencarnada e fazendo-os sofrer a influência dos sentimentos e das emoções boas ou más, projetadas daqui pelos espíritos desencarnados.

Acresce, ainda, que as substâncias alopáticas, tóxicas, agressivas e entorpecentes deixam resíduos cruciantes no éter físico que flui pelo sistema nervoso dos médiuns, assim como também pressionam o seu perispirito e o duplo etérico, aumentando a "frincha" ou "janela viva" que se entreabre para o lado de cá.

---

5 — Nota do Revisor — Corroborando os dizeres de Ramatís, recomendamos aos leitores a leitura das obras *Instruções Psicofônicas*, páginas 101 e 161, e, também, *Vozes do Grande Além*, página 192, em que alguns médiuns de fenômenos físicos, aliás, muito conhecidos no vosso país, terminaram sua existência em condições espirituais precárias, conforme eles mesmos narram pela psicografia de Chico Xavier.

Isso exige do médium vigilância constante nas suas emoções, pensamentos e atos, aconselhando-o a fugir das paixões e dos vícios lesivos, caso deseje resistir à vontade subvertida, às desmedidas ambições e aos projetos sinistros dos espíritos malévolos e mistificadores.

Mas a verdade é que os mentores siderais só concedem a faculdade mediúnica para os espíritos que se prontificam a cumprir, leal e corretamente, na Terra, todos os preceitos e as normas necessárias para um aproveitamento espiritual a seu favor e da humanidade. No entanto, eles não podem prever a ganância, a vaidade, a subversão ou desonestidade dos seus pupilos quando, depois de encarnados, se deixam fascinar pelas tentações, vícios e convites pecaminosos que os fazem fracassar na prova da mediunidade.

Os espíritos endividados rogam aos técnicos siderais a sua hipersensibilização perispiritual, para então desempenharem um serviço mediúnico que os faça ressarcirem-se de seus débitos clamorosos do passado. Em geral, depois de encarnados, deixam-se influenciar pelas vozes melífluas dos habitantes das Trevas e passam a comerciar com a mediunidade à guisa de mercadoria de fácil colocação. Sem dúvida, quando percebem sua situação caótica espiritual, já lhes falta a condição moral e o potencial de vontade para o seu reerguimento ante o abismo perigoso.

PERGUNTA: — De que modo as drogas hipnóticas, os entorpecentes ou anestesiantes são prejudiciais aos médiuns de fenômenos físicos, mecânicos, psicógrafos ou de incorporação total?

RAMATÍS: — As anestesias operatórias, os antiespasmódicos, os gases voláteis, os sedativos hipnóticos, os barbitúricos, o óxido de carbono, o fumo e certos alcalóides, como a mescalina, o ácido lisérgico e outros, são substâncias que operam violentamente nos interstícios do duplo etérico, pois a catalepsia, o transe mediúnico, a anestesia total, a hipnose e o ataque epiléptico resultam mais propriamente do afastamento súbito desse corpo delicado e responsável pela absorção vital do meio. Embora a necessidade obrigue o médium a se utilizar de tais substâncias, em momentos imprescindíveis, é sempre imprudente abusar delas sob qualquer pretexto ou motivo.

As drogas entorpecentes e os gases anestesiantes, em geral, afastam o duplo etérico pelo lado esquerdo, à altura do baço físico e sobre o qual funciona o "chacra" esplênico; isso provoca transes, hipersensibilizações e inconvenientes, caindo a temperatura do corpo e reduzindo-se a vitalidade orgânica.

Durante a materialização, a hipnose, a anestesia e o sono, reduz-se a taxa do Prana ou Vitalidade que é absorvida comumente através do meio ambiente por esse chacra ou centro esplênico. Então o duplo etérico, nessa ocasião, tende a projetar-se para o mundo oculto, no qual ele se sente "à vontade" e se mostra mais sensível e eufórico, enquanto revigora-se de Prana, sem necessidade de alimentar o corpo físico adormecido.[6]

PERGUNTA: — Há pouco dissestes que as drogas hipnóticas, os barbitúricos, o fumo e certos gases causam prejuízos graves aos médiuns porque são homens cujo duplo etérico permanece algo afastado do corpo físico. Poderíeis dar-nos algum exemplo de tal assunto?

RAMATÍS: — Há pouco tempo, ocorreu no vosso mundo um acontecimento que deu causa aos mais divergentes comentários e despertou graves censuras nas esferas médicas e científicas. Referimo-nos ao uso imprudente da "talidomida", ou "droga maldita", pelas mulheres em gestação. A "talidomida", conforme assegura a ciência terrena, provoca o nascimento teratológico de crianças cujas mãos nascem diretamente nos ombros, pendendo-lhes dali como folhas atrofiadas. Indubitavelmente, essa droga pode agir nos genes formadores do nascituro e alterar-lhes as linhas de forças que comandam o processo normal dos cromossomos, gerando criaturas deformadas. No entanto, os cientistas, anatomistas e fisiologistas ignoram que o impacto tóxico e deformante dessa droga exerce-se através do duplo etérico em formação no feto. Na sua ação anestesiante ou isolante a droga interpõe-se entre a contextura do duplo etérico do nascituro e a matriz perispiritual, principalmente na região "mater" dos membros superiores. No entanto, sob o mesmo processo, os tóxicos perniciosos como os barbitúricos, entorpecentes e anestésicos também atuam e produzem alterações de modo nocivo na estrutura vital etérea dos médiuns, levando-os a deformações de ordem psíquica.

---

6 — Nota do Médium — O duplo etérico às vezes projeta-se na hora da morte até junto dos parentes distantes ou amigos do agonizante, e faz-se sentir pela repercussão vibratória de batidas ou ruídos, que se assemelham a areia lançada no telhado da casa ou lixa esfregada no assoalho.

... uma Proposta de Luz

O médium abusando de entorpecentes que atuam com demasiada freqüência no seu duplo etérico e no sistema nervoso, também pode se tornar um aleijão psíquico, pois se transforma num alvo mais acessível ao assédio do mundo inferior. Assim como a "talidomida" age na contextura do feto em crescimento no ventre materno, e o deforma, certas drogas, quando usadas em excesso pelos médiuns, podem deformar-lhes os hábitos comuns e enfraquecê-los na sua defesa psíquica, deixando-os ao desamparo nas suas relações com o mundo físico e oculto.

PERGUNTA: — E qual é a função do duplo etérico durante os trabalhos de materializações, que tendes mencionado?
RAMATÍS: — Em geral, nos trabalhos de efeitos físicos, o duplo etérico ao afastar-se do médium, mais à sua esquerda e à altura do baço, torna-se um ponto de apoio para os espíritos desencarnados operarem com mais eficiência no limiar dos dois mundos. É o responsável pela exsudação de ectoplasma do médium e transferência de fluidos nervosos, servindo para a materialização, voz direta, levitações ou transportes. É o mediador plástico e também o catalisador de energias mediúnicas, aglutinando-as de modo a servirem, ao mesmo tempo, entre o plano espiritual e o mundo físico.

Os espíritos desencarnados não podem materializar-se servindo-se unicamente do seu perispírito, mas eles o revestem e o interpenetram com a substância plástica ectoplásmica, que se exsuda do duplo etérico projetado pelo médium ou das pessoas presentes. Às vezes, ele dá ensejo a materializações algo deformadas, espécie de nuvens esbranquiçadas e vaporosas, lembrando a figura humana recortada entre uma cerração leitosa e pastosa.

Isso acontece porque os espíritos só podem impressionar os sentidos dos "vivos" pelo emprego e o uso dessa massa leitosa etéreo-física, movediça e inconstante, constituída pelo ectoplasma do médium e fornecido através do seu duplo etérico. Assim, os encarnados, muitas vezes estranham as figuras deformadas, que por vezes se manifestam nos trabalhos de fenômenos físicos, ou então decepcionam-se, crentes de que os espíritos são realmente criaturas lúgubres, disformes e fantasmagóricas.[7]

---

7 — Nota do Médium — Vide as obras *Trabalho dos Mortos* e *Materializações do Padre Zabeu*", onde se verifica esse aspecto disforme de algumas materializações.

Quando se trata de espíritos bons, os mortos têm muito melhor aparência do que os vivos mais belos da Terra, pois o seu perispírito é um organismo de contextura anatomo-fisiológica muitíssimo superior à configuração letárgica do corpo físico, sujeito às transmutações celulares e ao envelhecimento precoce. Mas acontece que nas materializações os espíritos, ao servirem-se do duplo etérico dos médiuns, têm de adaptá-los à sua plástica perispiritual, tal qual se enche um balão de gás, em que a menor deficiência de ar ou toque exterior o deforma.

Em virtude da indocilidade do éter físico, que é difícil de submeter-se completamente ao domínio do "lado de cá", às vezes, os espíritos vêem-se obrigados a aparecer aos encarnados de modo grotesco, ora recortando nitidamente a sua cabeça, mas deformando o resto de sua figura perispiritual, ora encorpando as mãos, mas sacrificando a delicadeza da fisionomia. No entanto, apesar de sua deformação à visão física dos encarnados, os espíritos, quando são evoluídos, apresentam-se como focos de radiações de luzes e cores deslumbrantes. Sem dúvida, surgem sob denso nevoeiro opaco ou aura sombria, quando se trata de seres primitivos ou diabólicos.

Os santos, tão consagrados na Terra nos lugares onde costumam aparecer aos campônios simples ou às crianças, como no caso de N. S. de Fátima, Aparecida, das Graças ou de Lourdes, não passam de espíritos de intensa luminosidade e beleza angélica, mas confundidos com "Nossa Senhora" ou "Senhor Bom Jesus", que mais tarde inspiram a fonte rendosa das especulações religiosas. Nesse caso, o ectoplasma exsudado pelas crianças e pessoas humildes, simples e boas, combina-se com a mesma substância existente no duplo etérico da própria Terra, que é de forma rudimentar mas sobrecarregado de magnetismo virgem e que assim presta-se magnificamente para emoldurar a projeção de espíritos formosos, dando azo às santas tradicionalmente cultuadas pela Igreja Católica. Esses fenômenos de aparições sublimes, ainda são mais freqüentes nas proximidades dos regatos, bosques encantadores, das zonas desimpedidas dos maus fluidos, como as grutas deliciosas ou as pradarias verdejantes.

PERGUNTA: — Desde que o médium, em face da forte separação congênita do seu duplo etérico, seja propenso a enfermidades e mais vulnerável ao ataque dos espíritos inferiores, isso não é um sacrifício exagerado e algo incompatí-

vel com o senso de Justiça do Alto?

RAMATÍS: — Nenhum espírito encarna-se na Terra com a tarefa obrigatória de ser médium psicógrafo, mecânico, incorporativo ou de efeitos físicos, mas, na verdade, cada um o faz por sua livre e espontânea vontade, pois solicitou do Alto o ensejo abençoado para redimir-se espiritualmente num serviço de benefício ao próximo, uma vez que no pretérito também usou e abusou dos seus poderes intelectuais ou aptidões psíquicas em detrimento alheio. Mesmo na Terra, as tarefas mais perigosas devem ser aceitas de modo espontâneo, para que o seu responsável não venha a fugir posteriormente de cumpri-la por desistência pessoal. Sem dúvida, a escolha para o serviço perigoso sempre recai sobre o homem mais apto e capacitado para o bom êxito. A mediunidade de fenômenos físicos, portanto, é um serviço incomum, difícil e perigoso, cujos óbices vultosos e surpresas exigem o máximo de prudência, humildade, heroísmo e segurança moral.

O médium, antes de encarnar-se, sabe disso; se, depois, ele comercia com os bens espirituais e fracassa no desempenho contraditório de sua função elevada, o Alto não deve ser culpado disso, só porque lhe proporcionou o ensejo redentor. A culpa, é evidente, cabe ao próprio fracassado ante a imprudência dele aceitar tarefas mediúnicas que estão além de sua capacidade normal de resistência espiritual. As oportunidades mediúnicas redentoras são concedidas aos espíritos faltosos, mas quanto à responsabilidade do êxito ou fracasso, somente a eles deve ser atribuída. Conforme já dissemos, o médium é quem produz as próprias condições gravosas ou favoráveis no desempenho de sua tarefa mediúnica.

Quando faz uso indiscriminado de anestésicos, entorpecentes, fumo, álcool e carne, essas substâncias tóxicas expulsam com violência o duplo etérico do corpo físico; entrega-se desbragadamente às paixões violentas, aos vícios e prazeres condenáveis, então isola-se imprudentemente dos próprios guias responsáveis pela sua segurança mediúnica no mundo terreno. O certo é que Jesus, Buda, Francisco de Assis, Ramacrisna, Teresinha de Jesus, Antônio de Pádua, Vicente de Paula e outras almas de elevada estrutura espiritual foram médiuns poderosos e colocavam-se em contato freqüente com as entidades desencarnadas, durante sua existência heróica, sem risco de serem vítimas do poderio e fascinação das Trevas.

Infelizmente, os médiuns de provas são criaturas que vivem a atual existência humana onerados por grandes responsabilidades ou débitos do passado; por isso, em face de qualquer descuido ou invigilância espiritual, eles se tornam vulneráveis às investidas perniciosas do mundo invisível, pois os de efeitos físicos, com raras exceções e por causa da expulsão do seu duplo etérico, entram em transe à semelhança de ataques de epilepsia ou dos viciados de entorpecentes. No entanto, os médiuns regrados, serviçais e magnânimos, alcançam o seu transe mediúnico sob a assistência dos espíritos técnicos benfeitores, que do "lado de cá" os protegem e os livram das interferências nocivas e conseqüências prejudiciais.

Sob esse controle espiritual amigo, o médium afasta ou retoma o seu duplo etérico sem o desperdício inútil de energias, uma vez que fica amparado contra a investida do astral inferior. Assim, ele se protege de infiltração de microrganismos perigosos à sua contextura etéreo-física, de uma desvitalização que lhe abale a saúde física.

PERGUNTA: — O duplo etérico também se afasta do homem, no caso de acidente ou de desmaio?

RAMATÍS: — O acidente, a prática mesmérica, o passe magnético, o passe espírita, a hipnose e o transe mediúnico podem afastar parcialmente o duplo etérico, enquanto a morte, sem dúvida, o separa definitivamente do corpo físico.

PERGUNTA: — Considerando que o duplo etérico é um veículo intermediário entre o corpo físico e o perispírito, e que se dissolve no túmulo em seguida à decomposição cadavérica, então, indagamos: — o corpo astral citado pelos ocultistas é o mesmo duplo etérico que referis ou é o perispírito da elucidação feita por Allan Kardec?

RAMATÍS: — O corpo astral, muito familiar dos esoteristas, teosofistas, rosa-cruzes e iogues, é o mesmo veículo que Allan Kardec generalizou sob o nome de perispírito, especificando "aquilo que envolve o espírito e o acompanha no além depois da desencarnação!"

O duplo etérico, às vezes, confundido com o corpo astral por algumas escolas ocultistas do passado, é a reprodução exata do corpo do homem; distancia-se da epiderme quase um centímetro, formando uma cópia vital e de contornos iguais.

... uma Proposta de Luz

Mesmo quando ele se afasta do organismo físico, ainda conserva a sua forma humana, lembrando o homem como recortado em massa nebulosa um tanto brilhante e movediça. Do duplo etérico irradia-se uma aura radioativa resultante da exsudação do Prana que, depois de absorvido pelo organismo etéreo-físico, é novamente expelido para o exterior. É a conhecida "aura da saúde", citada desde os Vedas, a qual ultrapassa, em sua forma ovóide, várias polegadas da periferia do corpo humano.

Durante a gestação do feto no ventre materno, processa-se uma retenção e acúmulo de éter físico do meio em que o espírito encarna, éter que então penetra elétron por elétron, átomo por átomo e molécula por molécula, na intimidade da carne em formação, modelando, pouco a pouco, a figura física e etérica do homem; surgindo assim o duplo etérico indispensável para o perispírito agir na matéria. No entanto, como esse éter físico é tão grosseiro ou transparente conforme também o seja a própria natureza biológica do ser humano, então é óbvio que o duplo etérico dos jupiterianos ou dos marcianos, por exemplo, é um corpo mais perfeito e delicado do que o dos terrícolas, porque são espíritos mais evoluídos. Assim, nos planetas inferiores, os seus habitantes também são portadores de um duplo etérico mais grosseiro e opaco, de acordo com o ambiente físico mais compacto em que vivem.

Os clarividentes treinados podem verificar a grande diferença que existe entre o duplo etérico de um troglodita, e o de um iniciado ou espírito superior. No primeiro, o duplo etérico é de aspecto sujo e oleoso; no segundo é translúcido, luminoso e róseo. Igualmente, a "aura da saúde" exsudada pelo duplo etérico de um antropófago é um ovóide gorduroso, denso, a escorrer um visco de alguns centímetros além do corpo físico. Em Jesus essa aura era como rica vestimenta fluídica e cristalina; e de vitalidade tão poderosa, que o fazia curar instantaneamente os enfermos portadores de moléstias as mais estranhas e cruciantes.

É por isso que os lugares onde sepultam criaturas de elevada estirpe espiritual ficam impregnados de uma aura vitalizante ou energismo terapêutico capaz de curar certos doentes mais sensíveis. Porém, esses lugares, com o decorrer do tempo também se tornam inócuos e, pouco a pouco, perdem a sua fama, conforme já está sucedendo com as águas de Lourdes, cujo éter físico "miraculoso" já se exauriu por causa da lei centrífuga de expansão de gases.

PERGUNTA: — O duplo etérico ainda pode servir ao espírito desencarnado, depois da morte física, antes de dissolver-se?

RAMATÍS: — Em virtude de o duplo etérico ser composto de éter físico, isto é, de uma substância emanada da própria crosta terráquea, ele exerce a sua ação exatamente no limiar do mundo material e do mundo espiritual, ou seja, onde terminou o primeiro e começa o segundo. Durante a desencarnação ele funciona como um "amortecedor" ou espécie de "colchão etérico", uma vez que ao afastar-se do corpo físico cadaverizado também suaviza a passagem do perispírito para o Além. Nesse caso, o duplo etérico desliga-se do perispírito como se fizesse a sua devolução suave e gradativa ao verdadeiro "habitat", sem provocar comoção ou choque pelo abandono ou rompimento brusco da vida física.

Enquanto o corpo do falecido repousa no seu ataúde e antes de ser sepultado, os espíritos técnicos ainda podem servir-se do duplo etérico e intercambiar energias de amparo energético para o perispírito do desencarnado; em concomitância, também eliminam para o cadáver os resíduos psicofísicos que ainda existam ligados ao perispírito.

Servindo-nos de uma explicação algo rudimentar, diríamos que em vez do perispírito promover um salto brusco e arrancar-se violentamente do corpo físico para ingressar no mundo espiritual, ele, a bem dizer, "escorrega" de leve através do duplo etérico, possibilitando-lhe uma libertação suave. Porém, no caso de morte por acidente, suicídio ou síncope cardíaca, tudo se processa de modo diferente por causa da expulsão violenta do duplo etérico e do perispírito pelo rompimento brusco dos cordões fluídicos, que se desligam instantaneamente pela desintegração dos motos vorticosos dos chacras ou centros de forças etéricas.

Quando isso acontece o duplo etérico e o perispírito, em vez de se desligarem lenta e suavemente do corpo, sem choques inesperados, são projetados com violência no ambiente astral que lhes corresponde.

PERGUNTA: —As emoções e os pensamentos daninhos, que perturbam o nosso perispírito e depois causam efeitos enfermiços no corpo carnal também se refletem e prejudicam o duplo etérico? Porventura este corpo não é sem inteligência e sem sensibilidade consciente, como dissestes há pouco?

... uma Proposta de Luz

A sua função não é apenas a de um intermediário passivo entre o perispírito e o organismo carnal?...

RAMATÍS: — Considerando que os pensamentos desatinados provocam emoções indisciplinadas, gerando ondas, raios ou dardos violentos, que depois se lançam da mente incontrolada sobre o cérebro físico através do duplo etérico, é claro que o sistema nervoso do homem se destrambelha sob esse mar revolto de vibrações antagônicas. Em seguida, perturba-se a função delicada do sistema endocrínico, do linfático e do sangüíneo, podendo ocorrer a apoplexia pelo derrame de sangue vertido em excesso pela cólera, ou surgir o eczema, suceder a síncope cardíaca pelo frenamento súbito da corrente sangüínea alterada pelos impactos de ódio ou pela repressão violenta da vesícula em razão de uma "explosão" de ciúme. Todas as emoções rudes afetam o duplo etérico na sua tarefa de medianeiro entre o perispírito e o corpo físico. Porém, quando submetido a impactos agressivos do perispírito perturbado, o duplo etérico baixa o seu tom vibratório impedindo que os raios emocionais que descem da consciência perispiritual afetem o corpo carnal. É uma espécie de fuga vibratória como acontece à sensitiva quando é molestada na sua epiderme vegetal.

PERGUNTA: — Podeis citar mais alguns detalhes quantos aos recursos que o duplo etérico mobiliza para a sua auto-proteção, nos momentos de excessiva turbulência projetada no perispírito pelo espírito imortal?

RAMATÍS: — Apesar de o duplo etérico ser um corpo desprovido do atributo mental do raciocínio, ele é movido por um seguro automatismo de instinto ou sensibilidade diretora própria do éter físico, que é exalado da Terra e lhe possibilita, até certo ponto, deter a carga deletéria dos aturdimentos mentais que baixam do perispírito para o corpo físico. Do contrário, bastaria o primeiro impacto de cólera para desintegrar o organismo carnal e romper sua ligação com o perispírito.

Nos momentos de perturbações muito agudas, o duplo etérico adensa-se ou encorpa-se e este fenômeno, aumentando a sua carga de éter físico, faz que ele se imunize contra a freqüência vibratória violenta do perispírito. Ele contrai-se, isola-se, acontecendo como se diria na gíria dos vossos conceitos: — o duplo etérico deixa o perispírito "falar sozinho". Porém, ante os impactos súbitos e violentos do perispírito, o chacra cardíaco é o

168

centro de forças que mais sofre os efeitos de tal descarga, pois ele é o responsável pelo equilíbrio vital e fisiológico do coração.

PERGUNTA: — No caso de o duplo etérico não conseguir reagir com os recursos do seu instinto, de modo a proteger o corpo físico contra uma "explosão" emocional do perispírito, quais as conseqüências de semelhante contingência?

RAMATÍS: — Quando tal aconteça, o duplo etérico recebe um impulso de afastamento compulsório e neste caso cai instantaneamente a vitalidade orgânica do homem, o qual desmaia, correndo o risco de um enfarte cardíaco de conseqüências fatais. No entanto, o duplo etérico, pelo seu instinto de defesa, mobiliza todos os recursos no sentido de evitar que os centros de forças etéricas se desintegrem por completo. Porém, quando, pela reação defensiva do duplo etérico, a descarga violenta do perispírito não consegue atingir o corpo físico, então, essa carga de toxinas emocionais sofre um choque de retorno, tornando a fixar-se no perispírito e nele fica "instalada" até que seja expurgada no seu "presente" ou noutra reencarnação futura, pois a única válvula de escape por onde esses venenos psíquicos podem ser expelidos é o corpo físico, o qual, para essa "limpeza", sofre o traumatismo das moléstias específicas inerentes à causa que lhes dão origem.[8]

Aliás, o ambiente atual do vosso mundo, galvanizado por constantes agitações sociais como produto do desajuste moral de seus habitantes, é uma fonte de distúrbios psíquicos que, infelizmente, tendem a aumentar em proporções de uma espécie de calamidade, degenerando em número cada vez maior de indivíduos neuróticos, esquizofrênicos e de desesperos que resultam em suicídios. Tudo isto como conseqüência da intensa explosão de emoções alucinantes que destrambelham o sistema nervoso e que resultam, dia a dia, no aumento do índice de vítimas de síncope e enfartes do miocárdio, pois o chacra cardíaco do duplo etérico torna-se impotente para resistir ao bombardeio incessante das emoções tóxicas e agudas vertidas pela alma e alojadas no perispírito até que o "dreno" do duplo etérico as transfira ao corpo físico.

---

8 — Nota do Revisor — Realmente, o corpo físico do homem condiciona-se habitualmente aos seus estados mentais e emotivos. Basta considerar que durante a hipnose o corpo do "sujet" assume as mais variadas reações, pois sob a sugestão do hipnotizador ele baixa a temperatura, acelera os batimentos cardíacos, enrijece,

Em outra obra[9] já dissemos que essas descargas de tóxicos perispirituais produzem eczemas, urticárias, neuroses, má circulação, distúrbios coronários, congestões renais e hepáticas, hemorróidas e outras disfunções nos órgãos delicados. E se a carga deletéria acumulada em vidas anteriores for aumentada com desatinos da existência presente, então, essa saturação degenera em afecções mórbidas rudes e cruciantes, como a lepra, o pênfigo, a leucemia, a tuberculose, o câncer e outras enfermidades insuperáveis.

PERGUNTA: — Qual um exemplo material quanto à proteção que o duplo etérico exerce na sua tarefa de proteger o corpo físico contra esses impactos violentos do perispírito?

RAMATÍS: — O duplo etérico quando contrai a sua densidade no sentido de evitar o fluxo dessas toxinas mortíferas oriundas do perispírito, lembra o frasco escuro que, pela sua cor opaca protege os líquidos que se decompõem, facilmente, ante a incidência da luz. Assim, um impacto psíquico do ódio, da cólera ou do ciúme fica impossibilitado de fluir livremente e atingir o sistema fisiológico do corpo físico.

PERGUNTA: — Agora, outro problema: — Como se comporta o duplo etérico no caso da hipnose em que o corpo físico do "sujet" sofre e revela efeitos cruciantes de diversas emoções?

RAMATÍS: — O hipnotizador atua pela sugestão na mente do "sujet" e o induz ao transe hipnótico — e disso resulta o afastamento parcial do duplo etérico, que "fica à deriva" —, permitindo assim a imersão no subconsciente e impor-lhe a exteriorização da sensibilidade correspondente a cada uma das emoções ou sentimentos que o hipnotizador fixar. É algo parecido a uma "frincha" que se entreabre para o lado de cá, através da qual é possível até conseguir que o "sujet" manifeste e dê vivência aos estágios de sua infância e juventude ou mesmo de alguns acontecimentos e fatos das vidas pretéritas vividas pelo paciente.

---

eleva ou baixa a pressão arterial, acusa dores inexistentes, alivia-se de sofrimentos indesejáveis. Ora, se a mente do hipnotizador (que é estranha ao corpo do "sujet") pode lhe produzir estados agradáveis ou desagradáveis, que se dirá quando é o próprio paciente que, em vigília, se deixa hipnotizar pelas paixões, violências psíquicas, vícios ou emoções perigosas.

9 — *Mediunidade de Cura*, de Ramatís, **EDITORA DO CONHECIMENTO**.

Durante o afastamento do duplo etérico eleva-se a sua freqüência vibratória porque ele também se liberta da função passiva de obedecer ao comando do perispírito. Deste modo, o "sujet" corresponde e obedece às intimações do hipnotizador e integra-se ou vive os estados psicológicos que lhe são sugeridos. Porém, somente os pacientes muito sensíveis, que ingressam facilmente no sono profundo, conseguem trazer à superfície da sua mente o acervo de suas vidas passadas.

PERGUNTA: — Podeis expor maiores detalhes de tal fenômeno?

RAMATÍS: — Sendo o duplo etérico constituído do próprio éter físico do mundo terráqueo, na forma de uma emanação radioativa, quando ele se distancia do perispírito e do corpo carnal, torna-se um veículo "catalisador" que acelera as vibrações em torno do "sujet" hipnotizado; e por isso, favorece o despertamento do subconsciente e a emersão ou exteriorização dos acontecimentos arquivados nas camadas profundas do ser.

PERGUNTA: — Poderíeis citar mais alguns fenômenos da sensibilidade ou função do duplo etérico, como intermediário-ligação entre o corpo e o perispírito?

RAMATÍS: — Podemos citar o fato de algumas criaturas que, havendo sofrido a mutilação de um ou de outro membro do seu corpo, queixaram-se de dores nesses órgãos físicos que já lhes foram amputados. Ora, a razão de tal sensibilidade é porque a operação cirúrgica não foi exercida sobre o duplo etérico, pois este é inacessível às ferramentas do mundo material. É, pois, muito comum, nos hospitais cirúrgicos, os operados que sofreram mutilação das pernas ou dos braços, ainda conservarem, por algum tempo, uma sensibilidade reflexa, que é transmitida à sua consciência física pelos membros etéricos que subsistem após a operação feita no corpo carnal. Os clarividentes desenvolvidos, em face de um perneta ou maneta, conseguem ver os moldes invisíveis de tais órgãos.

PERGUNTA: — Os animais também possuem duplo etérico? Porventura eles também dispõem de um perispírito?...

RAMATÍS: — Todas as coisas e seres possuem o seu duplo etérico, que é estruturado do próprio éter físico exalado da Terra, que os relaciona com o mundo invisível e com as forças

... uma Proposta de Luz

171

do atavismo animal. Porém, nem todos os animais são portadores de um perispírito, pois este é um veículo mais avançado porque incorpora em si o corpo astral dos "desejos" e o corpo mental do "pensamento rudimentar". Mas o duplo etérico, por ser o veículo responsável por todos os fenômenos do mundo invisível em manifestação na matéria, abrange as diversas categorias de "matéria etérica", como sejam a eletricidade, o som, o odor, a luz, a temperatura, a densidade, a pressão e outras, próprias da vida do orbe.

Os animais ainda primitivos, sem capacidade cerebral para distinguirem as reações emocionais, quando morrem, o que lhes sobrevive é um duplo etérico compacto, pois o seu "agir" está subordinado ao instinto ou ação do espírito-grupo sem qualquer resquício de consciência individualizada. Está neste caso, por exemplo, o **peixe**, cuja vida circunscrita aos movimentos instintivos do cardume, faz que um peixe, quanto ao modo de sentir, seja sempre **igual** a outro peixe. No entanto, as espécies mais evoluídas como o cão, o gato, o macaco, o elefante, o cavalo e o próprio boi já possuem um perispírito rudimentar, algo da "Psi" porque além do duplo etérico, já possuem um corpo astral, embora rude, mas em condições de lhes facultar manifestarem certos desejos e emoções que demonstram vislumbres de sentimento.[10]

O cão, por exemplo, já revela algumas noções do sentimento humano, quer amando o seu dono até ao sacrifício, quer odiando o seu algoz e sem jamais esquecê-lo. Ele já denuncia o perispírito embora ainda em "embrião". E com o decorrer do tempo, incorporará o atributo mental, em formação, que lhe permitirá uma compreensão mais perfeita, embora de caráter inerente à sua espécie animal.

Os animais que já possuem sensibilidade mental de discernimento, depois que morrem, o seu "espírito" embrionário é encaminhado para outros planetas onde se lhes oferecem condições de vida num ambiente compatível com a sua consciência em formação. E assim, pouco a pouco, eles adquirem a sua independência individual e se desprendem do espírito-grupo da sua espécie.

As espécies de animais que citamos são as que, na atualidade, mais se afastam do comando do espírito-**grupo,** pois já

---

10 — Vide *Mensagens do Astral*, capítulo 17, "Os Engenheiros Siderais e o Plano da Criação".

172   Ramatís...

denunciam emoções e reações diferentes no ambiente da sua própria raça. É comum, atualmente, uma ninhada de cães apresentar emoções diferentes entre cada um deles, pois se um é covarde, outro é fiel e valente. Há também o que é mais afável e o que é mais egoísta.

Isso prova que já existe uma individualização na espécie cão, ou seja: a sua sensibilidade emotiva, à proporção que se desenvolve e apura, amplia a faculdade do raciocínio, assim que a alma-cão encarnar em corpos com sistema cerebral ou fisiológico mais apurado. Na contínua evolução dos centros sensoriais físicos e dos centros astralinos dos animais, também se aperfeiçoa e sensibiliza o intercâmbio das células nervosas pela constituição de um sistema somático e parassimpático mais adequado e sensível. Tal sensibilidade passa a ativar o cérebro animal, abrindo caminho pela "via interna", para desenvolvimento do corpo mental, que é o responsável pelo encadeamento dos raciocínios, encetando assim a sua marcha "individual" e a ascese, cada vez mais consciente, rumo à perfeição.

PERGUNTA: — O duplo etérico também é capaz de acusar aos nossos sentidos físicos os ataques dos espíritos malfeitores?

RAMATÍS: — Tratando-se de um veículo etérico de acentuada sensibilidade "extraterrena", e ao mesmo tempo interpenetrado pelo perispírito e pelo organismo de carne, ele tanto sofre como acusa acidentes, traumatismos, choques, lesões e agressões, que se sucedam em ambos os corpos de que é fiel intermediário. Qualquer hostilidade ao corpo físico e ao perispírito, o duplo etérico acusa, de imediato, através dos centros sensoriais correspondentes na consciência perispiritual e na física. O perispírito, por sua vez, como um equipo de atuação nos planos sutilíssimos do espírito imortal, ao manifestar o seu pensamento pelo seu corpo mental e os seus desejos ou sentimentos pelo corpo astral em direção à consciência física, também obriga o duplo etérico a sofrer-lhe os impulsos bons ou maus, tal qual os espíritos desencarnados benfeitores ou malfeitores quando atuam do mundo oculto.

PERGUNTA: — Poderíeis dar-nos idéia de alguma ofensa ou agressão sofrida pelo duplo etérico, e que depois afeta o corpo físico do homem?

... uma Proposta de Luz

RAMATÍS: — Isso pode ser facilmente comprovado nos conhecidos trabalhos mediúnicos de fenômenos físicos, principalmente durante a materialização de espíritos.

Se alguém toca o espírito materializado, o médium, à distância, estremece e sofre esse contacto, porque, realmente, é o seu duplo etérico que reveste o fenômeno da materialização.

Eis porque, em trabalhos mediúnicos de boa assistência espiritual, as entidades materializadas advertem para os presentes não lhes apertarem as mãos com demasiada violência e vigor, pois o médium, quando em transe cataléptico, é um hipersensível e vulnerável a qualquer pressão que lhe for feita no duplo etérico projetado a distância. Conforme explicamos anteriormente, os espíritos desencarnados só possuem o perispírito, o qual fora do seu plano fica incapacitado de adensar-se até fazer-se visível aos "vivos". Assim, o médium é quem fornece o "material" ou a substância ectoplásmica necessária para os desencarnados tornarem-se perceptíveis ao tato e à vista carnal. Isso só é possível porque ele consente que lhe usem o duplo etérico durante a produção de fenômenos de materializações. Mas, se alguém vergasta o espírito materializado, o médium também acusa a ofensa, porque o ferem no seu duplo etérico exteriorizado e impregnado dos seus fluidos nervosos. Em certos casos, ao retornar à vigília física, ele chega a exibir na sua epiderme nódoas ou manchas algo parecidas ao sangue pisado e correspondendo no corpo físico à zona ou região exata ofendida etericamente.

Beliscando-se ou ferindo-se o médium, durante o transe cataléptico, em que cede o seu duplo etérico ao espírito materializado, ele também acusa a ofensa com forte choque vibratório que atinge-lhe a própria consciência como se fosse um acontecimento em vigília.

PERGUNTA: — Pode haver casos do médium de fenômenos físicos não entrar em transe cataléptico e assim mesmo fornecer ectoplasma para materialização ou voz direta?

RAMATÍS: — Sem dúvida; trata-se de um tipo de médium tarimbado por longa experiência mediúnica nas vidas anteriores, ou porque efetuou cursos especiais no Espaço a fim de dominar o fenômeno ativamente depois de encarnado. Em vez dos espíritos deslocarem-lhe o duplo etérico para elaborarem a quantidade e o tipo de ectoplasma que necessitam para determinado gênero de trabalho mediúnico, esse médium já o fornece na dosagem exigida e pronta para o uso imediato. Deste modo, ele pode palestrar com as entidades que operam ao seu redor e atender às solicitações dos presentes, sem revelar qualquer anomalia ou que cesse o fenômeno de materialização ou voz direta.

Aliás, certas vezes, quando os espíritos dispõem de ectoplasma suficiente e já dosado na fórmula química prevista, eles costumam despertar o médium do transe cataléptico e também conversam com ele, dando-lhe instruções ou fazendo advertências sobre sua conduta moral.

PERGUNTA: — Quais são as demais circunstâncias em que o duplo etérico também pode acusar as ofensas que lhe forem feitas durante o transe do médium?

RAMATÍS: — Há casos em que os espíritos, à noite, deixam o seu corpo físico no leito de repouso e durante o sono penetram imprudentemente nas regiões inóspitas do astral inferior, terminando por sofrer agressões de espíritos malfeitores ou vingativos, que se aproveitam de todas as circunstâncias e ocasiões propícias para se desforrarem dos encarnados.

Esses prejuízos ainda são mais graves, quanto às criaturas que vivem de modo censurável e são indiferentes aos ensinamentos de Jesus ou de outros instrutores espirituais, que sempre ensinam aos homens um padrão de vida superior. A má conduta do dia deixa o espírito desamparado para as suas saídas em astral, à noite, pois quando ele se desprende do corpo carnal fica isolado dos seus protetores pela massa de fluidos adversos, que lhe aderem nos momentos de invigilância espiritual. Deste modo, os seus guias nada podem fazer-lhe nos momentos de perigo, nem livrá-lo de certos traumas psíquicos que no dia seguinte são levados à conta de pesadelos. Certos sonhos tenebrosos não passam de cenas reais vividas à noite, fora do corpo e sob a perseguição ou agressividade de certos malfeitores do mundo invisível. Em tal condição, o espírito do "vivo" retorna veloz e aflito ao local onde se encontra em perigo, para mergulhar celeremente no seu escafandro de carne e proteger-se contra os perigos do Além.

Muitas criaturas devotam-se durante o dia às paixões ignóbeis, aos vícios deprimentes, à maledicência e à estatística dos pecados do próximo; depois atiram-se no leito de repouso,

... uma Proposta de Luz

175

sem ao menos recorrerem aos benefícios salutares da oração que traça fronteiras fluídicas protetoras em torno do espírito encarnado.

PERGUNTA: — Poderíamos comprovar por alguma outra experiência, além da materialização dos espíritos, quanto à sensibilidade e à possibilidade do duplo etérico transferir para o corpo físico do médium as ofensas que lhe forem feitas à distância?

RAMATÍS: — Os bons hipnotizadores podem provar como é profunda a sensibilidade do duplo etérico em sua íntima conexão com o perispírito e o corpo. Se o hipnotizador recortar um boneco de papelão ou de cera, configurando-lhe a cabeça, os braços, o tronco, o abdômen e as pernas; e, em seguida, colocando-o nas mãos do "sujet", ordenar a transferência do seu magnetismo e sensibilidade nervosa para o mesmo, assegurando ao hipnotizado, que ele irá sentir fisicamente, durante o seu transe, todas as picadas, beliscões ou ofensas que forem feitas no boneco ligado à sua pessoa; e depois ferir o boneco em qualquer lugar, logo o "sujet" hipnotizado também acusará a dor em seu corpo, no local correspondente. No entanto, raros hipnotizadores sabem que durante a hipnose o duplo etérico afasta-se do corpo físico pela esquerda, ficando mais sensível ao contato material; e torna-se tão hipersensível quanto mais profundo seja o sono hipnótico. Em tal caso, o duplo etérico do "sujet" hipnotizado torna-se um prolongamento vital sensibilíssimo entre o perispírito, o boneco e o corpo físico, podendo registrar qualquer ação que o hipnotizador exerça sobre ele, mesmo à distância.

PERGUNTA: — Quer nos parecer que essa possibilidade de transferir-se a sensibilidade do duplo etérico do homem para o boneco, provocando-lhe ofensas à distância, justifica, em parte, a prática do "feitiço". Não é assim?

RAMATÍS: — Essa experiência com o boneco, aliás, bastante convincente, serve para comprovar a veracidade da antiga magia e do feitiço, cujas práticas ignóbeis são exercidas através de fragmentos de cabelos, líquidos orgânicos, sangue menstruado, peças de roupa, fotografias ou restos de alimentos de suas vítimas.

Porém, se as pessoas a quem o feitiço é dirigido cultivam

sentimentos nobres, estas estão resguardadas de serem vítimas desses fluidos magnéticos de mau caráter, visto não haver afinidade para estabelecer o circuito.

Se as práticas tenebrosas de feitiço maligno ainda infestam o vosso orbe, isso é culpa exclusiva da humanidade terrena, que ainda vive indiferente à sua evangelização. No entanto, os espíritos benfeitores esforçam-se na limpeza fluídica purificadora das residências dos seus pupilos.

Os impactos de magia negra ou as cargas enfeitiçadas que são enviadas pelos desencarnados à distância, contra certas vítimas previamente escolhidas, ajustam-se facilmente às pessoas maledicentes e desvitalizadas de Prana, incapazes de reagirem vitalmente contra tais ofensas fluídicas. O feitiço é freqüente, na Terra, porque os terrícolas ainda são desabusados em relação à vida do seu irmão, pois são raros os que sabem guardar o pecado do próximo sem revelá-lo em público ou criticá-lo de modo malicioso. Os bons sentimentos e os bons pensamentos, justos e elevados, é que realmente agem sobre o Prana e por isso conservam o homem saudável e vigoroso, transbordante de vitalidade e imune às investidas do astral inferior.

O Prana que se irradia do homem bom, reto e evangelizado é de um tom rosado, transparente e de odor agradável para nós; pela sua luminosidade ele é capaz de desfazer ou fundir imediatamente as nódoas, as manchas e os impactos das cargas venenosas que se projetam contra seu dono. Durante as relações entre o corpo físico, o duplo etérico e o perispírito, o Prana, sob a ação da luz, é o combustível sublime que aumenta ou diminui as defesas morais e vitais do ser contra tudo o que é abjeto, ofensivo ou enfermiço. É por isso que os hindus, seguindo os ensinamentos de Buda, sabem que o primeiro passo no caminho do "Nirvana" ou da Angelitude, é uma saúde perfeita, ou seja, saúde moral e física.

Se os bons sentimentos e os bons pensamentos melhoram a qualidade do Prana astral, etéreo e físico, revitalizando e fortalecendo o homem contra a ofensa do mundo exterior, é evidente que só podem ser enfeitiçadas as pessoas de um mau viver, mau pensar e mau falar, porque elas já cimentam em si mesmas as bases do feitiço, mental e verbal. Evidentemente, nenhuma força tenebrosa do mundo oculto ou material conseguiria perturbar a contextura angélica de Jesus, Francisco de Assis, Buda e outros espíritos de alta estirpe espiritual.

... uma Proposta de Luz

PERGUNTA: — Poderíeis explicar-nos por que as pessoas "desvitalizadas" de Prana no seu duplo etérico e no corpo físico são mais vulneráveis aos impactos do feitiço?

RAMATÍS: — Durante o dia, quando o Sol brilha, aumenta a vitalidade das coisas e dos homens; mas com o tempo sombrio, carregado de nuvens ou nos dias tristes, diminui grandemente a formação dos chamados "glóbulos vitais", que constituem os fundamentos do Prana, que é a Vida, a Vitalidade em todos os seres e em todos os planos da Criação. Mas à noite, decai quase que totalmente a manifestação ou a produção do Prana, pois o homem vive das suas reservas prânicas acumuladas durante o dia. Sem dúvida, aqueles que se descontrolam no mau falar, pensar e agir, que transbordam sua carga de Prana nas práticas viciosas e nas paixões aviltantes, à noite estão exauridos, com sua vitalidade rarefeita.

Depois da meia-noite o Prana ou a vitalidade se reduz no orbe justificando-se, pois, o motivo por que uma hora de sono antes da meia-noite pode valer por duas ou mais usufruídas depois. Aliás, as desencarnações são mais freqüentes depois da meia-noite, porque os espíritos desencarnados preferem libertar o agonizante quando ele também possui menos Prana, pois a sua vitalidade mais baixa facilita-lhes cortarem os cordões fluídicos que ligam o perispírito ao corpo físico.

PERGUNTA: — Há pouco dissestes que o duplo etérico tanto afasta-se do corpo físico pelo sono, como pelo transe mediúnico ou cataléptico. Qual é a diferença, enfim, que há no sono e no transe mediúnico?

RAMATÍS: — Durante o sono natural do corpo físico[11] este repousa em todas as sua funções orgânicas, enquanto o coração continua a pulsar normalmente. Mas no sono natural nem sempre o espírito se afasta do seu corpo carnal, e por esse motivo ele ali fica juntamente com o duplo etérico e o perispírito emergindo-lhe da mente sensibilizada os fatos do dia. Algumas vezes, durante essa liberdade parcial do espírito, a associação de idéias cotidianas auxilia a evocar cenários, acontecimentos e pessoas que lhe produziram maior impressão nas vidas passadas. O homem então se acorda tendo sonhado que fora um fidalgo, um sacerdote ou príncipe; doutra feita, viu-se como um mendigo, um malfeitor, um aleijão repudiado e, por vezes, líder dos povos. No entanto, como ele sempre colhe os efeitos das causas pregressas, ignora que em vez de um sonho pode ser a realidade que já viveu em condições melhores ou piores. Quantas vezes o militar atrabiliário e intolerante perde os seus galões na próxima existência terrena e passa a envergar os trajes do mendigo, em que a vida o maltrata e o humilha, obrigando-o a adquirir virtudes numa situação servil?

Eis a diferença entre o sonho e o transe mediúnico, pois neste último o duplo etérico afasta-se bastante do organismo físico e do perispírito, para facultar maior extração possível de ectoplasma do médium. E, em tal momento, diminuem as relações entre o perispírito e o corpo físico, e disso resulta a inconsciência parcial ou completa do espírito encarnado na matéria.

Em tal circunstância, o duplo etérico deixa de atender com proficiência as relações do espírito com a carne, e assim não corresponde às solicitações comuns da consciência perispiritual e física. Deste modo, o médium ingressa num sono profundo e inconsciente, que muito se assemelha ao transe hipnótico, mas necessário para as entidades desencarnadas terem bom êxito nos trabalhos de voz direta, materializações e transportes, que exigem o maior afastamento do seu espírito e menos interferência anímica nos fenômenos.

No estado de sono natural, o conjunto "psicofísico" do homem mantém-se uníssono, enquanto o espírito pensa e vive em si mesmo as coisas que lhe emergem do subconsciente e as confunde com sonhos. Entretanto, no transe mediúnico, o seu espírito é afastado do conjunto pelo maior desligamento do duplo etérico; e nesse caso, fica mergulhado no reino espiritual e num estado de completa inconsciência, sem participar dos fenômenos da matéria.

---

11 — Vide a obra *A Sobrevivência do Espírito*, capítulo "Sonhos e Recordações do Passado", de Atanagildo e Ramatís.

SEMEANDO E COLHENDO

CAPÍTULO 16

Anjos Rebeldes

UMA DOCE CLARIDADE BANHAVA A FORMOSA E TERNA PAISAgem imersa numa cor de suave rosa-lilás mesclado de alguns revérberos argênteos. A clareira atapetada pela grama suave verde era cercada de pequenos bosques de arbustos anões, mas recamados de flores na forma de campainha, de um matiz azul-turquesa e veludoso, decorado pelos estames de um branco lirial na corola, que exalavam o agradável perfume do jasmim terreno. Inúmeros bancos recortavam-se caprichosamente na própria vegetação de um verde-escuro, cujas folhas miúdas lembravam sensitivas esmeraldas de estrias esbranquiçadas. O conjunto formava delicado anfiteatro a convergir para um estrado de substância translúcida de cor topázio. Sobre o mesmo, havia uma espécie de mesa, num belo matiz salmão, com um jarro de líquido esmeraldino e ladeado por uma poltrona.

Ao fundo desse panorama do astral superior, percebia-se a moldura cinza lilás das colinas sobressaindo-se à luz cambiante irradiada pelo Sol. À direita, pequenino lago de água prateada e marchetada pela irradiação das flores recortava-se na forma de delicado coração emoldurado pelo cinturão de papoulas vermelhas a cintilarem como fogaréu vivo. Algumas árvores de folhas sedosas e finas, num matiz verde palha lembrando os chorões terrenos, pendiam a vasta cabeleira sobre o lago. À esquerda, o solo descia em brando declive, pejado de arbustos pequeninos e carregados de flores miúdas, cujo miolo encarnado brilhava à semelhança de rubis vivos entre as pétalas rosadas.

Cariciosa melodia, em doce cavatina, esvoaçava sobre a paisagem sublime e agradável, provinda de violinos e violoncelos invisíveis tocados por mãos angélicas e sob o contracanto de vozes infantis, que fortaleciam a venturosa paz de espírito.

A doce harmonia ainda vibrava no ar, quando se ouviram vozes aproximando-se acompanhadas de alguns risos e exclamações. No cenário maravilhoso, junto ao lago e anfiteatro de bancos recortados na própria vegetação sedosa verdejante, surgiram doze espíritos nimbados de luzes coloridas. A seguir, rodearam um velhinho de cabelos esbranquiçados, compridos e cortados à nazarena, a barba curta e repartida ao meio. As feições rosadas davam-lhe o aspecto de uma figura de porcelana translúcida. Vestia uma túnica alva até os pés, cuja barra larga era bordada de relevos em azul índigo, lembrando as volutas e os rendilhados das roupas assírias. Ele calçava sandálias franciscanas, mas pretas e bordadas com fios dourados. Apesar da figura idosa, era lépido e seguro nos movimentos. Os olhos eram vivos e claros, como duas esmeraldas líquidas à sombra dos supercílios nevados. Ele se distinguia dos demais espíritos pela intensidade de luz e dos reflexos de cores semelhantes ao arco-íris a refulgir-lhe até a altura do peito, esbatendo-se, depois, num amarelo dourado em torno da cabeça venerável. As próprias mãos despendiam eflúvios safirinos e lilases, colorindo um comprido rolo que ele segurava, muito semelhante aos papiros egípcios.

Quando todos os presentes se acomodaram nos bancos verdejantes, o venerável ancião iniciou a palestra:[1]

— Eis as recomendações que enderecei à Terra, ao grupo espírita mediúnico "Os Nazarenos", a fim de se esclarecer, em definitivo, a questão do espírito só "ganhar luz" à medida que evolui. A luz é inata a todo ser e não provém de qualquer condição gradativa posterior e conquista pessoal extemporânea.

— Já era tempo! — redargüiu outro espírito, um belo

---

1 — Nota de Atanagildo — Impossibilitados de descrever as paisagens das regiões venturosas, em face da pobreza da linguagem humana, somos obrigados a recorrer ao recurso metafórico e ao palavreado de uso literário do mundo, tal qual o fizemos na descrição do "Anfiteatro das Papoulas". Releve-nos, o leitor, a nossa tentativa infrutífera de transmitir uma idéia pálida das esferas espirituais superiores, onde usamos e abusamos de imagens "argênteas, translúcidas, cristalinas, refulgentes, cambiantes ou revérberos", tentando associar, na mente dos leitores, as suas próprias lembranças da realidade imortal. Exercemos verdadeira garimpagem na mente do nosso médium, mas, infelizmente, o ouro e o diamante que ali podemos faiscar, ainda são insuficientes para uma singela compreensão do cenário edênico.

... uma Proposta de Luz

jovem envergando rico peplo cor de âmbar, cujos cabelos negros e sedosos eram atados por um laço a "la grega".

— Não ignoramos que ainda são poucos os terrícolas realmente interessados no conhecimento sensato e lógico da imortalidade. Os estudiosos ligados às nossas colônias siderais, em serviço de esclarecimento na Crosta, queixam-se da hipnose dos próprios espíritas, bastante escravos das paixões transitórias do reino animal.

E mudando o tom de sua voz, o velhinho aduziu, esclarecedor:

— A maioria dos adeptos espíritas ainda não ultrapassou a fase cômoda da convicção ortodoxa e exclusiva daquilo que "Kardec disse". Evidentemente, eles julgam estacionado o progresso humano, após cem anos de espiritismo, e devem ignorar as pesquisas e revelações modernas no campo do espiritualismo. Os espíritas ortodoxos consideram incoerentes e até heréticas, todas as atividades espirituais alheias à codificação, embora assim contrariem o pensamento universalista do próprio codificador. Existem espíritas tão desconfiados do esforço idealista de outros garimpeiros da verdade, que tal qual os católicos benzem-se assustados, ante o sacrilégio de existir o espiritismo. Citemos, como exemplo, o caso do perispírito, que Allan Kardec só registrou no *Livro dos Espíritos*[2] com referência ao mesmo conforme as crenças científicas comuns da época. O seu mentor espiritual só pôde responder-lhe a pergunta sobre a natureza do perispírito, do seguinte modo: "Envolve-o (o espírito) uma substância vaporosa para os teus olhos, mas ainda bastante grosseira para nós; assaz vaporosa, entretanto, para poder elevar-se na atmosfera e transportar-se aonde queira".

Nada mais foi dito além dessa singela explicação. O perispírito era somente uma "nuvem vaporosa", quando o próprio ocultismo da época já o considerava um organismo complexo e bem mais avançado do que o corpo transitório de carne. Os rosa-cruzes, teosofistas e iogues dizem ser o perispírito portador de sistemas complexos atuando em campos energéticos sob a forma de luzes, cores, peso, temperatura, magnetismo, defesa e imunização, além do mecanismo que permite a volitação sob o impulso sutil da mente. Aliás, a maioria dos espíritas desconhece o próprio duplo etérico, constituído de éter físico e

---

2 — Nota do Médium — Pergunta 93, do capítulo "Do mundo espírita ou mundo dos espíritos", parte segunda e capítulo I, "Dos espíritos", da obra *Livro dos Espíritos*, editada pela Federação Espírita Brasileira.

dos centros de forças chamados "chacras",[3] o qual atua como intermediário entre o perispírito e o corpo físico sob a vontade do espírito encarnado. Em conseqüência, os "passadistas" protestam sob a convicção de que o envoltório perispiritual deve ser apenas uma nuvem vaporosa, conforme "disse Kardec". Indubitavelmente, se assim for, os desencarnados não devem passar de um bando de abelhas ou borboletas sem pouso definido a vagar pelo Espaço. Eles não compreenderam a explicação rudimentar do codificador sobre a natureza do perispírito, que não define a sua exata realidade, mas apenas é explicação condizente com o ceticismo da época, a fim de não ridicularizar a doutrina espírita, em seu início.

Depois de um sorriso sibilino, o velhinho completou: — Mal sabem os espíritas, que Mestre Allan Kardec já está reencarnado operando novamente na face da Terra, para reformular a própria obra e esclarecer aos kardecistas quanto à tolerância e flexibilidade do espiritismo, que de modo algum entra em conflito com o espiritualismo cristão praticado por demais instituições benfeitoras no mundo.

Mudando o tom da voz, prosseguiu: — É sob esse padrão ortodoxo e tradicional, que a maioria dos espíritas ainda crêem no conceito do espírito só "ganhar luz" depois de submeter-se aos argumentos irretorquíveis dos doutrinadores ou médiuns. No entanto, é a mesma a cota de luz divina que existe na intimidade de todos os seres, quer sejam gênios ou imbecis, heróis ou covardes, santos ou demônios, virgens ou prostitutas. Não há privilégios na criação de Deus, pois Ele não distribui a luz da vida a seus filhos, visando simpatias ou lisonjas. A todos doou a luz, igual e impessoal, como emanação de Si Próprio, para a formação da consciência das criaturas.

O homem, como espírito encarnado, não precisa evoluir para "ganhar mais luz", nem morrer fisicamente para sobreviver em espírito, pois ele já vive na própria carne, a posse de sua essência indestrutível. À medida que o ser se purifica torna o seu perispírito mais transparente e por isso irradia mais luz, assim como a limpeza da lâmpada empoeirada proporciona maior amplitude ao foco luminoso. Deus é fundamento indestrutível da

---

3 — Vide as seguintes obras sobre "duplo etérico" e os "chacras": *Elucidações do Além*, de Ramatís, **EDITORA DO CONHECIMENTO**, ou *Chacras*, de Leadbeater, Editora Pensamento e *Passes e Radiações*, de Edgard Armond, Editora Aliança, capítulo "Chacras".

... uma Proposta de Luz

consciência humana, por cujo motivo o "Gênese" assegura que o "homem foi feito à imagem de Deus", e Jesus, mais tarde, confirma esse dístico, dizendo-nos: "Vós sois deuses!"

— Em certo ensejo de visita à Crosta, assisti trabalhos mediúnicos cujos videntes anunciavam quando o espírito "ganhava luz", de acordo com a maior ou menor aquiescência aos argumentos dos doutrinadores. — interrompeu belíssima jovem, cujo traje lembrava a tradicional samaritana bíblica.

Apolônio sorriu, dizendo, explicativo:

— Espírito atrasado é apenas a entidade de perispírito muito denso, por causa da crosta de resíduos impuros ali aderidos ou petrificados sob o descontrole das paixões ou dos vícios deploráveis e da ignorância intelectual. O invólucro muito denso não deixa filtrar, para o exterior, a chama de luz que palpita no âmago do próprio ser.

Depois de uma pausa significativa e, talvez, analisando o efeito de suas próprias palavras, Apolônio concluiu:

— O espírito não "ganha luz" em determinada época de sua vida, porque já é entidade modelada na luz do próprio Deus. Quando o homem se animaliza, ele peca e adensa a sua vestimenta perispiritual reduzindo a irradiação de luz; mas, na prática das virtudes e na aquisição de sabedoria, então clareia o seu envoltório expandindo maior luminosidade. — Mudando o tom de voz, logo acrescentou: — Bem, vamos tratar do assunto principal de nossa reunião aqui no "Anfiteatro das Papoulas". É concernente ao futuro de alguns espíritos de nossa milenária afeição.

Subiu ao estrado e sentou-se na cômoda poltrona de matiz estanho luminoso, enquanto os outros espíritos acomodavam-se nos bancos recortados na luxuriante vegetação e próximos ao formoso lago enfeitado de papoulas.

— A convocação de hoje é de avultado interesse para a metrópole sideral "Estrela Branca", centro diretor da colônia espiritual "Bem-aventurança", onde estagiamos. Trata-se de um carma coletivo muito severo engendrado pelos "Senhores do Carma", na Terra, para o próximo século XX e com a finalidade de reajustar, perante a Lei Espiritual, milhões de espíritos endividados desde os templos bíblicos.[4] São liquidações de tro-

---

4 — Senhores do Carma, assim conhecidos pela filosofia oriental; espíritos encarregados de esquematizarem os programas redentores dos encarnados no processo de retificação espiritual.

pelias, morticínios e massacres cometidos por milhões de seres desde a época de David, o filho de Salomão, que também renascerá na Crosta tornando-se o "detonador psíquico" das provas aflitivas dos próprios comparsas do passado, os quais, em sua maioria, envergarão o traje carnal da raça judaica.

— Evidentemente, o general que engendra a destruição é o principal responsável por morticínios, atrocidades e injustiças dos seus soldados, não é assim? — indagou um espírito de vasta cabeleira grisalha, cuja vestimenta branca e detalhe nazarênico era recoberta por um belo manto azul-marinho.

— Sem dúvida, o general é o responsável pela "permissão" concedida aos seus comandados para praticarem vinganças e crueldade sobre os vencidos. Mas, é evidente que os soldados também gozam do "livre-arbítrio" para cumprir ou rejeitar a ordem cruel e destruidora do comandante, pois isso é problema de responsabilidade de cada combatente. Há guerreiros inspirados por bons sentimentos que poupam os vencidos, enquanto outros vazam o ódio e as frustrações deles na sanha destruidora de massacrar velhos, crianças e mulheres indefesas. Porém, nenhum soldado é obrigado a incendiar ou tripudiar sobre os lares dos vencidos, massacrar os habitantes pacíficos, como ainda acontece nas guerras terrenas, porquanto isso é decisão íntima e pessoal do combatente, em vez de atribuí-la à responsabilidade exclusiva do general-comandante.

— Porventura, o soldado não é obrigado a cumprir as ordens do comandante? O pelotão de fuzilamento, encarregado de executar criminosos sentenciados pelo poder civil ou inimigos punidos pelo poder militar de segurança pública, deve recusar-se a cumprir os ditames da Lei? — objetou um espírito majestoso, com os trajes característicos de um árabe.

Apolônio sorriu e, fazendo um gesto compreensivo com a cabeça, respondeu:

— Meus irmãos, mata quem quer! Alguém poderia obrigar Jesus, Buda, Francisco de Assis ou Gandhi a matar, mesmo oficialmente? Acaso eles seriam capazes de trucidar crianças, mulheres ou velhos indefesos, só porque estão autorizados pelo comando superior? Quem poderia conceber o amorável Jesus na mira de um fuzil, tentando acertar o coração de um sentenciado?

— Bem — insistiu o árabe — sem dúvida, esses espíritos jamais praticariam qualquer ato de destruição. Mas, que devem fazer os soldados submissos a um comando tirano e cruel?

... uma Proposta de Luz

185

— Isso é decisão íntima de cada combatente, pois ele tanto pode optar pela atitude pacífica do Cristo e perdoar o vencido, ou trucidá-lo obedecendo aos chefes belicosos e vingativos. Em qualquer momento, o homem dispõe do direito de matar para não morrer, ou morrer para não matar. Indubitavelmente, isso há de variar conforme o seu maior ou menor apego à vida carnal, porque Jesus não só valorizou o preceito pacífico do 5° mandamento, "Não Matarás", assim como afirmou, "Quem perder a vida por mim, ganhá-la-á".[5] Caso todos os soldados se recusassem a matar, contrariando as ordens cruéis dos comandos perversos, é óbvio que as guerras também se extinguiriam por falta de agentes de destruição. Temos o exemplo das legiões de Maurício: convocadas para destruir, preferiram morrer em vez de matar.[6]

Enquanto os ouvintes silenciavam, meditando nas palavras expressivas de Apolônio, ele mudava o curso da palestra e prosseguia:

— De acordo com o calendário terrícola, transcorre na Terra, atualmente, o século XIX, enquanto pelo nosso calendário sideral estamos no dia de Pisces.[7] Sabem que os Psicólogos Siderais baseiam suas previsões do futuro na marcha pregressa da humanidade, e assim, no primeiro terço do século XX, deverá eclodir na Crosta uma Guerra de grandes proporções, iniciada pelos espíritos remanescentes de Esparta, atualmente os alemães, em hostilidade com velhos atenienses encarnados como franceses. Será uma hecatombe de repercussão internacional alastrando-se por toda a Europa e convocando egressos

---

5 — Marcos 8:34-36; Lucas 9:23-25; Mateus 10:39.

6 — Maurício, tribuno e militar, era comandante de uma legião romana. Ele e seus soldados, quando se achavam em Jerusalém, impressionados com os relatos da vida de Jesus, converteram-se ao cristianismo. Tendo o imperador Diocleciano destacado essa legião para liquidar os rebeldes na Gália e ordenado que prestassem culto aos deuses e falsas divindades, todos negaram-se a isso e foram passados a fio de espada, ao cair da noite de 28 de Setembro de 286. Maurício, hoje, é o guia e o paraninfo da "Cruzada dos Militares Espíritas" no Brasil, inspirando entre os próprios militares o espírito de paz e amor.

7 — Um dia do calendário sideral compreende 2.160 anos do calendário terreno, ou seja, um signo astrológico completo. O signo de Pisces iniciou-se quase em vésperas do nascimento de Jesus, cuja influência finda-se em breve, substituída pela do signo de Aquário, considerada ideal para o desenvolvimento do espírito no campo mental e científico. Aliás, em face da penetração da Ciência no mundo imponderável, a própria definição de materialismo enfraquece-se, ante uma concepção de espiritualismo positivo, em que, muito breve, o próprio espírito será identificado nas balanças de precisão dos laboratórios terrenos. Vide o capítulo "Considerações Sobre o Grande Plano e Calendário Sideral" da obra *O Sublime Peregrino*, de Ramatís, edição da **EDITORA DO CONHECIMENTO**.

das civilizações babilônicas, assírias, egípcias e mongólicas, inclusive componentes do antigo Império Romano, agora transformados em povos norte-americanos, ingleses e italianos.

Depois de coordenar as idéias, Apolônio explicou:

— Convoquei-os para esta reunião importante, porque todos nós estamos ligados a diversos espíritos familiares bastante comprometidos com um pretérito delituoso de atrocidades e equívocos espirituais. Eles aliam o orgulho e a ambição indomáveis comandando falanges belicosas no Astral inferior, esperançados de exercerem o domínio absoluto sobre o mundo carnal. Depois de longas meditações, lembrei-me de situar os nossos réprobos familiares no grande "carma coletivo" dos hebreus, a ser resgatado na próxima conflagração européia. Em contato com o "Departamento Sideral de Regeneração", sobre o território germânico, examinei os gráficos das provas dolorosas e retificadoras dos judeus e consegui permissão para ajustarmos os nossos rebeldes sob o mesmo esquema redentor.

Meus irmãos sabem que ainda restam onze membros de nossa linhagem espiritual em atividade nas regiões sombrias, vivendo alternativas de revoltas, enfermidades, hipertrofias perispirituais e feroz agressividade contra qualquer apelo ou providências dos servidores do Cristo-Jesus. Eles se obstinam na condição de tiranos, inquisidores e conquistadores, atualmente filiados às falanges dos "Dragões", "Escorpiões" e "Serpente Vermelha", inimigos figadais da "Comunidade Espiritual do Cordeiro", pretendendo o absurdo de controlarem as próprias encarnações na face da Terra. Defendem o "slogan" de que o mundo material é dos homens, e o céu dos anjos, mas o fazem de modo pejorativo, julgando viril a personalidade humana e afeminada a linhagem angélica. Nós também trilhamos os caminhos da perversidade e obstinação diabólica, quando vivíamos cegos pelo orgulho do "ego inferior"; mas depois vibramos ao toque da graça divina e reconhecemos a sublimidade da vida superior. Em conseqüência, precisamos despender todos os esforços e sacrifícios para salvar os nossos queridos réprobos de um exílio planetário e nova queda angélica.[8] Eles se negam peremptoriamente a qualquer empreendimento ou evento crístico que lhes possa atenuar a brutalidade animal em favor do cidadão celeste. Entretanto, como a angelização

---

8 — Vide o capítulo "Os que Emigrarão para um Planeta Inferior", da obra *Mensagens do Astral*, de Ramatís, **EDITORA DO CONHECIMENTO**.

... uma Proposta de Luz

principia no âmago do ser, através do discernimento espiritual e não por controle remoto a cargo do mestre da evolução, os réprobos deverão aceitar espontaneamente a própria purgação benfeitora na carne. Em virtude do avançado desenvolvimento mental deles, todas as vezes que os situamos na carne assumiram poderes no alto comando político do mundo, mobilizando homens egoístas, corruptos e inescrupulosos, para lograrem os seus objetivos contra o bem e o belo.

Passados alguns segundos de silêncio, notava-se profundo pesar nas faces antes radiosas dos ouvintes. O velhinho convidou-os para se aproximarem da mesa e desdobrou o rolo de pergaminho, de onde separou um menor pondo-o ao seu lado.

— Sabemos ser o Mal circunstancial e relativo, variando conforme as atitudes humanas. Não é oriundo especificamente de Deus. O Mal é condição transitória e resultante da nossa ignorância com referência à realidade da vida espiritual. Poderíamos compará-lo ao aluno que se recusa à alfabetização e por isso sofre a desventura de não saber ler quando adulto. Nós também praticamos atos e fatos malignos, por força da ignorância e indisciplina. Repelíamos o processo educativo e redentor do espírito, retardando-nos no percurso da ascenção angélica.

Apolônio parecia evocar reminiscências longínquas, antes de prosseguir em tom cordial:

— Malgrado as atividades execráveis e vingativas dos réprobos nossos familiares, eles também são centelhas divinas dispersas pelo Infinito, buscando a própria felicidade eterna. Não importa se ainda percorrem sendas equívocas e censuráveis, porque só a ignorância da criatura pode levá-la a preferir o pior, por desconhecer o melhor. Aproxima-se o grande expurgo do "juízo final" na Terra, devendo emigrarem para um planeta inferior os espíritos cuja especificidade magnética não se coadune com o clima vibratório previsto para o próximo milênio.

E num longo suspiro, em que extravasava o seu amor puro por alguém, Apolônio completou sua alocução:

— Os nossos onze pupilos não poderão escapar da próxima limpeza planetária da Terra. Caso não se redimam em tempo oportuno, serão exilados para viverem entre os seres primitivos do "astro intruso".[9] Ante a impossibilidade de nos

---

9 — Vide a obra *Mensagens do Astral*, de Ramatís, **EDITORA DO CONHECIMENTO,** cujo astro intruso, apesar de sua descrição física algo incoerente com as leis astronômicas, e, mesmo impraticável, numa passagem brusca entre o Sol e a Terra,

encarnarmos num orbe tão primário, teremos de os esquecer até o retorno deles à Terra, depois da expiação cármica. Também, não poderemos ajudá-los no mundo de exílio, pois o dispêndio energético, o sacrifício e os resultados insuficientes não compensariam o tempo que teríamos de empregar nas atividades educativas e socorristas a favor de outros necessitados. Infelizmente, os "nossos anjos rebeldes" ou decaídos de outros orbes, cuja falência espiritual impressiona aos próprios "Senhores do Carma", ainda são candidatos a um segundo exílio planetário.

Alguns minutos depois, o espírito de uma senhora idosa, de olhos azuis esverdeados, rosto oval e belo, porte majestoso e envolta numa veste enfeitada por diversos véus multicores, lembrando uma sacerdotisa druida, assim se expressou:

— Caro Apolônio, informe-nos quanto à possibilidade dos nossos amados trânsfugas aceitarem a desintoxicação perispiritual na carne, e conseqüente harmonização com o comando angélico da Terra.

— Seis deles se mostram fatigados da rebeldia maldosa, porquanto reagiram favoravelmente à luz dos instrumentos psicotécnicos. Aliás, três vibraram satisfatoriamente em nossa direção, chegando a evocar impressões mentais de natureza angélica. Embora de um modo fugaz, a chama espiritual aflorou-lhes à periferia e eles se mostraram eufóricos sob essa condição incomum. Isso dá-nos grande esperança e anima-nos para tentarmos providências benfeitoras a fim de os atrair às esferas replandecentes.

Enquanto o velhinho cessava de falar, volvendo o olhar terno e evocativo sobre os ouvintes, um espírito imponente e faceiro como um fidalgo romano do século IX, interferiu:

— Bário foi meu pai diversas vezes, na Terra, e protegeu-me sempre, embora o fizesse mais por amor egocêntrico. Na Caldéia, sacrificou a vida atirando-se de um penhasco enlaçado com uma fera, a fim de facilitar a minha fuga para casa. Em Roma, deixou-se degolar como oficial pretoriano, para não trair o grupo de cristãos que eu chefiava. Noutras existências,

oculta um dos acontecimentos mais importantes para a humanidade terrícola previsto há milênios. No momento, só os estudiosos rosa-cruzes, teosofistas e talvez iogues, devem entender a verdadeira significação do astro intruso, como futura habitação dos exilados da Terra. Na sua órbita de 6.666 anos, esconde-se grande parte da revelação ainda imatura ao homem, porque se prende principalmente à ocorrência de ordem espiritual.

... uma Proposta de Luz

ele foi irmão, amigo e familiar, não medindo sacrifícios para me proporcionar recursos para uma vida amena. Não importa se o fez somente por afeição consangüínea e egotista, pois era impiedoso e agressivo para com os outros. O certo é que lhe devo favores especiais e não hesitaria em descer às sombras terráqueas, se pudesse ajudá-lo em existência proveitosa.

— Sesóstri, tirano e bárbaro, responsável pelo massacre de tantos seres desde os evos bíblicos, sempre foi generoso e leal para comigo. — clamou uma jovem belíssima, cujo perfil escultural de mulher grega era emoldurado por um manto azul-celeste e pontilhado de estrelas miúdas sob reflexos prateados.

— Não há dúvida — interrompeu Apolônio —, todos nós estamos ligados afetivamente aos onze réprobos de nossa família espiritual. Sem dúvida, eles sempre foram nossos amigos na composição da família carnal, proporcionando-nos ensejos educativos e facilidades para a nossa ascese angélica, enquanto se comprometiam com a Lei Espiritual nas suas tropelias condenáveis e insaciáveis ambições de riqueza material. Indiretamente, eles financiaram os nossos propósitos superiores; mas, infelizmente, não podemos regenerá-los por controle remoto, nem purificá-los miraculosamente.

Em seguida, aduziu, num tom significativo:

— Já descemos diversas vezes à Crosta, em corpo físico e "cascão" para os ajudar e submetemo-nos às provas sacrificiais sem qualquer êxito benfeitor, não é assim?

Todos os presentes fitaram o velhinho e acenaram a cabeça em unânime concordância às suas palavras. Em seguida, ele se curvou para a mesa e, apontando o extenso pergaminho à sua frente, pôs-se a explicar:

— Conforme o exame seletivo feito pelos técnicos do "Departamento de Planejamento Cármico" de nossa comunidade sideral, Bário, Sesóstri, Kalin, Moriam, Hariam, Hatusil, Shiran. Senuret e Ichtar, fichados sideralmente sob o prefixo MBOW, da série 110.808 a 110.921 da terminologia sideral de "Estrela Branca",[10] são espíritos que se mostraram mais receptivos às provas de redenção na Crosta, em vésperas do

---

10 — Talvez o leitor estranhe a nomenclatura prosaica à guisa de contabilidade terrena; porém a terminologia sideral é bem mais rigorosa e disciplinada do que nas organizações humanas transitórias. Na realidade, ela controla o trânsito dos espíritos entre os mundos espirituais e físicos, e abrange panoramicamente o tempo de cada consciência individualizada no Cosmo.

expurgo de "fim de tempos". Os outros três, Othan, Sumareji e El Zorian, ainda vibram sob o padrão integral de anjos decaídos e se mostram insensíveis a qualquer sugestão liberativa da carne e abandono às empreitadas diabólicas. Eles ainda consumirão alguns dias siderais na Crosta de planetas primários de exílio, para, então, higienizar a "túnica nupcial" e retornar à casa paterna participando do "banquete divino".[11] Sabemos que o próprio Maioral[12] pretende agregar Sesóstri e Senuret ao seu ministério sombrio, o que nos aconselha a providências imediatas para os dissuadir desse tenebroso convite de retardamento à ascese espiritual.

E num arremate veemente, em que, apesar do seu júbilo, traía um sentimento de comiseração, Apolônio acrescentou:

— Como não há inversão das leis nos processos evolutivos e da harmonia do Universo, o delinqüente não pode angelizar-se antes do benfeitor, nem este pode viver indeterminadamente junto do primeiro. Em conseqüência, os réprobos ficarão afastados de nós por muitos dias siderais, caso percam o ensejo benéfico de sua redenção entre os hebreus.

Todos se entreolharam, preocupados, e a belíssima jovem grega levou a mão ao seio, tentando disfarçar alguma emoção:

— Por que, irmão Apolônio — disse ela, numa voz em que a magnitude do espírito casava-se à hesitação humana —, a Divindade desperta, em nosso coração, amor tão puro e profundo, além do tempo e do espaço, por espíritos que ainda se demoram no barbarismo e na crueldade? Por que preferimos deixar o Paraíso para compartilharmos com eles, na carne efêmera, das mesmas estultícias, ambições, vaidades e despotismos aliados ao sofrimento?

Enquanto ela curvava a cabeça, entristecida, Apolônio replicava, comovido:

— E se assim não fora, querida Cíntia, qual seria o impulso capaz de fazer o anjo abandonar a resplandecência do Paraíso, para arrebatar das sombras da desventura e da mentira o objeto do seu amor incomensurável? Porventura, a nossa felicidade não se alimenta na magnitude do Bem e do Amor

---

11 — Vide parábola do festim de bodas (Mateus, 22:1-14),alusão ao perispírito purificado e limpo, simbolizado na túnica nupcial imaculada que permite seu dono participar do banquete divino, pois em caso contrário será atirado às trevas exteriores, ou seja, nos charcos da purificação astralina ou no purgatório da existência humana.

12 — Maioral, o comando supremo do mundo das Trevas.

... uma Proposta de Luz

proporcionado ao próximo? O nosso júbilo cresce à medida que somos responsáveis pela felicidade alheia, pois o Amor é o combustível de Deus alimentando a vida das almas. Jesus, o Príncipe Sideral, não deixou a mansão refulgente conformando-se com a milenária descida vibratória[13] sob as emanações deletérias do mundo material, para nos socorrer? Infelizmente, nós ainda estamos preocupados com a salvação dos réprobos de nossa família espiritual, enquanto o Cristo-Jesus sacrificou-se por todos os homens.

— Embora usufruindo dos bens da bem-aventurança no mundo espiritual, amo Sesóstri, querido irmão Apolônio, e sinto-me inquieta e aflita pelas suas futuras dores em mundos bárbaros de regeneração. Queria tê-lo comigo na abençoada escola terrena do porvir.

— Cíntia, reconheço-lhe o amor intenso por Sesóstri e aparentemente inexplicável pelo seu grau sideral; mas, na realidade, isso é perfeitamente lógico, porque ele também possui, no âmago da alma, a mesma cota de luz sublime que existe em você. Ajude-o, para adquirir maior refulgência no seu perispírito em breve. Sesóstri é o mendigo sujo e esfarrapado à porta do banquete angélico. Precisa barbear-se, mudar de traje e tomar banho odorífero, para então ser digno das insígnias da Luz. O "anjo rebelde", na verdade, é o próprio anjo sublime em potencial, porém hipnotizado pelo culto vaidoso à personalidade humana transitória que tenta compensar a frustração de exilado na desforra contra as hostes angélicas do Cristo.

Depois de um hiato compreensivo, Apolônio voltou-se para Cíntia, dizendo-lhe, amorosamente:

— Oxalá, Sesóstri aceite o derradeiro ensejo de expurgar o conteúdo tóxico sedimentado no seu perispírito, para se livrar de outro exílio planetário de "juízo final" e gozar das condições vibratórias favoráveis para viver com você nos planos superiores do Espírito Imortal.

Cíntia baixou os olhos, dominada por dolorosas reflexões, e replicou:

— Conseguirei convertê-lo, Apolônio?

— Talvez, Cíntia. Se ele puder compreender que há de perder, no exílio planetário, o seu amor tão puro e generoso. Tente demonstrar-lhe o júbilo da vida angélica sobre a glória efêmera

---

13 — Vide capítulo "Jesus e sua Descida à Terra", da obra *O Sublime Peregrino*, de Ramatís, **EDITORA DO CONHECIMENTO**.

do mundo ilusório da carne.

A reunião prosseguiu com os presentes a examinar o programa de provas cármicas adequadas à redenção dos onze espíritos.

— Meus amigos e irmãos — acentuou Apolônio —, analisemos o "carma coletivo" dos hebreus programado para o próximo século terrícola, em que tentaremos incluir os nossos rebeldes mais receptivos às provas retificadoras.

Em seguida, ele expôs o pergaminho mais longo. Era um mapa multicolor de que já se referiu anteriormente, o qual passou a ocupar toda a superfície da mesa, crivado de símbolos, tais como estrelas, triângulos, cruzes, losangos, grades, círculos, retângulos e principalmente certos hieróglifos coloridos e distribuídos pelos pontos mais estratégicos. O mapa dividia-se em três cores diferentes. A parte superior era de um matiz amarelo claríssimo. O centro, róseo claro, e a parte inferior, num total de cinza esbatido, cujas cores pareciam aumentar ou reduzir o valor dos sinais ali expostos, em três cores diferentes.

— Eis aqui, neste gráfico, a estatística coletiva das "horas culposas" da reparação cármica de mais de seis milhões de hebreus, responsáveis por atrocidades e tropelias praticadas desde os tempos de David contra os amonitas.[14] Observem a graduação dos símbolos siderais marcando os principais grupos culpados; aqui, referem-se aos comandantes e chefes que ordenaram impiedosas trucidações; ali, indicam soldados e apaniguados, executores dos massacres dos velhos, mulheres e crianças indefesas, duplamente culpados perante a Lei Cármica, porque destruíram criaturas desarmadas e pacíficas, em vez de combatentes adversos. Os hieróglifos pretos assinalam a intensidade de culpa desses espíritos alinhados para a prova

---

14 — Apesar da formosa tradição sobre David, o salmista e filho de Salomão, do qual a Bíblia transmitiu-nos uma idéia lisonjeira, o certo é que ele também não passou de um feroz guerreiro cruel e vingativo, a trucidar mulheres, crianças e velhos indefesos. Como exemplo a esmo de suas barbaridades, eis o que se encontra na Bíblia, que transcrevemos: "E trazendo os seus moradores, os mandou serrar; e que passassem por cima deles carroças ferradas; e que os fizessem em pedaços com cutelos: e os botassem em fornos de cozer tijolos; assim o fez com todas as cidades dos amonitas; e voltou David com todo o seu exército para Jerusalem" (II Samuel, 12:31). Conforme comunicação mediúnica de fonte fidedigna, os mesmos soldados e comparsas de David e autores das atrocidades relatadas, retornaram à Terra e sob a "lei do choque de retorno", expiaram como judeus e sob o jugo alemão, os crimes do passado. Há mesmo quem diga que Adolf Hitler e David são os mesmos, o que nos parece bastante coerente, pois entre ambos é difícil dizer qual deles é o mais feroz e falso místico.

... uma Proposta de Luz

193

cruciante no próximo século. Os verdes significam as atenuações a que eles fizeram jus em vidas posteriores, por atos e empreendimentos de socorro a outros seres humanos. Eis aqui um exemplo: este é um gráfico individual de culpa cármica, que solicitei ao "Departamento de Planificação Cármica", assinalando a culpa pregressa de um dos nossos familiares envolvidos nos massacres guerreiros desde os tempos bíblicos.

E Apolônio desdobrou o rolo de papiro menor, que se achava sobre a mesa, apontando uma anotação especial:

— É a entidade de prefixo MBOW-102.845, de nossa família espiritual, e que vocês já devem ter identificado.

— Sesóstri? — indagou Cíntia, apontando o prefixo que identificava o seu amado no simbolismo de tempo e espaço.

— Sim! — assentiu Apolônio. — É Sesóstri. Infelizmente, o mais comprometido com a Contabilidade Divina deste planeta. A Técnica Sideral somou todos os segundos, minutos e horas de ações destruidoras que ele praticou em 35 existências carnais, desde a sua participação nas tropelias do tempo de David, Gêngis-Can, Átila, Aníbal, Alexandre, Júlio César e até Napoleão, em que sempre destacou-se pela sua natureza belicosa nos comandos guerreiros. No cômputo geral, ele apresenta um débito de 1.332 "horas culposas",[15] representando a soma exata de sua ação destruidora e culpa direta. Conforme nos mostra o hieróglifo amarelo, nesta parte castanha, existem 897 "horas belicosas", que podem ser deduzidas da responsabilidade cármica de Sesóstri, pois embora elas signifiquem atividades destruidoras contrariando o mandamento "Não Matarás", foram executadas por ordens superiores, em defesa de pátria e patrimônios alheios. mas enfrentando adversários armados e decididos a matarem. Restam, pois, 935 "horas culposas", mas passíveis de outra dedução de 309 "horas benfeitoras" e aqui assinaladas pelo hieróglifo verde, quando Sesóstri, em vidas posteriores e desempenhando profissões serviçais, arriscou a vida na função de bombeiro, condutor de veículos, guardião, enfermeiro, mili-

---

15 — Seria muito complexo esmiuçar para os leitores um gráfico de "horas culposas" sob a responsabilidade dos departamentos de planejamento cármico. Sendo matéria que em breve será transmitida para a Terra de maneira didática e expositiva, cabe-nos apenas a tarefa de assentar as bases dessas primeiras revelações numa conceituação geral. Aliás, o levantamento de tal gráfico não se prende propriamente a segundos, minutos e horas terrícolas, mas é fruto de exames do "estado mental e emotivo" do espírito culposo, cujo processo não encontra analogia nas coisas do mundo carnal.

tar, vigia, mineiro, preceptor e salva-vidas, salvando mulheres, crianças, velhos e outros seres em desmoronamentos, desastres, quedas, afogamentos, incêndios, tempestades, beneficiando o seu ativo espiritual bastante agravado pelos delitos anteriores. Ainda sobram 626 "horas culposas" para ele expiar, conforme assinala o hieróglifo preto do código tradicional dos "Senhores do Carma", podendo ser liquidadas de modo parcial, isto é, em diversas existências atenuadas com o credor-Terra.[16]

— Por que as 309 "horas benfeitoras" do hieróglifo verde ainda se somam 102 horas assinaladas por esta cruz? — perguntou um jovem de turbante verde-malva, encimado por magnífico diamante, de olhos firmes e faiscantes como os hipnotizadores.

Apolônio retomou o diálogo, esclarecendo:

— Conforme já expliquei, o hieróglifo verde caracteriza 309 "horas benfeitoras" exercidas por Sesóstri em favor do próximo, mas por força das profissões que desempenhava na matéria. A cruz, ao lado, no entanto, destaca 102 "horas heróicas", que compõem quase o dobro de 52 horas a seu favor, que ele despendeu pondo em risco o bem-estar e a própria vida para socorrer o próximo, numa decisão espontânea e não por obrigações profissionais. Deste modo, restam-lhe ainda 524 "horas culposas" para expiar na carne sofrendo o impacto de dores e sofrimentos semeados alhures, a fim de liberar o perispírito de miasmas e aderências tóxicas que o impedem de se situar em nível espiritual superior.

Após pequena pausa e esperando que os seus ouvintes assimilassem o conteúdo de sua explicação, o velhinho refulgente continuou:

— Não é preciso dizer a vocês que Sesóstri esperou demais. Agora, caso ele aceite o ensejo redentor ao apagar das luzes do século XX e durante o processo seletivo de "fim de tempos", só lhe resta uma oportunidade: liquidar as 524 "horas culposas" numa só existência e na forma de um expurgo imediato.

Apolônio apontou dois hieróglifos entrelaçados, preto e vermelho, e desta vez os presentes se entreolharam, pesarosos,

---

16 — Entidades conscientes podem decidir quanto a expiar suas horas culposas numa só existência carnal, caso sintam-se capazes de resistir às provas máximas de purgação psíquica, ou então dividi-las em liquidações parciais, através de algumas vidas na carne. Malgrado os conselhos superiores, muitos espíritos preferem uma liquidação ou expurgo de sua toxicidade perispiritual numa só existência; mas, diante das dores atrozes e vicissitudes incomuns, às vezes suicidam-se agravando ainda mais a sua situação espiritual em face de tais desatinos.

... uma Proposta de Luz

sem esconder a aflição que se estendia em suas faces, numa expressão bem humana. Só Apolônio parecia conservar-se acima do sentimentalismo terrícola, indagando, numa voz cordial, mas incisiva:

— Sabem vocês o que significam os hieróglifos preto e vermelho, assinalando as 524 "horas culposas" de Sesóstri?

Cíntia, a bela grega, teve um arfar doloroso e depois pronunciou lentamente, num tom lastimoso:

— Sei, Apolônio. Sesóstri terá de sofrer 524 "horas atrozes" ininterruptamente na carne sem qualquer alívio ou hiato sedativo, não é assim?

— Querida! Essa é a verdade para todos os réprobos, embora Sesóstri deva ser o mais torturado. E como não somos os legisladores do Cosmo, mas apenas devemos cumprir as leis já estabelecidas, os réprobos aceitarão essa emergência dolorosa, mas purificadora, ou serão exilados novamente para mundos inferiores.

Sesóstri possui talento fulgurante e sabedoria suficiente para viver condignamente conosco, mas, no momento, prefere subverter a consciência no comando das falanges trevosas hostis à angelitude. Não há castigo nem decretos do Senhor dos Mundos criando torturas e sofrimentos, mas apenas o ensejo de evolução espiritual, num processo justo para mais breve angelização. Quando encarnados, custamos a entender a função retificadora do sofrimento como processo de aperfeiçoamento espiritual. Em verdade, somos diamantes brutos que, pela lapidação, transformamo-nos no brilhante a irradiar luz. Porém, a nossa origem advém do mesmo carbono cristalizado no sistema de criação espiritual.

Apolônio silenciou, enquanto Fuh-Planuh, um indo-chinês de voz fina e divertida, assim se expressava:

— Despendemos milênios e milênios como ratos no labirinto até encontrarmos a saída certa para a clareira de luz benfeitora. Se os homens soubessem da importância das vicissitudes e dos sofrimentos, embora sob o guante de adversários vingativos, creio que eles formariam filas defronte da oficina do purgatório terreno, aguardando, impacientes, a vez dos "mecânicos diabólicos" atenderem-lhes os necessários consertos espirituais.[17]

---

17 — Quando, na matéria, um caminhão bate a máquina e precisa ser retificado, ninguém considera isso castigo ou punição, mas providência indispensável para

Enquanto os demais espíritos sorriam, bem humorados, Apolônio arrematava:

— É o caso de Sesóstri, cujo saldo de 524 "horas culposas" representa apenas o tempo necessário para ele se submeter à técnica espiritual e conseguir a limpeza perispiritual, a fim de retornar ao trânsito livre nos caminhos da espiritualidade superior. Usando de outra imagem literária, diríamos que ele deve lavar o perispírito no tanque das lágrimas terrenas, para depois participar do banquete divino com a "túnica nupcial" ou o perispírito alvejado, em vez do "smoking" confeccionado pelos fluidos perniciosos das paixões humanas.

Em seguida, Apolônio voltou-se para a formosa grega, aduzindo-lhe:

— Cíntia, procure convencer Sesóstri de aceitar livremente essa reparação drástica e urgente, na matéria, a fim de livrar-se do exílio ao planeta inferior, que será o depósito dos rebeldes enxotados da Terra no próximo "juízo final". Oxalá, o Senhor a ajude nessa empreitada aflitiva, querida Cíntia.

Depois, levantou-se, dizendo, a todos:

— Daqui por diante, o assunto é de natureza pessoal, e cada um de nós deve devotar-se, incansavelmente, à tarefa de convencer os réprobos a aceitarem, espontaneamente, o derradeiro ensejo dessa encarnação retificadora no carma coletivo dos hebreus, a fim de evitarem o pesaroso exílio planetário. Enquanto seguimos para "Bem-aventurança", ainda combinaremos as providências mais urgentes para o contato com os nossos familiares rebeldes e, no momento oportuno, estaremos aqui outra vez, reunidos para analisar possibilidades de êxito ou fracasso dessa empreitada benfeitora.

Em seguida, deu por terminada a reunião e desceu do estrado luminoso reunindo-se aos demais companheiros. Em breve, caminhavam todos pela formosa álea revestida de areia iluminada pelo Sol astralino.

O caminho era ladeado em ambos os lados por dois cinturões de flores, cujas hastes esguias moviam-se pelo afago da brisa fragrante descida das colinas lilás-cinza, a espargir sons

---

o conserto imprescindível. Em breve, sob o processo técnico da oficina mecânica, o caminhão readquire a sua capacidade e função comuns, voltando a trafegar pelas estradas do mundo e produzindo, novamente, a receita para o seu dono. O espírito, quando claudica por imprudência ou ignorância, também precisa submeter-se à "retificação cármica" ou reajuste espiritual que depois o devolve em condições de prosseguir pela estrada de sua angelização.

... uma Proposta de Luz

197

e vibrações de campainhas. A alameda por onde os espíritos passavam inundava-se de cambiantes luzes na mais perfeita sintonia com os seus sentimentos e pensamentos. Ao longe, na mesma direção, percebia-se um arco ou portal rendilhado do mais fino lavor artístico e entrelaçados de fios de diamante, topázio e esmeralda. À semelhança de um só floco de luz esvoaçante, aqueles seres alados desapareceram através do portal munificente, penetrando num cenário tão resplendoroso, que talvez cegaria os olhos humanos mais sensíveis.

O calendário terreno avançava dezenas de anos, depois da reunião dos espíritos no "Anfiteatro das Papoulas", sob a tutela de Apolônio. Na Terra, os ricos erguiam taças de champagne e rodeavam as mesas atulhadas de vitualhas, carneiros, faisões, frangos, leitões e aves, cuja carbonização dos fornos se disfarçava sob o odor fragrante dos temperos. Os pobres contentavam-se com a média de pão e manteiga ou ingeriam alcoólicos modestos. No ar, espoucavam foguetes e fogos de artifícios. As ruas estavam povoadas de criaturas alegres e festivas, em direção aos cinemas, clubes noturnos e antros de vício. Os automóveis buzinavam freneticamente, e as fábricas apitavam num barulho ensurdecedor. Das janelas e sacadas das residências particulares, debruçavam-se criaturas gritando vivas ao novo ano de 1930. Os mais supersticiosos beijavam pés de cabra ou de coelho, acariciando esses "talismãs" na esperança de melhorar a sorte no ano que surgia e livrando-se das vicissitudes e sofrimentos curtidos no ano velho.

Havia um brilho de confiança em todas as criaturas, exceto, evidentemente, nos infelizes segregados nos hospitais, penitenciárias e asilos, que curtiam dores, desditas e fracassos, visitados pela má sorte no advento do Ano-Novo. Serpentinas coloridas cruzavam as ruas e eram lançadas dos edifícios sobre os automóveis lotados de pessoas, aos vivas e gritos de júbilo. Nas residências, nos bares, restaurantes e salões de danças, multiplicavam-se os abraços e brados de entusiasmo e rodopios alegres. Alguns festeiros mais precipitados já se mostravam alcoolizados e mal se sustinham em pé, amparados pelos amigos nas convulsões etílicas e nos exageros entusiastas. As fábricas e locomotivas cessavam de apitar, e também se reduzia o eco gritante das buzinas, quando o ar vibrou, outra vez, pelo badalar frenético dos sinos das igrejas chamando os fiéis para a missa do fim e começo do ano.

Enquanto isso ocorria na Terra, outra cena bem diferente sucedia-se na esfera espiritual conhecida por "Anfiteatro das Papoulas". O cenário era cada vez mais belo na sua florescência vegetal e sob o enfeite dos bancos recortados na vegetação miúda e delicada, à beira do formoso lago, cuja forma de um coração líquido era guarnecida pelas papoulas chamejantes. Ali se reuniam, outra vez, os mesmos espíritos, e novos amigos, familiares e cooperadores da causa do Cordeiro, possuindo ligações afetivas com os rebeldes em projeto de encarnação na Terra.

Apolônio sentava-se na mesma poltrona castanho claro, de tecido plástico transparente[18] e esfregava as mãos com certo contentamento infantil, enquanto os demais companheiros acomodavam-se nos bancos recortados na própria vegetação. Todos os presentes trocavam idéias entre si, e suas emoções também produziam novos cambiantes de luzes e cores nas auras.

— Meus amigos e irmãos! — principiou Apolônio, numa voz tranqüila e sonora. — Enquanto reunimo-nos aqui, nesta paisagem astralina à distância da coletividade de "Bem-aventurança", cujo ambiente não deve ser afetado pelos nossos problemas pessoais, os terrícolas festejam o transcurso simbólico do calendário humano, no limiar do ano de 1930, isto é, quase um terço do mesmo século XX, em que confiamos as esperanças de redimirmos os nossos familiares ainda comprometidos com a Lei Divina. Aliás, temos de compreender a euforia dos terrícolas nos festejos ruidosos e emoções descontroladas de Ano-Novo, porque nós também já vivemos na Terra e talvez exageramos. Enfim, ressalve-se, pelo menos, as boas intenções.

Depois de uma pausa reflexiva, Apolônio prosseguiu, explicativo:

— Repito: estamos no limiar do grande "Carma Coletivo" delineado a fim de redimir os espíritos endividados desde os tempos de David e jamais poderemos indenizar os amigos e Mestres da Redenção da esfera de "Arcanjo Mickael", pela generosidade de situarem oito dos onze rebeldes planetários no próximo esquema redentor na Crosta. Não me preocupavam as

---

18 — Buscamos analogia de certos acontecimentos e objetos da Terra, que possam dar uma idéia mais aproximada da realidade do mundo espiritual superior, onde as coisas são realmente "diáfanas, translúcidas, refulgentes, delicadas etc".

... uma Proposta de Luz

provas atrozes dos réprobos na carne, mas apenas a possibilidade deles fugirem no momento nevrálgico, como já aconteceu doutras vezes, quando nos traíram depois de aceitarem o expurgo psíquico. Felizmente, em face do esquema sábio e seguro sugerido pelos Mestres Cármicos, desta vez eles não poderão fugir do cumprimento das "horas atrozes", que lhes serão de imenso benefício para a ventura espiritual.

Apolônio mostrava-se calmo, sem o sentimentalismo próprio das criaturas terrenas que derramam torrentes de lágrimas diante dos melodramas de teatros e televisão, porém não se comovem com o infeliz epiléptico atirado nas ruas das cidades, nem se apiedam da prostituta desventurada apodrecendo no hospital, após servir como repasto vivo aos homens libidinosos. Ele cuidava do assunto trágico e comovente da expiação atroz dos seus pupilos, assim como engenheiro experimentado analisa os detalhes de importante edifício ou efetua os cálculos da ponte estratégica. Algo jovial, pela satisfação do ensejo redentor proporcionado aos familiares, voltou-se para Cíntia e disse-lhe, numa voz lisonjeira:

— Cíntia, congratulo-me com você e Amuh-Ramaya, pelo êxito de convencerem o feroz Sesóstri à encarnação redentora na Crosta, após lhe quebrarem o granítico orgulho e amor-próprio obstinado.

O venerável velhinho cismou, um momento, como se encontrasse dificuldade na sua dissertação, e continuou num tom pesaroso:

— Lamentamos, profundamente, o sarcasmo, orgulho, a fúria e obstinação vingativas de Othan, Sumareji e El Zorian que, além de insultarem os companheiros decididos à redenção espiritual, juraram impedir-lhes a encarnação sadia. Eles recorrerão aos técnicos da "Confraria dos Escorpiões" ou da "Serpente Vermelha", para bombardearem os cromossomos[19]

---

19 — Nota de Atanagildo: — Diz-nos irmão Navarro, que foi médico no Brasil, "que nos cromossomos, em verdade, há um verdadeiro projeto, programa ou roteiro que tem por fim assegurar as características fundamentais do indivíduo na sua estrutura corporal e dentro de um esquema peculiar dos ascendentes hereditários. No entanto, a substância fundamental do cromossomo são as núcleoproteínas. Embora as proteínas sejam substâncias de alto peso molecular, compostas de carbono, oxigênio, nitrogênio, hidrogênio e às vezes com algum fósforo e enxofre, cujas pedras de construção são os aminoácidos, as proteínas também compõem certas substâncias fisiologicamente ativas, como por exemplo toxinas, tóxicos e "enzimas". As enzimas, como moléculas protéicas, estão presentes em todas as coisas vivas, e, atualmente, alguns cientistas estão convictos de que praticamente todas as doenças têm sua origem na falta de enzimas ou por cauda de enzimas insuficientes. É o

dos nossos familiares em gestação e perturbarem-lhe o sistema sangüíneo ou o equilíbrio neuroendocrínico. Sem dúvida, temos motivo para ficarmos apreensivos, ao lembrar-nos das encarnações frustadas de Bário e Moriam, na Pérsia, quando os cientistas diabólicos conseguiram atacar-lhes a fisiologia da hipófise, suas relações com a tireóide e as cápsulas suprarenais, comprometendo-lhes a percepção mental nas provas redentoras da carne.

Com certo bom ânimo, Apolônio falou:

— Diz-me a intuição que desta vez teremos êxito, malgrado as ameaças de Sumareji, Othan e El Zorian em ferir os ascendentes hereditários dos próprios companheiros do passado em processo de reajuste espiritual. Mobilizemos, com urgência, as equipes de trabalho encarnatório junto à Crosta e de contato direto com a matéria, a fim de protegermos os réprobos contra o assédio das falanges trevosas. Sem dúvida, teremos de reduzir o ritmo vibratório do nosso perispírito e ajustarmo-nos ao ambiente do éter físico da Crosta, enquanto alguns deverão submeter-se à prova sacrificial do "cascão".

Apolônio silenciou, outra vez, absorto em suas reflexões, para depois continuar:

— A prova mínima é de Moriam, quatro anos de vida física, e a máxima de Sesóstri, onze anos, em cujo prazo os seus perseguidores empreenderão feroz ofensiva desde o período genético até os dias finais, tentando a deformidade, o acidente ou a moléstia lesiva.

— Soube que Sumareji, Othan e El Zorian já assumiram o comando deixado por Sesóstri, Bário e Karin — advertiu um espírito trajando malhas cintilantes semelhante a de um cruzado.

---

que é mais importante: existe no cromossomo um gene específico como fator de hereditariedade, que governa toda produção, ajuste e atividade das enzimas no organismo. Evidentemente, quando falta esse gene diretor ou é defeituoso, acontece fenômeno idêntico com a enzima, decorrendo, também, as alterações do indivíduo. Apenas para dar uma idéia aos leitores do processo "demolidor" dos cientistas das confrarias negras do Espaço, diríamos que eles conseguem bombardear "magneticamente" esse gene diretor da anatomia e fisiologia das enzimas, produzindo, assim, as perturbações na composição do organismo e resultando inúmeras enfermidades e conseqüências funestas no nascituro. Esses genes, assim como o espermatozóide, significam para nós, no Além, apenas os "detonadores psíquicos" que ligam as energias do éter cósmico com as energias do éter físico; são elementos que ainda sofrem a nossa ação "mental-magnética" e funcionam no limiar da vida astral e física. Daí, certo poder radioativo que podemos exercer em tais genes, porque suas estruturas astralinas sobrepõem-se, propriamente, à energia ao vitalismo do mundo físico. Aliás, a própria ciência terrena admite que as radiações atômicas agindo na medula óssea, produzem fenômenos anômalos na hemocitopoese incelóide.

... uma Proposta de Luz

— E também já enviaram, à "Confraria dos Escorpiões",[20] relatório da traição dos nossos familiares ao comando das Trevas, bem como notificaram a adesão ao programa redentor da "Comunidade do Cordeiro" — acrescentou um espírito de luz carmim esbordejada de amarelo canário, vestido de túnica alaranjada, aberta e deixando ver o peito musculoso, numa tensão de força abafada.

A estas horas, os réprobos em fase de encarnação já estão fichados como "renegados" sob a mira dos policiais negros da "Confraria dos Escorpiões" — confirmou outro companheiro trajando veste semelhante, provavelmente elemento de ligação mais vigorosa entre os dois mundos.

Ramú, o belo indiano de turbante cor de topázio emoldurado por faiscante rubi, acrescentou:

— Othan, Sumareji e El Zorian comprometeram suas falanges com uma das confrarias mirins do Maioral, concordando em participar dos serviços repugnantes de obsessões, desde que também sejam auxiliados na sua desforra contra nós.

— Irmão Apolônio, qual seria o êxito dos médicos diabólicos na tentativa de ferir os ascendentes biológicos dos nossos familiares a caminho da carne?[21]

— O bombardeio "radioativo" mais eficiente dos cientistas da "Serpente Vermelha" é na função mielocitopoética do organismo físico e assim provoca a leucemia na primeira infância. Recordam-se de que, anteriormente, eles usavam o processo de estimular os genes regressivos da hematofilia, com baixas irradiações e tiveram êxito perturbando a encarnação redentora de

---

20 — Embora a terminologia do mundo astralino possa ser entendida sob outros aspectos, que identifiquem "estados angélicos" ou "estados diabólicos", há, realmente, uma nomenclatura no gênero que especificamos. Não se trata de ficção muito ao gosto humano; mas são confrarias e instituições cujas denominações identificam-lhes perfeitamente o gênero de atividades destruidoras, agressivas e subversivas do padrão angélico da alma. Algumas delas surgiram na Terra fundadas por espíritos exilados de outros orbes; mas sempre copiaram a ação agressiva ou destrutiva de certos animais, répteis ou insetos. Em conseqüência, inspiram-se no dragão que vomita fogo ou, ainda, na serpente que rasteja pérfida e traiçoeira, cujos adeptos fanáticos são capazes de tudo no astral inferior. Em antítese, os trabalhadores do Bem distinguem-se pela sua filiação à "Comunidade do Cordeiro", símbolo de mansuetude, humildade e ternura sob a égide do Cristo.

21 — Os leitores não devem estranhar as referências propositadas nestes contos verídicos, pois atendemos a instruções dos nossos Maiores, que acham de bom alvitre transmitirmos para a Terra mais alguns fragmentos da realidade da vida oculta. Os médicos ou cientistas das esferas superiores criam, ajudam e aliviam; os das Trevas prestam-se a toda sorte de maquiavelismos, tarefas destruidoras e indignas, diferenciam-se tanto quanto o médico terreno e sacerdote, que cura e socorre, do que serve ao "gangsterismo" do mundo, ou faz da dor alheia uma tábua de negócios.

Karin e Senuret, fazendo-os desencarnar prematuramente aos 4 anos de idade, isto é, 19 anos antes do prazo previsto para as provas retificadoras.

Pela primeira vez, Apolônio fez um gesto descontrolável, traduzindo oculto desespero por sentir a impotência relativa ante as sombras do astral inferior:

— Infelizes! Serpente Vermelha, pérfida, que rasteja aniquilando o vitalismo do fogo serpentino[22] em ebulição pela coluna vertebral e irradiação pela medula óssea humana, cuja picada diabólica no processo da hemacitopoese do encarnado pode anular um programa redentor elaborado há séculos.

— Porventura teremos a ofensiva associada, outra vez? — indagou o cruzado, cuja armadura refulgia num tom de alumínio argênteo, acrescentando: — Em conseqüência, cabe-nos enfrentar duas fórmulas diabólicas dessas confrarias para lograrmos a encarnação dos réprobos convertidos? Então, será a leucemia e hematofilia pelos cientistas da Serpente Vermelha, ou a hidrocefalia, imbecilidade, mongolismo ou cretinismo dos especialistas dos "Escorpiões"?[23]

Apolônio, subitamente e talvez inspirado, exclamou:

— Nós também recorreremos às "Samaritanas" que operam em "cascão", na Crosta, rogando-lhes os serviços de vigilância junto à mente das progenitoras dos réprobos em gestação. Elas evitarão acúmulo ou condensação de fluidos inferiores na região cerebral das gestantes e a conseqüente vulnerabilidade perispiritual para os diabólicos agirem com êxito.[24] Ademais,

---

22 — Fogo serpentino: — força telúrica, fruto da transformação do éter cósmico pelo campo do astral terráqueo. Vivifica o homem através do "chacra" kundalíneo (sacrococcígeo), cujo desenvolvimento prematuro é perigoso sem a devida espiritualização crística, por se tratar de força que tanto cria como destrói. Jesus tinha o "chacra kundalíneo" desenvolvido em existências anteriores e curava à distância pela força do seu Amor. Tamerlão, Gêngis-Can, Átila, Aníbal, Alexandre, Hitler e outros, através de processos censuráveis de magia negra, também o haviam desenvolvido. No entanto, a mesma energia que lhes dava o poder sobre as massas, terminou por destruí-los no vórtice de sua ação violenta pelo choque de retorno.

23 — Serpente Vermelha, Dragões, Escorpiões e Caprinos são remanescentes de velhas confrarias de magos negros que existiram na Terra desde os evos da Atlântida, pois chegavam a dizimar tribos adversas à longa distância, agindo pelo éter físico através do "chacra esplênico" — sobre o baço —, interrompendo ou intoxicando o afluxo do "prana" ou energia vital emanada do Sol. As vítimas sucumbiam pela exaustão, algo parecido à leucemia ou anemia perniciosa. Não podemos nos alongar nas minúcias desses processos, porque seria incentivo à criação de adeptos mal-ntencionados, bem assim como devemos proteger o médium de assaltos perigosos do astral inferior.

24 — Nota de Atanagildo: — A título de advertência às mães gestantes, esclareço que os espíritos exilados, ou "anjos decaídos", quando aceitam a encarnação

... uma Proposta de Luz

203

também consegui a adesão de Swen, o mago fabuloso em "cascão"·"wiking" que, no comando de suas falanges corajosas, operantes na região germânica, prometeu-me anular o avanço dos "sapadores" luciferinos, ou seja, os preparadores do campo fluídico para os cientistas desfecharem o bombardeio destrutivo.

Cíntia, enrubescida, agradeceu comovida:

— Apolônio, jamais poderei indenizá-lo pelas providências defensivas em favor dos réprobos, mas, principalmente por Sesóstri, espírito a quem devoto incondicional afeição.

Apolônio sorriu, compreensivo, e continuou:

— Aliás, nem todas as notícias são más, pois, apesar de nossa causa ser algo pessoal, o Alto mobilizou mais cooperadores em favor da encarnação dos nossos réprobos, considerando que Sesóstri, malgrado seja o líder maquiavélico dos demais comparsas é, paradoxalmente, o espírito que mais vibrou em direção à sublimação. Os Mestres da Redenção crêem que depois das "horas atrozes", sem alívio, de retificação cármica, ele partirá da Crosta com a vestimenta perispiritual tão sensível e límpida, que isso poderá conduzi-lo à vibração altíssima e conseqüente "samadhi", ou deslumbramento panorâmico do Cosmo e da Realidade Espiritual. Isso poderá transformá-lo num dos eficientes servidores do Cristo e valiosa cunha espiritual na Terra.[25]

---

terrena como ensejo de redenção espiritual e conseqüente adesão à comunidade do Cristo, ficam estigmatizados pelos próprios comparsas do mundo oculto na condição de renegados perseguidos impiedosamente. A fim de dificultar-lhes a encarnação redentora, os cientistas das Trevas procuram atuar na mente e na emotividade das mães gestantes, insuflando-lhes vícios, paixões, frustrações ou irascibilidades que proporcionam um clima etéreo-físico poluído capaz de facilitar o bombardeio magnético sobre o nascituro. A mulher grávida imprudente ou invigilante pode alimentar esse clima ou ambiente fluídico nocivo engendrado pelos adversários, prejudicando o desenvolvimento embrionário do próprio filho. Os trevosos tentam atingir a tessitura cromossômica dos nascituros, para impedi-los de uma vida sadia ou consciente na matéria. As parturientes deviam evitar ambientes viciosos, reuniões inúteis, espetáculos licenciosos, palestras maledicentes, novelas, filmes, teatros e diversões que chocam, enauseiam e excitam o sistema nervoso repercutindo na mente da própria criança. A mãe é a médium da vida e quase sempre ignora a aflição dos protetores do seu futuro filho, quando ela mesma favorece a consecução dos objetivos daninhos e diabólicos do astral inferior. O programa severo da gestante deveria ser sempre moldado em bons pensamentos, amizades espiritualizadas, linguagem limpa, leituras construtivas, prece habitual, alimentação suave, rejeição ao álcool, fumo e excitantes, proporcionando assim o ambiente tranqüilo e sadio para o descendente carnal.

25 — Nota de Atanagildo: — Como ainda não posso esmiuçar notícias prematuras a muitos leitores incipientes nos escaninhos da espiritualidade, os mais percucientes poderão entrever, nas entrelinhas destes contos, o assunto iniciático e que já é entrevisto nas obras de Ramatís, o nosso "Mestre de Exílio Planetário". A visão panorâmica do Cosmo é conhecida entre os santos como o êxtase e entre os

— Louvado seja Deus!— exclamou Cíntia, num assomo de entusiasmo infantil.

— Se isso acontecer, eu serei imensamente feliz por Sesóstri reduzir o abismo vibratório entre nós.

— Evidentemente — continuou Apolônio —, a força, a sabedoria, o poder e o destemor de Sesóstri manifestos, até hoje, contra o Criador e o Cordeiro, como rebelde ou anjo decaído, poderá torná-lo um líder no serviço angélico, quando sentir, na fração de um segundo de "êxtase", a majestade, a beleza e a glória de si mesmo no seio do Absoluto.

— Quem, dentre nós, submissos aos limites das formas, induziria ou acionaria Sesóstri a um "samadhi"?[26] — indagou Cíntia, pesarosa.

Apolônio sorriu, traindo um ar misterioso e travesso:

— Quem, Cíntia, quem, senão Schellá e sua fascinante falange de socorro mental? Quem, senão o Mago perfeito de "Arcanjo Mickael"?

Cíntia ficou de lábios entreabertos, arfante e estática; os demais mostraram-se tão excitados, que isso os enchia da mais indizível satisfação.

— Salve o Senhor, pela graça de enviar-nos um espírito fulgurante da "Esfera da Sublimação", cujo poder mental já é força criadora no mundo físico![27] — exclamou o próprio Ramú, perdendo sua linha tranqüila e excitado pela notícia. Depois, curvando-se, gentil e calmo, acrescentou: — Dentro do esquema de redenção dos réprobos e sob a cooperação de Schellá, estou pronto para o sacrifício do "cascão".

— Sem dúvida, ainda necessitamos ouvir as sugestões do

---

iniciados hindus como "samadhi"; é a beatitude ou paz de espírito impossível de se descrever com as palavras do vocabulário humano. O ser abrange o conhecimento cósmico e funde-se com o Criador, numa fração de segundo, sem perder sua individualidade. O espírito do homem modifica-se depois do "samadhi", pela poderosa vibração que lhe revoluciona o íntimo; dali por diante assenta os seus propósitos espirituais na linha reta da angelitude. Como todo homem é uma centelha individualizada no seio da Consciência Cósmica, o êxtase ou "samadhi" pode surgir da conjugação de circunstâncias inesperadas, que elevam a emoção do ser ao máximo de sua suportação consciencial. É um extravasamento de força que rompe a personalidade humana, num impulso esférico ou em todo os sentidos e sem limite, cuja ação poderosa e centrífuga do espírito lança-o fora do tempo e do espaço, no oceano cósmico do Criador.

26 — Nota do Médium: — Vide o capítulo VI, da obra *O Fio da Navalha*, de W. Somerset Maugham sobre a realidade divina ou a imersão no Absoluto. Idem a obra *Autobiografia de um iogi contemporaneo*, Sumit Light House, principalmente o último terço da mesma obra.

27 — Vide os "Devas" e os "Arquétipos".

... uma Proposta de Luz

"Departamento de Proteção" na Crosta, filiado à metrópole "Estrela Branca", pois vocês sabem que, de acordo com a densidade do meio ambiente, os dragonianos já conseguiram desintegrar "cascões" supermentalizados no éter físico. Além disso, é muito cruciante a permanência nesse escafrando compulsório em razão de sua ação compressiva do éter físico. Assim, cada um de nós deve submeter-se aos "testes" de segurança e às eliminatórias dos técnicos de "Bem-aventurança", antes de qualquer empreendimento pessoal. Seria inútil despendermos uma tonelada de energia tão preciosa, sem a probabilidade do êxito de uma só grama!

Os demais espíritos permaneceram longo tempo em silêncio, meditando nas dificuldades que defrontariam para proteger os familiares rebeldes.

Argos, o belo grego de cabelos encaracolados, acentuou:

— Sei que podemos atingir o delírio no esforço de manter a configuração ocasional no plano do éter físico, mas assim mesmo tentarei a prova.

— Estarei a seu lado e faremos turnos de repouso mais freqüentes. Quem estiver exaurido poderá liberar-se, enquanto o outro vigia. Se não pudermos manter a defensiva direta na encarnação dos réprobos, seremos a linha de segurança entre as legiões de Swen, Scholen Habarusch e os benfeitores de Mickael — prontificou-se um espírito atlético, cuja roupa colada ao corpo parecia confeccionada de lamê fulgurante.

Apolônio levantou-se, sorrindo, comentando com um tom apreensivo nas palavras:

— Meus irmãos! Saudemos o Mago Schellá de "Arcanjo Mickael" e roguemos ao Senhor o auxílio nessa empreitada redentora.

Circundando o olhar pelo cenário formoso do "Anfiteatro das Papoulas", entre o silêncio de expectativa dos presentes que pareciam reduzir a fulgência habitual das auras, ele comandou decidido:

— Vamos, queridos! Minha antena espiritual comunica-me o ingresso de Sesóstri nos fluidos da carne em "perispírito fetal".[28]

Houve imediata e harmoniosa conjugação entre todos;

---

28 — Vide capítulo "Reencarnação", da obra *Missionários da Luz*, de André Luiz, por Chico Xavier, em que o assunto do "perispírito fetal" é elucidado de modo minucioso.

deram-se as mãos e numa só fusão de cores e luzes, que convergiam para a fronte de Apolônio fortificando-lhe o comando mental, elevaram-se do solo à semelhança de uma nuvem de falenas multicores, desaparecendo, dali a pouco, no seio da cerração lucífera. Ensombrava-se, pouco a pouco, a formosa luminosidade de todos os pupilos de Apolônio, à medida que eles mergulhavam na atmosfera mais densa e hostil, em direção às faixas escuras e à aura afogueada da Terra, cindida pelos relâmpagos da mente indisciplinada da humanidade terrestre.

Setembro de 1939!

Um rastilho de fogo partia da Alemanha ateado por Adolf Hitler, não percebido pelo resto do mundo. Debaixo de flores e gritos de entusiasmo, o "Fuehrer" entrava na Áustria após a queda de Schusning, e o povo austríaco acenava ao novo ídolo louvando-o através de bandeirinhas de ambos os países. Em breve, a preocupação semeava-se nos demais países europeus, pois o ditador alemão principiava a mostrar suas garras ao invadir a Tchecoslováquia. Meses depois, massacrava a Polônia, pretextando problemas de seus súditos no corredor de Dantzig. A França e a Inglaterra, despertando do mutismo censurável e depois de deixarem a infeliz Polônia sucumbir desamparada, numa hesitação calculista, então resolveram interferir e declarar guerra à Alemanha, quando perigavam seus interesses comerciais na Europa. Mas, o fizeram algo tarde, pois a "Luftanza" arrasou o sul da França, e Hitler atravessou a inexpugnável "Linha Maginot", tornando um recurso obsoleto ante o progresso da aviação. Em seguida, quase demoliu Coventri e mais tarde espremia os ingleses num massacre terrível nas praias de Dunkerke, onde pereceram milhares de soldados.

Homens, mulheres e a juventude alemã deliravam de entusiasmo ante as vitórias consecutivas do "Fuehrer", inconscientes de que a euforia belicosa semeava tristes acontecimentos cármicos para o futuro, quando os aliados arrasariam suas cidades, e, mais tarde, teriam de sofrer a humilhação do "muro da vergonha" imposto pelos russos.

Megalomaníaco e bárbaro travestido do século XX, Adolf Hitler demolia a cultura do próprio povo alemão, mandando incendiar obras de renomados sábios germânicos, aniquilando a ciência, a filosofia e a arte erigida até aqueles dias por laboriosos gênios. Em seguida, impôs à juventude nazificada a sua bíblia *Mein Kampf*, escrita em momentos de histeria e paranóia, quando encarcerado em Munich, depois do fracassado "punch". Dançou o passo do ganso junto à torre de Eiffel, em Paris, rebentou-se de vaidade e orgulho percorrendo os vastos territórios devastados pelas suas "panzers" e foi festejado por milhões de bandeiras e gritos jubilosos dos seus conterrâneos em delírio. Adolf Hitler tornou a repetir a velha história dos facínoras do passado, como David, Gêngis-Can, Átila, Tamerlão, Aníbal, Alexandre e outros flagelos da humanidade.

Mas, a Lei é inflexível e correta, pois logo todos pagaram com a mesma moeda. Berlim foi demolida inteiramente; milhões de casas arrasadas, fábricas destruídas e inutilizadas completamente todas as instalações sanitárias e serviços de utilidade pública. Milhões de alemães passaram a viver nos porões, cais, subterrâneos e debaixo de pontes, mal conseguindo arrancar mirrados tubérculos e ervas do solo para matar a fome. Os aliados, na febre de desforra, não olvidaram um metro quadrado das cidades alemãs. Desapareceu Berlim e quase sumiram-se do mapa Hamburgo, Colônia e Bremem.

Os comandos das Trevas, no princípio, deliraram, convictos do seu diabólico domínio sobre o mundo material, através dos sucessos de Hitler, sustentados por outros desequilibrados do Astral inferior, como Himmler, Goering, Goebels, Josef Kramer, Mengel, Fichmann, Július Streicher, Ernest Kaltenbrunner, Hans Franck e outros. Aspiravam até o controle das encarnações futuras que fariam da Crosta terráquea um palco para a disseminação do vício, da violência e do poder egocêntrico. Ademais, reforçou-se o comando das sombras com a estultícia de Mussolini aderindo aos nazistas e humilhando a Itália, na composição vaidosa do eixo "Roma-Tokio-Berlim".

Não aconteceu conforme previram os magos das sombras, certos de que, em breve, a "Terra seria dos homens, os viris, e o céu dos anjos, os afeminados!" Os Estados Unidos, dentro do seu proverbial calculismo utilitário, quando verificaram que terminariam tendo prejuízos na contenda, caso não defendessem sua perna de galinha, então entraram na guerra, a fim de evitar o domínio de Hitler nos mercados europeus e asiáticos. Ante a infeliz investida contra a Rússia, malgrado o conhecido erro de Napoleão, Hitler enfraqueceu suas hostes guerreiras e

208   Ramatís...

jamais pode recuperar-se das perdas fabulosas por lutar em duas frentes. Mal sabia ele que também não passava de um simples "detonador psíquico" do carma coletivo de milhões e milhões de espíritos endividados desde os tempos de David, pois vaidosamente confundiu a permissão provisória do Alto com seu gênio e poder invencíveis. Ignorava que, na sua ficha cármica arquivada no Espaço, já estava assinalada a data de 30 de abril de 1945, para ele findar seus dias, arrasado no seu orgulho e na sua faina destruidora, como o fez, realmente, atirando na boca com uma automática "Walther", enquanto Eva Braun, esposa de última hora, tombava depois de ingerir uma pílula de cianureto de potássio.

No entanto, para os "Senhores do Carma", o mais importante era o clima belicoso ateado por Hitler, no qual deveriam resgatar as culpas passadas milhões de guerreiros malvados, ferozes e endividados desde os tempos bíblicos. Esses culpados de outrora também veriam as próprias casas queimadas ou arrasadas. A família trucidada, esposas e filhas desonradas. Filhos esmagados contra muros ou massacrados nas pontas de baionetas. Parentes fuzilados e sufocados como o fruto da má semeadura do passado. A Lei selecionara, cuidadosamente, os culpados e os colocara dentro da Alemanha e dos países que seriam invadidos pelos nazistas, a fim de sofrerem o choque de retorno no seio das coletividades judias dizimadas e nos incêndios cruéis dos "guettos", além de figurarem como cidadãos de outras raças, trucidados nas frentes belicosas da França, Polônia e Rússia.

Em breve, movido por um ódio racial, incontido e recalcado desde a mocidade, Hitler resolveu dar solução ao "problema judeu", autorizando liquidação em massa de qualquer modo. Só Adolf Eichmann trucidou mais de seis milhões de judeus em fornos crematórios, deportações, fuzilamentos e execuções, além dos que foram mortos pela fome e depauperamentos. Os vagões construídos para o transporte de gado seguiam diariamente em compridos comboios abarrotados de infelizes na mais degradante promiscuidade, depois de caçados e apanhados em todos os países invadidos. A carga humana chegava deteriorada nos campos de concentração de Ravensburg, Dachau, Auschwitz, Belsen, Buchenwald e Vilingen. Os fornos crematórios, pântanos e valas comuns eram insuficientes para dar sumiço aos milhões de vítimas que, sob o traje material renascidos como judeus, no século XX, liquidavam as culpas e os massacres bárbaros

... uma Proposta de Luz

cometidos no passado. Muitas mulheres e comandantes dos campos de concentração chegavam ao requinte de curtir a pele dos infelizes hebreus trucidados, para cobrir abajures, caixa de jóias, capas de livros ou estojos de perfumes.

Quando a atividade criminosa dos nazistas era mais intensa contra os judeus, ali pelo ano de 1942, eclodiu violenta epidemia de afecção "hepatointestinal", em zona rural da Alemanha. As crianças morriam às dezenas. Os médicos mostravam-se desesperados e sem conseguir debelar a crise enfermiça que já enfurecia Hitler. Finalmente, obtiveram dele permissão para fazer experiências "in vivo" nas crianças judias, na esperança de conseguirem a vacina adequada. Num dia trágico, 500 crianças foram submetidas aos testes preliminares no campo de concentração de Auschwitz, sendo escolhidos 31 judeuzinhos para as terríveis experiências de vivissecção sob o controle dos médicos Heinrich e Brumenwald,[29] a fim de se descobrir a desejada vacina. Eram crianças dos tipos mais diversos, variando em idade, sexo, reação sangüínea, resistência vital e comportamento nervoso. Algumas eram perfeitamente sadias e vigorosas, outras, débeis e enfermiças, e compunham o material humano adequado às pesquisas impiedosas.

Aterradas ante a impossibilidade de fugirem das provas tenebrosas, as infelizes vítimas foram amarradas pelos enfermeiros nazistas nas mesas de laboratórios e devidamente amordaçadas para impedir-lhes os gritos lancinantes. Em seguida, dia a dia, elas foram submetidas às mais pavorosas experiências. As intervenções cirúrgicas, desidratações, transfusões de sangue contaminado, provas de ácidos e corrosivos, biópsias, obliteração da função nervosa e circulatória, além de desnutrição ou superalimentação, infectadas nos órgãos ou esgravatadas em toda região abdominal. Foram submetidas à inoculação de material patogênico de todas as espécies. Extraíram-lhes o líquido raquidiano, linfático e sangüíneo.

Três dias depois, já haviam sucumbido 23 crianças entre estertores e pústulas corrosivas, mostrando as carnes em frangalhos e os olhos esgazeados de dor. Os médicos e os enfermei-

---

[29] — Nomes fictícios, apesar da maioria dos leitores saber quem foram os médicos autores dessas experimentações cruéis.

ros vigiavam atentamente as modificações anatomofisiológicas. Pesquisavam-lhes o trabalho drenativo das vias emunctórias, em reações endócrinas, nervosas e sangüíneas e o comportamento das vitaminas nos "testes" de resistência vital. Era a mais paradoxal e impiedosa atividade de conservá-los enfermos e ao mesmo tempo mantê-los vivos de qualquer modo.

A doença em pesquisa era algo semelhante ao "cólera-morbo", cujo bacilo ou vibrião colérico, Koch, havia sido descoberto no ano de 1883, em Alexandria, pois os médicos nazistas verificaram que a sua localização também se fazia no trato intestinal e era extremamente contagioso.

Depois de 21 dias de experiências tenebrosas, só restava miraculosamente viva uma das 31 cobaias humanas selecionadas anteriormente. Era um menino de onze anos, verdadeiro farrapo vivo, submerso na dor mais inconcebível, cujos cabelos pretos estavam esbranquecidos e a fisionomia infantil transformada no estigma simiesco de um ancião precoce. O vigor e a resistência orgânica haviam surpreendido os próprios médicos alemães, pois ele se mostrava consciente na sua rigidez tormentosa e postura contraída por indomável cãibra nervosa. Os seus olhos estavam completamente secos de lágrimas e uma espuma pálida e sangüinolenta vertia através da mordaça sobre os lábios. O corpo estava espetado por uma dezena de seringas hipodérmicas, que vertiam soros, líquidos nutritivos, infectos, substâncias poluídas ou vitalizantes, sangue e hormônios, fazendo vibrar os tubos de borracha naquele experimento dantesco. Parte dos intestinos do menino estremecia solta dentro de um frasco com soro de Ringer aquecido, submetida a rigorosos exames procedidos por diversos médicos, enfermeiros e auxiliares, que tudo faziam para descobrir o agente e a vacina contra a epidemia das crianças alemãs.

Enfim, graças à essa resistência heróica em todas as experiências cruciantes, os médicos Heinrich e Brumenwald conseguiram a vacina tão ambicionada para salvar os alemãezinhos afetados pela devastadora epidemia. Conforme se verificou depois da guerra, as mesmas vacinas também debelaram crise semelhante em milhares de outras crianças vitimadas na região coreana e indo-chinesa.

Após terminar o seu objetivo sinistro e ao mesmo tempo terapêutico, Heinrich olhou o judeuzinho e mandou tirar-lhe a mordaça. Embora de coração enrijecido pela impassibilidade

... uma Proposta de Luz   211

nazista, ele fez um gesto furtivo de comiseração ao defrontar a fisionomia mirrada e simiesca do menino que, 21 dias antes, era saudável e atraente. Heinrich fez um sinal e um enfermeiro aproximou-se, fazendo o menino engolir uma pílula que cheirava a flor de pessegueiro. A infeliz criança afrouxou a fisionomia retorcida pela dor infindável, e os músculos rígidos moveram-se, dificultosamente, sob estremecimentos nervosos. Então Isaac, o judeuzinho vítima da cruel vivissecção, tombou a cabeça para a esquerda e expirou sob a ação letal do cianureto de potássio.

O enfermeiro alemão, um monstro de cara quadrada e queixo atirado para a frente num ângulo desafiador, cujas mãos de pêlos fulvos lembravam um gorila chamejante, arreganhou os dentes, dizendo num tom selvagem e insensível: "Morreu!"

Heinrich e os demais médicos, a serviço de Hitler e curtidos pelas mais bárbaras experiências a fim de proteger a superior raça ariana, fitaram longamente o menino que resistira à tortura inquisitorial de 21 dias e horas, sem qualquer alívio ou chance de libertação. Malgrado a voz indiferente, o médico-chefe não escondia certo timbre de admiração, quando dirigiu-se ao enfermeiro de aspecto brutal:

— Ele morreu, Wiegando! Mas, salvará a vida de milhares de crianças, assim que as vacinas dos laboratórios alemães forem aplicadas.

E retirando as luvas ensangüentadas, apontou para Isaac, a infeliz cobaia humana, acrescentando:

— Que vitalidade e resistência inacreditáveis! Quanto nos ajudou! É um corpo sacrificado pela salvação de milhares de outros corpos!

Ainda premido por algum remorso longínquo, antes de sair do aposento, recomendou, seriamente, ao seu rude assistente:

— Enterrem-no! Mas, dêem-lhe boa sepultura; ele a merece!

Decorreu certo tempo do simbólico calendário humano, quando Isaac abriu os olhos no mundo espiritual. Logo estremeceu, horrorizado, sentindo ainda, nos lábios, a mordaça de esparadrapo e o gosto típico do sangue a fluir-lhe pela garganta, decorrente do rompimento dos vasos. De princípio, ele estranhou aquela claridade azul-celeste e repousante, muito parecida ao luar, e que lhe dava um alívio inesperado, em confronto com a sensação atemorizante provocada pela luz mortiça dos geradores dos campos de concentração. Julgava ouvir deliciosa melodia religiosa, numa saudade cálida e amorosa, revendo o rabi Joseph tocá-la ao órgão na sinagoga de Dresden, quando ali freqüentava em companhia dos pais e irmãos. A música parecia lembrar-lhe a fragrância dos lírios e flores do brejo que floresciam nas margens do Reno e do Elba. Projetava-lhe na mente as imagens das plantações de centeio, aveia, trigo e vinhas carregadas de uvas saborosas. Circunvagou os olhos à procura dos homens tenebrosos que o torturavam algemado na mesa fria de mármore. Onde estava o enfermeiro de rosto quadrado e aspecto de gorila, que lhe esgravatava os intestinos na procura doida de algo? Ou a mulher esguedelhada, sempre a espetá-lo com seringas de líquidos causticantes?

O menino Isaac não ousava mexer-se, ainda petrificado pela posição atrofiante e tormentosa de 21 dias preso à mesa de autópsia de Auschwitz. Antes, gemia louco de dor e sem saber o motivo pelo qual sofria tanta crueldade; mas agora sentia-se inesperadamente aliviado nas dores físicas, e o sofrimento parecia-lhe existir somente na alma. Experimentou mover a mão direita e verificou que ela estava livre das algemas de couro. A boca ainda estava colada por algo estranho, mas sem causar-lhe a opressão dolorosa, e os olhos exauridos de lágrimas descongestionavam-se, pouco a pouco, por efeito de invisível energia balsâmica. Súbito, ouviu um ruído à sua esquerda e pelo canto dos olhos percebeu vestes brancas. Então, levou um choque tremendo e não conteve um gemido lastimoso, certo da presença do enfermeiro gorila ou da mulher de cabelos esguedelhados que, além de atormentá-lo com as seringas de injeções, ainda o chamavam de "raça vil e infame". Retesou o corpo num ímpeto instintivo de defesa orgânica, convicto da espetada atroz ou do rompimento de carnes sob nova operação. Mas, nada disso acontecia, e a criatura, a seu lado, foi-se curvando suavemente para ele, mostrando um rosto de fada tão belo e terno, como ele jamais vira no mundo. Ela pousou-lhe a mão na cabeça, num gesto caricioso, e fluíam-lhe dos dedos vapores tão sedativos, que desejaria ficar ali algemado para o resto da vida.

— Isaac! Não tema, querido! Tudo já terminou; você agora é o enfermo em jubilosa convalescença, e devemos louvar o Senhor

... uma Proposta de Luz

dos mundos pela redenção de sua alma. Agora você poderá viver entre nós, durante os repousos da ascese espiritual.

A bela mulher, curvando-se outra vez, beijou-o na fronte, cuja emanação de ternura e afeição fê-lo vibrar sacudido por estranhas recordações familiares, quase podendo chamá-la pelo nome e reconhecer uma presença amorosa conhecida. A porta do aposento abriu-se surgindo um homem belo e de traje exótico, meio hindu e meio egípcio, que sorriu para Isaac numa expressão de júbilo.[30] Depois estendeu as mãos e fez-lhe alguns passes ou vibrações pelo corpo, aliviando o espasmo doloroso e restaurando o ritmo respiratório de modo saudável. Em seguida, deu-lhe de beber um líquido refrescante, com o sabor e a cor de romãs maduras, que, ao descer-lhe pela garganta, eliminava toda sensação e vestígio do sofrimento anterior. Os lábios desprendiam-se facilmente, e Isaac estranhou a própria voz, ao dizer:

— Onde estão eles?

— Quem? — indagou o moço indo-egípcio.

— O médico, a mulher esguedelhada e o homem com cara de gorila? — indagou, circunvagando os olhos com resíduos de grande pavor.

A bela mulher sentou-se junto dele e acariciou-lhe os cabelos num gesto amoroso. Depois, então lhe disse, meigamente:

— Eles se foram. Nós libertamos você! Não pense mais nisso; agora vai morar conosco, pois somos a sua família, compreende? Você está completamente livre e longe da Alemanha. Mas, não faça perguntas, pois em breve estaremos em casa, entre amigos e protetores.

Isaac quis beijar-lhe a mão, mas ela apertou-o entre seus braços, despertando-lhe imenso júbilo, além de uma expansividade tão intensa, que julgou crescer, crescer sempre num impulso libertador de sua própria forma de menino torturado. Sob estranho sentimento, parecia-lhe que alguém morava dentro de sua alma e conhecia a maravilhosa mulher a seu lado. Mas, o indo-egípcio fitou-o bem dentro dos olhos, de modo cordial e enérgico; Isaac sentiu-se dominado por suave torpor e depois foi se aquietando, pouco a pouco, terminando por adormecer sob a mais doce sensação de paz e ventura. Voava pelo céu e fugia, fugia incessantemente da escuridão tenebrosa, das mãos

---

30 — Amuh-Ramaya é entidade graduada pela iniciação hindu e egípcia, conhecedor profundo da psicologia das duas raças e familiar dos protagonistas.

ferozes que o perseguiam e dos gritos e blasfêmias, que o chamavam de "renegado", "renegado".[31]

Em seguida, o grupo de almas resplandecentes empreendeu o vôo majestoso, ascencionando esbatido pelos fulgores topazinos e carminados do Sol astralino brilhando no poente, enquanto Swen, seus "wikings", com outras falanges, de espíritos em missão defensiva na Crosta, acenavam num longo adeus.

O grupo compunha-se de quinze espíritos volitando numa policromia de cores e luzes. Eram seis mulheres tão formosas como as fadas e nove homens belos, imponentes e serenos. A mais bela entre as mulheres, cujo perfil grego envolvia-se num traje lirial adornado de arabescos dourados sob um manto azul-claro de estrelas prateadas, sustinha nos braços um menino adormecido. Algum tempo depois, surgiu-lhes à frente o conhecido e formoso "Anfiteatro das Papoulas", refulgindo entre cintilações róseas e lilases sob a luz astralina. Centenas de espíritos de vários matizes, raças, cores e luzes ali se aglomeravam em torno de um tapete confeccionado de flores vivas e veludosas, em cujo centro distinguia-se a frase colorida: "Benvindo o filho redimido do Senhor!"

Descendo num ângulo reto sobre o maravilhoso colchão de flores e finalizando o seu vôo longínquo desde a Crosta, os quinze espíritos pousaram no solo arminhado, enquanto Cíntia — a formosa grega — depositava carinhosamente o fardo precioso do menino Isaac. Os presentes, jubilosos, curvaram-se para o rosto daquele menino que passou a refulgir sob os matizes safirinos, lilases e róseos do ambiente, na fascinante combinação das cores áuricas de todos.

Sob a fragrância das flores odoríferas que matizavam o tapete atraente e florescente, a configuração perispiritual do menino adquiria um tom creme luminescente e, depois, evoluía para uma cor de laranja madura até esmaecer num colorido topazino, vivíssimo e emoldurando-se pelo róseo-lilás.

Apolônio — o venerável velhinho — acompanhava atentamente a metamorfose das cores em torno do menino adormecido. Em seguida, levantou a cabeça e, apontando Isaac, disse aos demais espíritos:

— Ainda predomina algo do matiz que define a mente

---

31 — No transe da recuperação energética, Isaac captava, através da mente poderosa, a reação furiosa dos seus próprios camparsas que abandonara pela redenção espiritual.

... uma Proposta de Luz

egoísta ou ambiciosa, nos seus reflexos do alaranjado um tanto obscuro. Mas, louvemos o Senhor, porque o rendilhado róseo-lilás não é apenas refulgência do nosso ambiente, pois já atinge-lhe a fonte carmim e violeta no tórax. O amarelo intelectivo também se mostra bem claro, comprovando a sabedoria, norteando-se para fins nobres.

Apolônio terminou sua descrição dizendo com visível emoção: — Aliás, a ternura e humildade já fizeram moradia no coração dele![32]

Levantou os braços e cerrando os olhos, convidou todos à breve saudação:

— "Senhor, Criador do Cosmo e Pai boníssimo; os pensamentos e as palavras jamais poderão exprimir a nossa ventura espiritual neste momento, ante a redenção de mais um dos nossos queridos familiares purificados na carne sob o processo justo e lógico da dor. Ave, Senhor! Mil graças pelo ingresso do novo servidor da Luz nas fileiras do Cordeiro!"

Setas luminescentes, como um chuveiro flamívolo, desciam do Alto atingindo a fronte daquelas almas formosas, cuja prece breve, mas eloqüente, avivara-lhes os fulgores do mais puro carmim emoldurado pelos eflúvios argênteos em suas auras sublimes. Apolônio subiu ao estrado castanho claro luminoso e, fazendo um gesto cordial, assim se expressou:

— Meus irmãos! Acabamos de usufruir mais um momento incomum em nossa vida espiritual, pelo retorno dos oito réprobos familiares redimidos na carne humana. Enquanto isso, Adolf Hitler continua alastrando o fogo tenebroso da guerra na face do orbe terráqueo. Milhares de criaturas ainda expiam o carma coletivo desde os tempos bíblicos, sofrendo sob os nazistas as dores e tragédias que semearam imprudentemente no

---

32 — Na Cromática astralina, as mesmas cores podem identificar dois extremos de graduação espiritual, variando conforme a claridade, brilho e opacidade. Assim, o verde sujo representa ciúmes e o verde ardósia a falsidade baixa, enquanto o verde claríssimo, brilhante, identifica tolerância, tato, adaptabilidade ou sabedoria do mundo. O amor sensual e grosseiro pode se exprimir por um carmim escuro e opaco, enquanto o rosa claro e brilhante define elevada forma de amor. O azul-escuro, sujo, interpreta a religiosidade interesseira e censurável, mas o claro luminoso demonstra sentimento religioso elevado e alta espiritualidade. Na própria concepção do mundo físico, o preto é a cor negativa representando o ódio, a malícia e a vingança, combinadas ao tom vermelho chamejante. O branco, no entanto, é a pureza de coração. Em verdade, o preto, o encarnado chamejante ou amarelo violento dominam nos planos inferiores; no entanto, o verdadeiro amarelo claríssimo e formoso define a iluminação espiritual, enquanto a cor do sétimo princípio, que é o espírito, é absolutamente branca e inimaginável para o homem.

216   Ramatís...

passado. Agora envergam o traje carnal de judeus travestidos de mulheres, crianças, moços e velhos, sucumbindo atrozmente nos "guettos" incendiados, muros de fuzilamento, estertores da fome e nas câmaras de gases dos campos de concentração. Mas, acertam seus débitos com a própria contabilidade terrícola e limpam sua contextura perispiritual da carga tóxica da "maldade" para, depois, comparecerem devidamente asseados ao banquete eterno da Casa do Senhor.

E, apontando Isaac, o menino adormecido sobre o tapete de flores, situado a alguns passos do formoso lago guarnecido de papoulas cintilando num fogaréu rutilante, Apolônio exclamou comovido:

— Eis o mais feroz dos réprobos, agora glorificado pelos tormentos da retificação cármica, graças à ação centrífuga das próprias energias sublimes do espírito imortal. Expeliu a carga tóxica, desintegrou crostas petrificadas pela ambição, orgulho e crueldade, eliminou venenos mentais nutridos pela revolta ou vingança. Agora situa-se além do domínio implacável da "mente instintiva"[33] que já lhe foi bastante útil na formação humana, mas doravante deve ser "dirigida" pelo discernimento da consciência espiritual. A mente instintiva coordena a organização do mineral, vegetal, animal e humana, porém, queridos irmãos, só a "mente espiritual" governa o esquema definitivo do anjo.

Apolônio cessou de falar, comovido por suas próprias palavras, e depois continuou traindo um suspiro de pesar:

— Malgrado a campanha hostil e destruidora encetada por Othan, Sumareji e El Zorian, eles fracassaram nas suas investidas maquiavélicas e os oito réprobos, seus comparsas de outrora, puderam cumprir integralmente o programa redentor. Algemados ao mármore frio da vivissecção sob o guante dos nazistas, não puderam fugir das provas redentoras e resgataram suas "horas culposas" desde os milênios findos. Mas, também proporcionaram ao mundo físico as vacinas descobertas nas suas próprias entranhas esfrangalhadas, salvando milhares e milhares de outras criaturas, e assim compensando, no futuro, o passivo das trucidações pregressas. Sob a lei de que o espírito há de pagar até o "último ceitil" e "colher segundo a semeadura", os nossos réprobos devolveram em "bônus-sal-

---

33 — Vide a excelente obra *Quatorze Lições de Filosofia Yogi*, sobre o assunto no cap. "Os Princípios Mentais", editada pela Editora Pensamento, de Yogi Ramacharaka e compêndio utilíssimo aos estudiosos da vida imortal.

... uma Proposta de Luz

vação" o montante de vidas destruídas nas tropelias insanas da bestialidade guerreira. Doravante, poderão prosseguir na ascese espiritual com melhores ensejos de aprendizado e na vivência mais íntima com a fonte eterna do Criador.

Descendo do estrado, Apolônio ultimou:

— Caros irmãos, agora partiremos com a nossa última carga preciosa para "Bem-aventurança" e aguardaremos os desvencilhamentos das formas infantis dos réprobos torturados na Crosta, até vê-los despertarem conscientes e felizes, depois da prova cruel redentora. Esqueçamos a Atlântida, Lemúria, Babilônia, Assíria, Indo-china, Egito e a própria Grécia, que foram palcos de morticínios, vinganças, ambições e tropelias dos nossos familiares, para mobilizarmos todos os nossos esforços e energias espirituais no sentido de sua breve redenção.

Após silêncio emotivo e brilho saudoso nos olhos, todos seguiram lentamente pela formosa alameda ladeada de flores pequeninas, semelhantes a minúsculas chávenas de chá, brincos de rubis e ametistas, arabescos e jóias dos mais variados feitios e cores, que resplandeciam em fulgores lucíferos à sua passagem. Cíntia curvou-se para o tapete florido e ergueu nos braços fulgentes o menino adormecido, mostrando-se enrubescida ante o olhar majestoso de Apolônio, que lhe seguia os movimentos ternos. Mirando Isaac, o judeuzinho tão sacrificado nos experimentos tenebrosos dos médicos nazistas de Auschwitz, ela então exclamou, feliz:

— Querido Apolônio, eu só imagino como Sesóstri deve estar belo depois de redimido e desvencilhado da figura transitória infantil de Isaac.

E, num suspiro amoroso, que lhe avivou o róseo-carmim da aura, aduziu:

— Mesmo rebelde e agressivo, ele já era tão atraente!

Quando todos desapareceram no seio da cerração fulgente, atrás do portal de "Bem-aventurança", expluíram, no ar, flocos de luzes douradas rebentando em cores inacessíveis à mais aguçada visão humana. Semelhante a uma noite feérica de fogos de artifícios, inimaginável na Crosta terráquea pela suprema beleza, iniciava-se a festividade sideral pelo retorno de mais um "filho pródigo" à Casa do Pai.

A Missão do Espiritismo

Capítulo 1
A missão do espiritismo

PERGUNTA: — Conforme afirmam os espíritas, o espiritismo é realmente a doutrina mais compatível com a evolução do homem atual?

RAMATÍS: — O espiritismo é a doutrina mais própria para o aprimoramento espiritual do cidadão moderno. Os seus ensinamentos são compreensíveis a todos os homens e ajustam-se perfeitamente às tendências especulativas e ao progresso científico dos tempos atuais. É o Consolador da humanidade prometido por Jesus. Cumpre-lhe a missão de incentivar e disciplinar o "derramamento da mediunidade pela carne", estimulando pelas vozes do Além as lutas pela evolução moral dos seres humanos. Assim, através de médiuns, os espíritos sábios, benfeitores e angélicos, ensinam as coisas sublimes do "Espírito Santo", conforme a predição evangélica.[1]

PERGUNTA: — Mas é evidente que antes da codificação espírita os homens também se redimiam através de outras doutrinas, filosofias e religiões. Não é assim?

RAMATÍS: — Indubitavelmente, a maior parte das almas

---

1 — "Se me amais, guardai os meus mandamentos; e eu rogarei a meu Pai e Ele vos enviará outro Consolador, a fim de que fique eternamente convosco o Espírito da Verdade, que o mundo não pode receber, porque não o vê e absolutamente não o conhece. Mas quanto a vós conhecê-lo-eis, porque ficará convosco e estará em vós. Porém, o Consolador, que é o Santo Espírito que meu Pai enviará em meu nome, vos ensinará todas as coisas e vos fará recordar tudo o que vos tenho dito". João, 14: 15, 16, 17 e 26). Vide, também, o Capítulo "Missão do espiritismo", da obra *Roteiro*, de Emmanuel.

que compõem a humanidade celestial jamais conheceu o espiritismo e ainda provieram de outras doutrinas religiosas, como hermetismo, confucionismo, budismo, judaísmo, islamismo, hinduísmo, catolicismo e outras seitas reformistas. Aliás, algumas dessas religiões nem ouviram falar de Jesus, o sintetizador dos ensinamentos de todos os precursores. Desde o início da civilização humana, as almas evoluíram independentemente de quaisquer doutrinas, seitas ou religiões. O caminho da "salvação" é feito pela ação em prol do **bem** e não pela crença do adepto.

PERGUNTA: — Considerando-se que o homem salva-se mais pelas suas obras do que pela sua crença, então qual é o papel mais evidente do espiritismo?

RAMATÍS: — Sem dúvida, explicar aos homens o mecanismo da ação e reação que rege o Universo. O Bem será o bem e o Mal será o **mal**! Isso induz o homem a só praticar boas obras!

PERGUNTA: — Qual é o principal motivo de o espiritismo superar os demais movimentos religiosos do século?

RAMATÍS: — O espiritismo é doutrina mais eletiva à mente moderna porque é despido de adornos inúteis, complexidades doutrinárias, posturas fatigantes ou "tabus" religiosos. Os seus ensinamentos são simples e diretos, sem cansar os discípulos ou fazê-los perder precioso tempo na busca da Verdade. A hora profética dos "Tempos Chegados" já não comporta doutrinas ou religiões subordinadas a símbolos, ritos, superstições e alegorias dogmáticas de caráter especulativo.

PERGUNTA: — Qual é a principal força atrativa do espiritismo sobre o povo?

RAMATÍS: — É a generalização e o esclarecimento das atividades do mundo oculto para as massas comuns, na forma de regras simples e atraentes, proporcionando a iniciação espiritual à "luz do dia", de modo claro e objetivo, sem terminologias dificultosas ou linguagem iniciática, pois aprende o sábio e o homem comum, o velho e a criança. Os seus fundamentos doutrinários são a crença em Deus, a Reencarnação e a Lei do Carma, constituindo processos e ensejos para o aperfeiçoamento do espírito imortal.

PERGUNTA: — Porventura, o espiritismo não é doutrina

eletiva somente aos ocidentais, isto é, a uma parte da humanidade?

RAMATÍS: — As raízes doutrinárias do espiritismo fundem-se com o conhecimento da filosofia espiritual de todos os povos da Terra, como seja a Reencarnação e a Lei do Carma. Por isso, compreendem-no, facilmente, os chineses, hindus, árabes, africanos, latinos, germânicos, eslavos ou saxões. Os próprios judeus, tão arraigados aos dogmas e preceitos mosaístas, ingressam no espiritismo, ajustam-se às práticas mediúnicas e aos seus objetivos filantrópicos. Além de doutrina facilmente assimilável a qualquer criatura, a sua mensagem ajusta-se mais a todos os homens, porque também estuda e disciplina os fenômenos mediúnicos, que são comuns a todas as raças terrícolas. A fenomenologia mediúnica tem sido acontecimento comprovado por todos os povos e civilizações como as da Atlântida, Lemúria, China, Hebréia, Egito, Pérsia, Caldéia, Cartago, Assíria, Grécia, Babilônia, Índia, Germânia ou Arábia. Comprova-se isto pela sua história, lendas ou pelo seu folclore, cujos fenômenos foram evidenciados até nos objetos e nos propósitos guerreiros dos povos mais primitivos. Os escandinavos, principalmente os vikings, narram seus encontros com bruxas, sereias, e entidades fascinadoras, que surgiam das brumas misteriosas perseguindo-os durante as noites de lua cheia. As histórias e as lendas musicadas por Wagner em suas peças sinfônicas ou óperas magistrais confirmam o espírito de religiosidade e a crença no mundo invisível por parte dos povos germânicos e anglo-saxões. Eles rendiam sua homenagem aos deuses, gênios, numes e os consideravam habitantes de um mundo estranho, muito diferente do que é habitado pelos homens. As lendas brasileiras também são férteis de fenômenos mediúnicos. No cenário das matas enluaradas surge o "boitatá" lançando fogo pelas narinas; nas encruzilhadas escuras aparece o fantasmagórico "saci-pererê", saltitando numa perna só e despedindo fulgores dos olhos esbraseados; na pradaria sem fim, corre loucamente a "mula-sem-cabeça", ou na penumbra das madrugadas nevoentas, os mais crédulos dizem ouvir os gemidos tristes da alma do "negrinho do pastoreio".

PERGUNTA: — Que significa a iniciação à "luz do dia", popularizada pelo espiritismo no conhecimento do mundo oculto?

RAMATÍS: — Antigamente as iniciações espirituais eram

... uma Proposta de Luz

secretas e exclusivas das confrarias esotéricas, cujas provas simbólicas e até sacrificiais serviam para auferir o valor pessoal e o entendimento psíquico dos discípulos. Mas os candidatos já deviam possuir certo desenvolvimento esotérico e algum domínio da vontade no mundo profano, para então graduarem-se nas provas decisivas. Deste modo, o intercâmbio com os mestres ou espíritos desencarnados só era permissível aos poucos adeptos eletivos às iniciações secretas.

No entanto, o espiritismo abriu as portas dos templos secretos, eliminou a terminologia complexa e o vocabulário simbólico das práticas iniciáticas, transferindo o conhecimento espiritual diretamente para o povo através de regras e princípios sensatos para o progresso humano. Divulgando o conhecimento milenário sobre a Lei do Carma e a Reencarnação, demonstrou ao homem a sua grave responsabilidade pessoal na colheita dos frutos bons ou maus da sementeira da vida passada. Extinguiu a idéia absurda do Inferno que estimulava virtudes por meio de ameaças de sofrimentos eternos, mas advertiu que mais se salva o homem pelas suas obras do que por sua crença. Esclareceu que ninguém consegue a absolvição dos seus pecados à hora extrema da morte, através de sacerdotes, pastores ou mestres arvorados em procuradores divinos. O céu e o inferno são estados de espírito decorrentes do bom ou do mau viver. Em verdade, o próprio homem é o responsável pela sua glória ou falência.

No século XX, o discípulo evolui pelas provas iniciáticas que se lhe apresentam a todo momento na vida cotidiana, sem necessidade de recolher-se a instituições, conventos ou fraternidades iniciáticas. O treinamento do espírito deve ser exercido no convívio de todas as criaturas, pois sofrimentos, fracassos, vicissitudes ou misérias do mundo são lições severas e argüições pedagógicas do Alto, que graduam o ser conforme o seu comportamento. Não é preciso o homem isolar-se do mundo numa vida puramente contemplativa, a fim de alcançar a sabedoria espiritual que o próprio mundo oferece na experimentação cotidiana. O discípulo diligente e disciplinado na argüição espiritual da vida moderna promove-se para nível superior sabendo aproveitar cada minuto de sua vivência atento aos postulados espíritas e submisso aos preceitos evangélicos de Jesus.

222   Ramatís...

PERGUNTA: — Poderíeis dar-nos alguns exemplos práticos dessa iniciação à "luz do dia"?

RAMATÍS: — É evidente que os homens freqüentam igrejas católicas, templos protestantes, sinagogas judaicas, mesquitas muçulmanas, pagodes chineses, santuários hindus, centros espíritas, "tatwas" esotéricos, lojas teosóficas, fraternidades rosa-cruzes ou terreiros de umbanda, buscando o conhecimento e o conforto espiritual para suas almas enfraquecidas. Mas o seu aperfeiçoamento não se processa exclusivamente pela adoração a ídolos, meditações esotéricas, interpretações iniciáticas, reuniões doutrinárias ou cerimoniais fatigantes. Em tais momentos, os fiéis, crentes, adeptos, discípulos ou simpatizantes só aprendem as regras e composturas que terão de comprovar diariamente no mundo profano. Os templos religiosos, as lojas teosóficas, confrarias iniciáticas, instituições espíritas ou tendas de umbanda guardam certa semelhança com as agências de informações, que fornecem o programa das atividades espirituais recomendadas pelo Alto e conforme a preferência de determinado grupo humano.

Mas as práticas à "luz do dia" graduam os discípulos de modo imprevisto porque se exercem sob a espontaneidade da própria vida dos seres em comum. Aqui, o discípulo é experimentado na virtude da paciência pela demora dos caixeiros em servirem-no nas lojas de compras, ou pela reação colérica do cobrador de ônibus; ali, prova-se na tolerância pela descortesia do egoísta que fura a "fila" de espera, ou pela intransigência do fiscal de impostos ou de trânsito; acolá, pela renúncia e perdão depois de explorado pelo vendeiro, insultado pelo motorista irascível ou prejudicado no roubo da empregada.

Assim, no decorrer de nossa atividade humana, somos defrontados com as mais graves argüições no exame da paciência, bondade, tolerância, humildade, renúncia ou generosidade. Fere-nos a calúnia dos vizinhos, maltrata-nos a injustiça do patrão, magoa-nos a brutalidade dos desafetos, ou somos explorados pelo melhor amigo. É o espiritismo, portanto, com sua doutrina racional e eletiva à mentalidade moderna, que pode ensinar-nos a melhor compostura espiritual no momento dessas provas iniciáticas à "luz do dia", sem complexidades, mistérios ou segredos. É tão simples como a própria vida, pois no seio da agitação neurótica e competição desesperada para a sobrevivência humana, o homem do século XX decora os programas

... uma Proposta de Luz

salvacionistas elaborados no interior dos templos religiosos ou instituições espiritualistas, para depois comprová-los nas atividades da vida cotidiana.

PERGUNTA: — Muitos espíritas alegam que o espiritismo deve ser predominantemente científico, e não religioso, como o fazem os pregadores evangélicos lacrimosos. Aliás, baseiam-se nas próprias palavras de Allan Kardec, quando disse: "O espiritismo será científico ou não sobreviverá". Que dizeis?

RAMATÍS: — O espiritismo filosófico e científico pode satisfazer a especulação exigente do intelecto, mas só o Evangelho ilumina o coração do homem. Lembremos que apesar do cuidado e atenção à contextura e capacidade da lâmpada elétrica, nem por isso ela dispensa a luz que lhe vem da usina.

Por isso, Allan Kardec fundamentou a codificação espírita na moral evangélica, certo de que a pesquisa científica pode convencer o homem da sua imortalidade, mas só o Evangelho é capaz de convertê-lo à linhagem espiritual do mundo superior. A missão do espiritismo não consiste apenas em comprovar a vida imortal, mas também consolar o espírito, acendendo-lhe a luz na lâmpada da consciência para depois iluminar o próprio mundo.

PERGUNTA: — Naturalmente, esses espíritas temem uma vulgarização religiosa do espiritismo à semelhança do que já aconteceu com a pureza iniciática do cristianismo, desvirtuado pela pompa do catolicismo e infantilizado pelos dogmas bíblicos.

RAMATÍS: — Considerando-se que o espiritismo codificado por Allan Kardec não admite imagens, culto material, simbolismos cabalísticos, insígnias, paramentos ou organizações hierárquicas, é evidente que sua mensagem espiritual não será vulgarizada por sectarismos religiosos nem desfigurada pelos enfeites e cerimoniais do mundo. Não exige templos apropriados para a adoração estandardizada com a Divindade, mas admite a reunião evangélica no próprio lar ou abrigo à mão, sob a recomendação do Mestre Jesus, que assim diz: "Onde estiverem dois ou mais reunidos em meu nome, eu ali também estarei em espírito".

Desde que Ciência é sinônimo de pesquisa e exatidão, o espiritismo é predominantemente científico, pois além de sua pesquisa incessante sobre a vida oculta, distingue-se pela exatidão dos seus princípios claros e insubstituíveis porque não dependem de fórmulas, dogmas ou fantasias religiosas. Ademais, não há sacerdotes ou instrutores intermediários interpretando de modo pessoal ou interesseiro os ensinamentos espiritistas, como é o caso da Bíblia, fonte de centenas de seitas religiosas discutindo de modo diferente os mesmos versículos.

PERGUNTA: — Opinam alguns espiritualistas que o espiritismo não revelou qualquer novidade digna de admiração, pois a Lei do Carma e a Reencarnação já eram postulados das filosofias orientais há milênios. Que dizeis?

RAMATÍS: — Sem dúvida, o espiritismo apenas popularizou, de modo disciplinado e bastante fácil para a mente moderna, os conhecimentos que se estiolavam na intimidade dos templos fraternistas, velados por dificultosa terminologia iniciática. Mas também rejeitou tudo o que se mostrava incoerente, complexo ou passível de interpretações dúbias, embora simpático às diversas correntes do orientalismo iniciático. A codificação espírita transformou-se num copo de água límpida e sem qualquer colorido particular, perfeitamente eletiva à mentalidade ocidental e avessa aos adornos e superstições do agrado oriental.

Allan Kardec adotou o método indutivo nos seus experimentos; e sua doutrina também brotou diretamente da observação dos fatos. Os postulados espíritas não são fruto direto das tradições de qualquer escola do espiritualismo oriental, pois o codificador não aceitou nenhuma afirmação apriorística, mas partiu da própria demonstração positiva para definir seus princípios doutrinários.

PERGUNTA: — Poderíeis indicar-nos algo que Allan Kardec achou incoerente ou tenha rejeitado quanto às correntes espiritualistas do Oriente?

RAMATÍS: — De princípio ele rejeitou o dogma da "metempsicose", quando egípcios e hindus admitiam a transmigração da alma para o corpo de animal, como castigo pelos pecados mais graves cometidos pelo homem em vidas pregressas. Os sacerdotes ensinavam ao povo que o espírito encarnaria na espécie mais adequada ao tipo do seu pecado; o glutão nasceria no porco, o irascível, no touro, o bruto, no elefante, o teimoso, no asno. No entanto, Allan Kardec não só rejeitou

... uma Proposta de Luz

225

esse postulado explicando que o espírito não retrograda, como também não admitiu a concepção reencarnacionista do bramanismo, com sua orgulhosa divisão de castas aristocráticas e sacerdotais, ressaltando-se sobre a desprezível condição deserdada dos párias.

Realmente, o espiritismo não trouxe revelações inusitadas no campo da Reencarnação e da Lei do Carma, já expostas milenariamente pelas escolas orientais; mas Allan Kardec só adotou tais ensinamentos ou postulados depois de submetê-los à opinião saneadora e unânime dos espíritos a serviço da doutrina. Só os admitiu obediente à coerência do Alto e pela sensatez na solução dos problemas do mundo transcendental, quando confirmaram satisfatoriamente a origem das diferenças entre os seres humanos, a consciência de existir, o destino, o livre-arbítrio, o bem e o mal na transitoriedade da vida terrena.

PERGUNTA: — Há fundamento de que o espiritismo é realmente uma doutrina universalista?

RAMATÍS: — Indubitavelmente, o espiritismo é doutrina universalista porque o principal motivo de sua atuação e existência são os acontecimentos e problemas derivados do espírito, isto é, da entidade universal. Seu motivo fundamental é o espírito imortal, seja luz, energia, chama, centelha ou ser imponderável e indescritível ao nosso entendimento humano, mas sempre o "élan" de nossa consciência com o Absoluto, o alimentador da Vida e do Universo.

PERGUNTA: — Mas se o espiritismo é doutrina universalista, por que determinados espíritas combatem outros credos, filosofias ou mensagens mediúnicas, inclusive até as vossas comunicações mediúnicas?

RAMATÍS: — Repetimos: O espiritismo é universalista, mas não lhe cabe a culpa se muitos espíritas desmentem essa salutar conceituação e desperdiçam seu precioso tempo no julgamento e agressividade mental aos demais trabalhadores da espiritualidade.

PERGUNTA: — Mas alguns confrades alegam a necessidade imperiosa de se "defender" os princípios sensatos do espiritismo, evitando-se a promiscuidade das misturas e sincretismos religiosos.

RAMATÍS: — O argumento é bastante débil, pois o que é invulnerável à influência ou agressão alheia jamais precisa de defesa. A roseira plantada em qualquer terreno continua a dar rosas, sem o perigo de produzir batatas ou limões. Evidentemente, muitos espíritas ainda revivem, em modernas sublimações, os dogmas dos velhos credos que esposaram nesta ou em reencarnações passadas. Revelam no meio espírita a mesma intolerância religiosa, a sisudez pessimista e má disposição para com as idéias e labores alheios que ultrapassem as fronteiras de suas convicções e simpatias. Reproduzem sob novos aspectos doutrinários o mesmo vício de excomunhão do passado, embora sejam cultos ou cientes de mais avançado programa espiritual. O perigo de dissolução doutrinária do espiritismo, em face de conceitos ou misturas estranhas, há de desaparecer se os espíritas estiverem integrados e convictos dos postulados doutrinários de raízes indestrutíveis. Só a convicção absoluta pode afiançar a "fé que remove montanhas"; só uma fé viva, contínua e forte, sustenta qualquer ideal, e essa espécie de fé também recomendamos para os espíritos temerosos de confusão.

PERGUNTA: — Mas o espiritismo não se contradiz no seu universalismo, ao rejeitar qualquer aproximação de outros credos ou postulados espiritualistas?

RAMATÍS: — Naturalmente, estamos nos referindo ao universalismo que é fruto da convicção cimentada na cultura e no discernimento espiritual do homem, e não a simples ajustes de credos, princípios religiosos, práticas diversas, ou variedade de crenças. O espiritismo é uma doutrina universalista, porque se coloca acima dos conflitos e das contradições religiosas, julgando as atividades humanas de modo global e benfeitor.

Ademais, expõe o conhecimento oculto de todos os povos, sem atavios, em linguajar simples e sem enigmas alegóricos; o seu texto moral e filosófico pode ser facilmente compreendido por todos os seres e sem ferir os postulados alheios.[2] Então comprova o seu sentido universalista por servir e compreender todas as criaturas em todas as latitudes geográficas. Pelo fato de não incorporar no seu conteúdo revelações ou conceitos de outras fontes espiritualistas, isso não desnatura o seu conceito de universalismo. Em verdade, evita-se o sincretismo religioso

---

2 — Vide o Capítulo "Missão do espiritismo", da obra *Roteiro*, de Emmanuel, ditado a Chico Xavier.

... uma Proposta de Luz

ou doutrinário, para não tornar fatigante e complexo o que já foi dito de modo tão simples.

PERGUNTA: — Ante os esforços ecléticos de unir outras religiões, como procede atualmente o catolicismo através dos seus concílios ecumênicos, o espiritismo ainda deve ser considerado universalista, malgrado se mantenha à margem de tais iniciativas?

RAMATÍS: — É missão do espiritismo conjugar os valores inerentes à imortalidade e despertar nos homens a simpatia e o respeito para todas as crenças e instituições religiosas do mundo, acendendo na alma dos seus prosélitos a chama ardente do desejo da busca comum da Verdade. É mensagem universalista porque valoriza todos os esforços do ser humano em favor do Bem e da compreensão espiritual, numa visão global do conhecimento, sem precisar juntar credos e seitas religiosas numa fusão improdutiva e que baixa a qualidade original pela confusão da mistura.

Universalismo não é apenas a colcha confeccionada com retalhos de todas as religiões e doutrinas espiritualistas, mas o entendimento panorâmico dos costumes, temperamentos e sentimentos religiosos de todos os homens a convergir para um só objetivo espiritual.

PERGUNTA: — Que dizeis do espiritismo, ante a crítica de certos movimentos espiritualistas orientais, que o julgam doutrina prematura e até perigosa para a massa popular?

RAMATÍS: — Embora a doutrina espírita divulgue em seus postulados velhos ensinamentos da tradicional filosofia espiritualista do Oriente, é certo que a teosofia, a rosa-cruz e algumas instituições esotéricas criticam desairosamente o espiritismo e desaconselham as práticas mediúnicas. Alegam que o exercício da mediunidade é arma de dois gumes, que coloca o médium sob o perigoso controle dos espíritos malfeitores e enfermos do mundo invisível.

Realmente, o uso da mediunidade exige prudência, estudo e rigorosa elevação moral, pois as anomalias psíquicas, como fascinações, obsessões ou comunicações mediúnicas desregradas, são mais próprias da ignorância e imprudência humana do que oriundas dos postulados espíritas.

O espiritismo, além de ser um sistema filosófico disciplinado e de experimento científico, possui a garantia moral do Evangelho de Jesus. Lógico e sensato nos seus princípios, em cem anos de atividades doutrinárias jamais causou prejuízos diretos aos estudiosos e adeptos bem-intencionados. Os seus ensinamentos facilmente compreensíveis e sem objetivos pessoais, foram corporificados para a emancipação espiritual da humanidade do século XX.

PERGUNTA: — Há quem diga que o espiritismo não é a "Terceira Revelação" tão propalada pelos espíritas e prometida há dois mil anos pelo Cristo-Jesus.

RAMATÍS: — Evidentemente, Antúlio, Anfión, Numu, Orfeu, Pitágoras, Lau-Tsé, Fo-Hi, Zoroastro, Maomé, Confúcio, Crisna, Buda e outros mensageiros do Alto, também foram reveladores da Verdade Espiritual e portadores de ensinamentos incomuns, atendendo as necessidades e os costumes de cada raça. De suas atividades nasceram crenças, doutrinas, confrarias iniciáticas, seitas religiosas e movimentos filosóficos, que ainda hoje ramificam-se pelo mundo e são alheias ao próprio espiritismo.

PERGUNTA: — Porventura essa "Terceira Revelação" não é o próprio fenômeno da mediunidade a "derramar-se pela carne dos homens", na época predita por Jesus?

RAMATÍS: — O fenômeno mediúnico é inerente a todos os homens. É próprio do espírito humano e por isso existe desde os tempos simbólicos de Adão e Eva. A expansão mediúnica não é propriamente a "Terceira Revelação", mas é o espiritismo, no seu conjunto doutrinário de **revelar** o mundo oculto a todos os homens, e na responsabilidade grave de pesquisar e controlar o desenvolvimento mediúnico.[3]

PERGUNTA: — Quais são as principais características que então justificam a doutrina espírita como sendo a "Terceira Revelação"?

RAMATÍS: — O espiritismo é realmente a "Terceira Revelação", porque a sua mensagem mediúnica do Alto, embora

---

3 — Aconselhamos a leitura da excelente obra mediúnica *Seara dos Médiuns*, de Chico Xavier, pelo espírito de Emmanuel, principalmente os capítulos: "Na Mediunidade", "Força Mediúnica", "Formação Mediúnica" e "Médiuns Transviados". Obra editada pela Federação Espírita Brasileira.

... uma Proposta de Luz   229

assemelhe-se ao procedimento dos demais reveladores e instrutores religiosos, distingue-se excepcionalmente pela incumbência de proceder a uma transformação radical no espírito da humanidade, assim como também já aconteceu às duas anteriores revelações de Moisés e Jesus.

A Primeira Revelação promulgou os "Dez Mandamentos" através da mediunidade flamante de Moisés, no Monte Sinai; a Segunda Revelação codificou o Evangelho pela vida sacrificial de Jesus. Em ambos os casos, foram movimentados recursos de elevada estirpe espiritual, que além de influírem decisivamente sobre a raça hebraica, ainda foram extensivos a toda a humanidade.

Examinando-se as mensagens de outros instrutores, afora as de Moisés e Jesus, verificamos que elas foram algo pessoais e dirigiram-se mais intencionalmente a povos, raças e seres, cujos costumes e temperamentos eram mais eletivos aos ensinamentos da época. Antúlio, o filósofo da Paz, predicou entre os atlantes; Confúcio pregou aos chineses; Orfeu particularizou-se nos ensinos do Alto aos gregos; Hermes aos egípcios; Buda aos asiáticos; Zoroastro aos persas; Crisna aos hindus. No entanto, as mensagens de Jesus e Kardec transcenderam a peculiaridade específica de raças e foram divulgadas sob caráter universalista, porque se endereçavam a toda a humanidade.

Os Dez Mandamentos, o Evangelho e a Codificação Espírita ultrapassam os preconceitos e os costumes racistas de qualquer povo, pois servem de orientação espiritual a todos os homens.

PERGUNTA: — Mas não havia diferenças de procedimento, costumes e moral na época de cada revelação, motivo por que não deve ser aplicado hoje o que só serviu outrora?

RAMATÍS: — Evidentemente, essas três revelações fundamentais ocorreram em épocas diferentes e de acordo com o entendimento intelectivo e psicológico dos povos. Mas os preceitos "não furtarás", "não matarás" e "honra pai e mãe", extraídos dos Dez Mandamentos de Moisés; os conceitos de "amarás ao próximo como a ti mesmo" ou "faze aos outros o que queres que te façam", de Jesus, e "fora do amor e da caridade não há salvação", de Allan Kardec, são, realmente, ensinos de natureza universalista, porque além de compreensíveis a todos os homens, doutrinam no mesmo sentido moral e independente

230   Ramatís...

de raças, credo ou costumes.

Embora também sejam mensagens espirituais algo semelhantes às de outros instrutores como Buda, Crisna ou Confúcio, elas aplicam-se a todo o gênero humano por estarem
despidas de alegorias, tradições, regras ou costumes peculiares
a certo povo. Ligam o passado ao futuro, em três etapas distintas, embora de acordo com a compreensão espiritual na época
de suas revelações. Estão identificadas pelo mesmo conteúdo
espiritual da humanidade, sem exclusivismos racistas ou sim-
bologia de iniciados.

A verdade é que após a revelação dos Dez Mandamentos
transmitidos por Moisés, do Evangelho vivido por Jesus e da
codificação do espiritismo por Allan Kardec, produziram-se
consideráveis transformações na humanidade. São realmente
três revelações que se distinguem fundamentalmente em suas
épocas, modificando a moral dos homens pela libertação gradativa das paixões inferiores e pelo conhecimento mais exato da
Vida Imortal.

*PERGUNTA: — Poderíeis esclarecer-nos melhor sobre o
sentido messiânico da primeira revelação?*

RAMATÍS: — Obedecendo ao esquema de progresso espiritual da humanidade terrena traçado pelos Mestres Siderais,
Moisés transmitiu pelos Dez Mandamentos a primeira revelação, a Lei da Justiça; Jesus foi o mensageiro da Lei do Amor
através do Evangelho, e Allan Kardec, o fiel expositor da Lei
do Dever, pela codificação do espiritismo.

A primeira revelação a cargo de Moisés foi de severa ameaça para tolher a ferocidade humana, advertindo a humanidade
dos castigos infernais que deveriam punir a rebeldia contra os
Dez Mandamentos. A humanidade, ainda bastante escravizada
aos instintos inferiores, não poderia modificar-se através de
conselhos e sugestões pacíficas. Por isso, a mensagem severa
de Moisés expunha os rigores da Justiça Divina, advertindo
os homens para pensarem demoradamente no castigo, antes
de pecar.

As catástrofes de Babilônia, Sodoma, Gomorra, Herculano
e Pompéia, depois ficaram na história como civilizações cas-
tigadas por um Deus, em face do aviltamento e deboche dos
homens no desrespeito às leis divinas.

... uma Proposta de Luz

PERGUNTA: — E qual é o sentido exato da segunda revelação?

RAMATÍS: — Sem dúvida, cada revelação identifica-se num sentido educativo do espírito do homem e no modo de conduzi-lo à realidade da vida eterna. A primeira revelação foi um imperativo para o céu, através do temor e da ameaça; a segunda revelação, foi um convite celestial, sob a insígnia da renúncia e do amor; a terceira revelação, o despertamento mental para que o homem alcance o "Éden", na construção do seu destino.

No entanto, a segunda revelação, por intermédio de Jesus de Nazaré, fez vibrar ainda mais os espíritos encarnados, que em vidas anteriores já haviam admitido seriamente as regras dos Dez Mandamentos da primeira revelação de Moisés. Jesus comunicou à humanidade nova expressão Divina, substituindo Jeová, deus irascível, guerreiro e vingativo, pela concepção agradável de Pai Magnânimo, doador de graças e providências, que deviam aliviar os enfermos, proteger os pobres e compensar os injustiçados. Moisés condenou sumariamente os pecadores e sob ameaça de terríveis castigos divinos proibiu o deboche, o paganismo, o orgulho, a inveja, a ira, a avareza, a preguiça e a perversidade. Mas Jesus trouxe a promessa do reino de Deus, com as esperanças e os consolos para todos os homens sofredores. Sua mensagem dizia respeito às criaturas batidas pelas vicissitudes e injustiças, as infelizes deserdadas de todos os bens do mundo. Os discípulos de Jesus eram as vítimas dos cruéis, poderosos e egoístas.

Enfim, Moisés atemorizou apontando pecados; e Jesus consolou valorizando as virtudes. No entanto, os espíritos que admitiram a primeira revelação dos Dez Mandamentos promulgados por Moisés, mais tarde, em novas encarnações, também vibraram intensamente com a mensagem divina e amorosa de Jesus, no seu admirável Evangelho.

PERGUNTA: — E qual é a significação da terceira revelação, atribuída ao espiritismo?

RAMATÍS: — Repetimos: Moisés revelou à humanidade a Lei da Justiça, Jesus a Lei do Amor e Allan Kardec a Lei do Dever. Kardec foi a inteligência e o bom senso codificando mensagem de emancipação do homem através do "conhecimento de si mesmo". Cada uma dessas revelações marca um ciclo ou época de amplitude universal na face do orbe terráqueo, embora continuem a existir inúmeros credos e doutrinas promulgadas por outros reveladores menores, peculiares ao temperamento, tradições e costumes de certos povos.

PERGUNTA: — Dissestes que os cristãos aceitaram mais facilmente a pregação evangélica de Jesus, porque em vidas anteriores já haviam se convertido aos Dez Mandamentos da revelação de Moisés. Não é assim?

RAMATÍS: — A evolução ou ascese angélica não se faz aos saltos, mas os espíritos encarnados submetem-se às diversas etapas de graduação espiritual, assim como as crianças só obedecem pela ameaça do castigo, os moços são mais acessíveis às sugestões e os velhos mais compenetrados de seus deveres.

Malgrado terem frenado seus instintos pelas ameaças de Moisés, os espíritos que vibraram favoravelmente com a revelação dos Dez Mandamentos, um milênio depois, também se mostraram mais afins ao convite evangélico de Jesus. Seria bastante incoerente, que os sarcásticos, indiferentes ou adversos aos Dez Mandamentos, depois aceitassem docilmente a mensagem terna do Evangelho de Jesus, sem admitirem antes a revelação de Moisés.

PERGUNTA: — Por que os homens ainda se odeiam e se matam, apesar das extraordinárias revelações de Moisés, Jesus e Kardec? Não houve progresso nessas três etapas revelativas?

RAMATÍS: — Trata-se de almas primárias, cuja sensibilidade psíquica ainda é insuficiente para vibrar com os ensinamentos avançados do Alto. Elas ainda predominam na Terra com o seu tipo inferior e reencarnam-se quase inconscientes de sua condição espiritual, pois vivem na Crosta sob os impulsos instintivos e desejos incontrolados. Ademais, à medida que se despedem da Terra os espíritos promovidos para habitarem outros planos superiores, logo são substituídos por novas camadas de almas primárias, assim como nas escolas do mundo os alunos graduados para o ginásio deixam suas vagas a outros candidatos incipientes.[4]

---

4 — É suficiente recordarmos o que praticou Hitler e seus asseclas na última guerra, afogando, metralhando e sufocando judeus nas câmaras de gases, para comprovarmos, realmente, que ainda vivem, na Terra, os mesmos espíritos do tempo de Moisés, cujos ouvidos ficam moucos às diversas mensagens do Alto.

... uma Proposta de Luz

Por isso, quando chega a fase seletiva de "fim de tempos" em cada orbe habitado, os espíritos relapsos ou alunos atrasados à "esquerda" do Cristo são removidos para outro mundo escolar primário, onde repetem as lições anteriormente negligenciadas. Nem todos os homens sentiram o convite do Alto através das três revelações espirituais tão importantes. Moisés proibiu intempestivamente o uso e o ato das coisas prejudiciais ao espírito, enquanto Jesus mostrava a transitoriedade das glórias do mundo, louvando o amor, a renúncia, a pobreza, a vicissitude, o perdão e o sofrimento, como condições favoráveis para a redenção do pecado humano e o ingresso do ser no Paraíso. Finalmente, Kardec revelou pela codificação espírita as noções do dever do espírito para consigo mesmo, encontrando os melhores cooperadores entre aqueles mesmos seres que já haviam obedecido à mensagem de Moisés e acorrido ao labor evangélico do Cristo-Jesus.

PERGUNTA: — Quereis dizer que os espíritas atuais, em sua maioria, são realmente egressos do cristianismo?

RAMATÍS: — A maior parte dos atuais líderes e trabalhadores do espiritismo, também obedeceram às normas dos Dez Mandamentos da primeira revelação, frenando os instintos inferiores. Mais tarde, pacificaram essas paixões iniciando o desenvolvimento de algumas virtudes louváveis sob a égide do Evangelho de Jesus. Atualmente, esse conjunto de almas sensíveis às duas primeiras revelações também convive no seio do espiritismo desenvolvendo o autoconhecimento e divulgando-lhe os preceitos sensatos e dignos.

Mas assim como o jardineiro precisa arrancar as ervas daninhas, que proliferam com desusado vigor asfixiando as flores delicadas e as plantas benfeitoras do jardim, o clima espiritual da Terra também requer o expurgo dos espíritos malfeitores, para favorecer o progresso mais breve das almas bem-intencionadas.

Os esquerdistas do Cristo, ou "ervas daninhas" espirituais, são os espíritos que não obedeceram aos Dez Mandamentos de Moisés, não acorreram ao Evangelho de Jesus, nem levam a sério o espiritismo de Kardec e outros movimentos espiritualistas benfeitores. Ainda são indiferentes à sua própria ventura espiritual, preocupados somente com os seus interesses inferiores e paixões animais. Em conseqüência, não se modificaram

234   Ramatís...

com as ameaças de Moisés, não vibraram com o convite de Jesus, nem se interessam pelos esclarecimentos do espiritismo sobre as obrigações morais do espírito eterno.

PERGUNTA: — O espiritismo poderia tornar-se um ecletismo religioso?

RAMATÍS: — É principalmente um movimento de solidariedade fraterna entre todos os homens. O espiritismo não é doutrina separatista, nem ecletismo religioso à superfície do espírito imortal. Apesar do louvável entusiasmo de alguns espíritas para a comunhão de seitas religiosas no seio da doutrina, a mistura heterogênea sempre sacrifica a pureza íntima da essência. A qualidade de substância espírita reduzir-se-ia pela quantidade da mistura de outros ingredientes religiosos, mas adversos.

O espiritismo pode ser ecletismo espiritual unindo em espírito todos os credos e religiões, porque também firmam suas doutrinas e postulados na realidade imortal. Mas seria insensato a mistura heterogênea de práticas, dogmas, princípios e composturas devocionais diferentes, entre si, para constituir outro movimento espiritualista excêntrico. Ademais, a doutrina espírita tem algo de bandeirantismo na lavratura do terreno para o "Mentalismo" do próximo milênio, porque é liberta de quaisquer dogmas, fórmulas, liturgias, idolatrias, fetiches ou sacerdócio ainda tão comuns nas atividades religiosas do mundo. Sua missão, enfim, é libertar o homem e não prendê-lo ainda mais às fórmulas e superstições do mundo carnal transitório.

PERGUNTA: — Mas o espiritismo, tal como já aconteceu a algumas crenças, também não poderia promiscuir-se nos seus princípios iniciáticos, adotando, no futuro, expressões semelhantes às de outras seitas dogmáticas?

RAMATÍS: — Se isso acontecer já não é espiritismo, porém, algum sincretismo religioso ou movimento excêntrico à margem da doutrina. Espiritismo puro é aquele que se pratica sob a disciplina dos seus preceitos doutrinários originais; qualquer interferência ou mistura que lhe tisne a virgindade iniciática, é desmentido flagrante à linhagem codificada por Kardec.

Allan Kardec não elaborou as regras e os postulados fundamentais da doutrina espírita, somente no decurso de sua última existência física, na França. Ele deu corpo disciplinado a

... uma Proposta de Luz 235

princípios espirituais que investigou e firmou na sua memória espiritual, após três milênios de várias encarnações anteriores vividas nas mais diversas latitudes geográficas do orbe.

No Egito do faraó Merneftá, ele foi Amenófis, médico estudioso do "Livro dos Mortos" e dos fenômenos do Além; na Índia, depois de aprofundar-se nos Vedas, desenvolveu o poder mental, e mais tarde foi conhecido como o "mestre do silêncio"; na Caldéia, viveu como Shiranosóstri, entre magos babilônicos e foi detentor de poderes mediúnicos excepcionais. A Grécia conheceu-o como elevado hierofante do Templo; viveu na Assíria e na Pérsia investigando os fenômenos das forças ocultas da Natureza; e participou das cerimônias dos Druidas nas florestas sagradas da Gália. Kardec pôde reviver no Espaço toda a sua trajetória iniciática vivida anteriormente nas diversas romagens terrenas, antes de partir para a Terra e se tornar Hippolyte-Léon-Denizard Rivail, o codificador do espiritismo.

Antes de sua existência na França, ele ainda viveu na Escócia, fazendo um estágio de repouso psíquico no contato com o mundo que lhe aguardava a síntese dos conhecimentos espirituais na codificação do espiritismo. Em sua alma, no entanto, ainda vibravam as evocações do politeísmo da Lemúria, as revelações dos gênios da Atlântida, os esforços infatigáveis dos mentores da raça adâmica, a peregrinação iluminada de Buda, os organizadores do povo judeu. Conviveu entre sacerdotes do Egito, iniciados da Índia dos Vedas, assimilando os fundamentos hermetistas, as práticas do bramanismo, o processo justo da Lei do Carma e o conhecimento da Reencarnação. Mais tarde, no Espaço, ainda peregrinou pelas regiões que serviram de cenário à vida do Sublime Jesus, acompanhando, comovido, no estudo e na pesquisa dos "arquivos siderais"[5] os surtos evolutivos do cristianismo.

As suas existências pretéritas já definiam o rumo da vida missionária, na França, traçando-lhe os primórdios de um grandioso plano espiritual elaborado pelo Alto, como foi, realmente, o espiritismo no século XX. A firmeza de intenções e a tenacidade indomável de Kardec, garantiram a divulgação da doutrina espírita no momento psicológico da compreensão mental do mundo ocidental e do intercâmbio proveitoso com o plano Invisível.

---

5 — Akhasa ou "Éter Refletor".

A superioridade da pedagogia espírita codificada por Kardec ressalta-se em favor da mais breve ascensão humana, porque os seus fundamentos não são produtos exclusivos da seleção de fenômenos observados numa só existência, mas a síntese de princípios sublimes investigados em diversas existências pretéritas.

PERGUNTA: — Podereis estender-vos mais sobre as romagens terrenas de Allan Kardec, quando pesquisava os fundamentos da codificação do espiritismo?

RAMATÍS: — As principais raízes do espiritismo perdem-se nos milênios já transcorridos, aprofundam-se em quase todos os templos iniciáticos do Oriente e nas cogitações espirituais de quase todos os povos. Renascendo na França e em contato com a força atrativa dos fenômenos de Além-túmulo, o genial codificador viu-se tomado por uma avalancha de idéias e recordações pregressas que o fizeram admitir sem qualquer dúvida a "Lei da Reencarnação" e a "Lei do Carma", como preceitos de carinhosa e longa familiaridade.

Sob o fascínio da evocação pretérita, na sua retina espiritual delineavam-se os vultos heráldicos dos sacerdotes de Ra e Osíris-Íris, no suntuoso culto aos "mortos que sobrevivem"; as figuras imponentes dos Druidas, no culto do Fogo Sagrado; a oferenda no seio das florestas dos gregos presidindo os mistérios de Elêusis, ou dos mistérios órficos da alma apurando-se nas vibrações da música celestial.

Hermes, Crisna, Lao-Tsé, Fo-Hi, Zoroastro, Rama, Buda e o divino Jesus influenciaram-lhe a alma poeticamente por algum tempo, embora Kardec tivesse nascido francês e se criado sob severa disciplina científica. Atuava-lhe na mente sensibilizada o passado de intensa atividade espiritual, a evocação de longa caminhada através de instituições espiritualistas e templos religiosos de todos os povos. O seu espírito, insaciável na busca da Verdade, havia perscrutado todas as fontes humanas da revelação espiritual, mas sempre se mostrava avesso às práticas excêntricas, fórmulas complicadas ou dogmas infantis. Sua bagagem milenária era constituída de valores tão exatos e preciosos, que na última existência francesa ele foi descrente até 50 anos de idade, porque ainda mostrava ojeriza pelas superstições e dogmas religiosos da época. Por isso, a segurança doutrinária do espiritismo firma-se exatamente no alicerce

... uma Proposta de Luz

milenário das pesquisas e experimentações de um espírito adulto e desassombrado, que ainda glorificou sua realização universalista pela adoção incondicional do "Código Moral" do Evangelho de Jesus.

PERGUNTA: — No entanto, afirmam alguns espiritualistas e iniciados que o espiritismo não pode sobreviver como doutrina universalista porque lhe faltam o método e a disciplina próprios da cultura iniciática dos templos esotéricos. Que se trata de um movimento popular variando conforme a versatilidade das massas, as quais não possuem o discernimento espiritual consciente dos iniciados em ambientes não profanos.

RAMATÍS: — Existem épocas apropriadas para a revelação de cada sistema religioso e doutrinário de cunho espiritual. Evidentemente, difere muitíssimo entre si o tipo das mensagens reveladas por Moisés, Jesus e pelo próprio Kardec. A contextura e o ensinamento de cada uma dessas mensagens varia de conformidade com a psicologia, o entendimento, os costumes e a cultura espiritual dos povos na época de sua revelação. O Alto não costuma violentar a imaturidade espiritual dos homens no seu aprendizado planetário, mas gradua-lhes as revelações do espírito imortal de acordo com a capacidade de sua assimilação e discernimento. O Jeová intransigente e feroz revelado por Moisés, há três mil anos, nada tem de comum com a ternura do "Pai" amoroso manifestado por Jesus, assim como a mensagem espírita de Kardec já não faz ameaças com as penas do inferno, porém, desperta a consciência do homem quanto às suas obrigações espirituais e as conseqüências morais através da Lei do Carma. Deste modo, as procurações sacerdotais, as graças e os favores divinos concedidos à última hora aos pecadores arrependidos, perderam sua força e significação, em face do ensino espírita, que adverte da responsabilidade pessoal de cada criatura na construção do seu bom ou mau destino.

Em conseqüência, o homem não se gradua cidadão angélico sob a ameaça de punições eternas. Ele evolui pelo estudo, pelo serviço caritativo prestado ao próximo; e o próprio sofrimento é apenas processo de retificação espiritual, dando ensejo à recuperação do tempo perdido.

A principal característica da mensagem espírita é despertar a alma para a compreensão da Lei Espiritual, que disciplina a formação da consciência individual no seio do Cosmo. Deus não faz concessões especiais comovido pelos louvores ou apelos compungidos dos seus filhos, mas proporciona-lhes o ensejo educativo para o "autodiscernimento" e consciência de sua responsabilidade terrena.

No século XX, o espiritismo é justamente a doutrina indicada para ajudar o cidadão terrestre a conhecer a sua responsabilidade espiritual.

PERGUNTA: — Por que o espiritismo não foi codificado há mais tempo e assim esclarecido o homem para libertar-se mais cedo de suas culpas pregressas?

RAMATÍS: — Enquanto o homem comum ainda não estava capacitado para se aperceber da natureza imponderável do mundo oculto, era justo e sensato que os esclarecimentos espirituais se fizessem por etapas gradativas no interior dos templos iniciáticos. Mas, atualmente, a humanidade possui índice científico suficiente para entender as origens e atividades ocultas da vida imortal. Por isso, como já dissemos, o espiritismo é doutrina de iniciação espiritual à luz do dia, cujo templo é a Natureza e o sacrário é o coração do homem. Surgiu no momento exato de maturidade científica e receptividade psíquica do homem atual; e os seus ensinamentos simples e práticos o orientam na trama da vida e no intercâmbio com as demais criaturas. O cenário aberto do mundo substitui as abóbadas tradicionais dos templos iniciáticos; e as práticas esotéricas de hoje compreendem a resignação, paciência, renúncia, bondade, tolerância ou humildade, que devem ser exercidos desde o lar, às filas de ônibus, aos divertimentos, às reuniões sociais, no trabalho, no esporte e até nos estabelecimentos escolares.

O espiritismo, no século atual, abriu as comportas do mundo oculto para todos os cidadãos da Terra, mas exige que seus adeptos também abandonem as sandálias empoeiradas do mundo ilusório no portal do templo do "espírito".

PERGUNTA: — Por que o espiritismo deve superar tantas filosofias e doutrinas espiritualistas, já existentes no mundo, quando elas também pregam a "Lei do Carma", a "Reencarnação" e o "Autoconhecimento"?

RAMATÍS: — A maioria das doutrinas ou filosofias espiritualistas que admitem a Lei do Carma e da Reencarnação

... uma Proposta de Luz

requerem adeptos, simpatizantes ou discípulos que já possuam algum preparo espiritual ou discernimento superior para então compartilharem das práticas iniciáticas. No entanto, apesar do espiritismo firmar suas raízes nas doutrinas elevadas do Oriente, ele desfez os "tabus" das iniciações ocultas e desobstruiu os ensinamentos esotéricos dos símbolos, apetrechos e terminologias complexas, oferecendo o conhecimento puro a todos os homens.

PERGUNTA: — Mas antes do espiritismo, os antigos não se comunicavam com os mortos, conforme faziam os sacerdotes egípcios, mantendo contato freqüente com os seus próprios parentes e amigos falecidos? Que dizeis?

RAMATÍS: — Sem dúvida, o espiritismo tem sua base principal na comunicação dos espíritos. Mas sabemos que essa comunicação sempre existiu e é tão velha quanto o mundo. Se o próprio Moisés proibiu o intercâmbio do povo hebreu com os mortos, é porque isso era razoavelmente possível.

Mas só depois do advento do espiritismo é que realmente surgiu um corpo organizado, um sistema competente, filosófico, religioso e científico, com o intuito de disciplinar e controlar as experiências com os desencarnados. Os espíritos então preencheram as necessidades dos indagadores; e, além de comprovarem a imortalidade da alma, ainda ofereceram diretrizes para o melhor comportamento do homem no intercâmbio com os "falecidos".

Antes da codificação espírita, os magos, feiticeiros e iniciados mantinham intercâmbio com os desencarnados, mas só o conseguiam através de práticas absurdas e complexas, para lograr um breve e confuso contato com o mundo oculto.[6]

PERGUNTA: — O espiritismo já pode constituir-se numa escola espiritualista do Ocidente, sem receio de quaisquer desmentidos futuros, por parte da Ciência, cada vez mais dominante no mundo?

RAMATÍS: — O fenômeno espírita pode fundamentar os postulados de uma nova escola espiritualista, porque está suficientemente comprovado nas suas manifestações incomuns.

Os fenômenos de materialização e as mais diversas mani-

---

6 — Vide nota 2 do capítulo 1 da obra *Mediunidade de Cura*, de Ramatís, **EDITORA DO CONHECIMENTO**.

festações mediúnicas de comunicação entre vivos e mortos, já foram perquiridos, analisados e concluídos pelos mais avançados homens de ciência. Assim, médicos, filósofos, químicos, escritores e estudiosos, como Gabriel Delanne, Léon Denis, Aksakoff, Paul Gibier, William Crookes, Lombroso, Bozzano, Carl Duprel, Gonzales Soriano, Oliver Lodge, Conan Doyle, Dennis Bradley e outros, recorreram aos mais avançados aparelhamentos de laboratório e de investigações precisas, concluindo pela realidade dos fenômenos mediúnicos e pela lógica dos postulados espiritistas. Não importa se os adversários do espiritismo alegam que tais cientistas foram ingênuas cobaias nas mãos de hábeis prestidigitadores. Os aparelhos de precisão e máquinas fotográficas que registraram as experiências não mentem nem distorcem os fenômenos.

PERGUNTA: — Afora a pesquisa científica, o que se poderia comprovar da realidade mediúnica das comunicações sob o controle da doutrina espírita?

RAMATÍS: — É a própria unanimidade de conclusões filosóficas da vida do mundo oculto que os espíritos têm transmitido através de centenas ou milhares de médiuns, entre os povos e as raças mais diversas. Examinando-se as comunicações dos espíritos, verificamos um perfeito entrosamento nas descrições de Kardec e nos estados de alma da vida no Além. Não há despautério, desmentido ou contradição entre o que têm dito os espíritos através de médiuns ingleses, espanhóis, portugueses, brasileiros ou franceses. Na essência de todas as comunicações, respeitando-se o temperamento, a índole e os costumes dos comunicantes, permanece o mesmo conteúdo de revelação e unidade de motivos.

PERGUNTA: — Gostaríamos de algum exemplo quanto a essa identificação ou unidade existente nas comunicações de espíritos, que se comunicam nos ambientes mais diversos do orbe.

RAMATÍS: — Os espíritos benfeitores e respeitosos, embora se comuniquem no seio de povos ou raças mais exóticas, são unânimes em explicar que não existe o inferno, o purgatório e o céu teológicos pintados nas velhas oleogravuras hebraicas; que os "mortos" sentem no seu perispírito ou "invólucro" post-mortem, as emoções e sensações ainda dominantes da vida física;

... uma Proposta de Luz

que o homem sofre nas vidas sucessivas, na carne, os efeitos das causas que gerou em existências pregressas; que os espíritos nascem simples e ignorantes, e são lançados na senda evolutiva dos mundos planetários, para adquirir a consciência de si mesmos e elevar-se até a angelitude. Ainda proclamam a pluralidade dos mundos, pois "há muitas moradas na casa de meu pai", a sobrevivência de todos os homens e a ventura de todos os seres.

PERGUNTA: — Embora concordando com vossas considerações, já compulsamos obras mediúnicas, em que os espíritos comunicantes, na Inglaterra e nos Estados Unidos, são contrários à reencarnação e asseguram que os desencarnados não retornavam mais à Terra. Que dizeis?

RAMATÍS: — Realmente, em obras como "Rumo às Estrelas", de Bradley, o espírito de Johannes responde que nada sabia da reencarnação, enquanto Simpson, nos Estados Unidos, também alegava a mesma coisa em reuniões mediúnicas de efeitos físicos.

No entanto, o espiritismo ainda não conquistara as camadas populares e suas manifestações eram conhecidas apenas entre os doutos e experimentadores. Em face do preconceito racial do povo americano e as veleidades da aristocracia inglesa, o Alto mandou velar-lhes a realidade da reencarnação nas comunicações com o Além até a doutrina firmar suas bases indiscutíveis entre o povo.

PERGUNTA: — Qual seria o prejuízo de os espíritos revelarem aos ingleses ou americanos a veracidade da Reencarnação?

RAMATÍS: — Ainda não convinha estremecer as raízes frágeis do espiritismo nascente na Inglaterra e nos Estados Unidos, pela revelação do processo reencarnatório e conseqüente obstáculo à propagação da doutrina. É evidente que tanto o americano racista recusava crer na possibilidade de ele vir a reencarnar-se futuramente na figura de um negro, como o inglês aristocrata também não daria crédito à idéia de renascer plebeu, em vidas futuras. Os próprios brâmanes pregavam a encarnação por "castas", porque não podiam conciliar a idéia de retornarem à carne em condições inferiores, depois de gozarem da munificência sacerdotal do bramanismo. Então ensinavam que o pária renasceria pária e o rajá ou brâmane nasceriam, no futuro, rajá e brâmane.

PERGUNTA: — Qual é a prova de que a reencarnação não é exatamente como pregam os brâmanes, em castas prestigiosas ou classes deserdadas?

RAMATÍS: — Não há duas medidas diferentes na Criação; tudo o que existe visível ou invisível aos sentidos do homem origina-se de uma só fonte; o Absoluto! Há uma só essência no âmago de todos os seres, pois as discordâncias exteriores são apenas frutos das diversas etapas evolutivas dos seres na sua variedade de manifestação. A discordância é sempre uma ilusão anotada pelos sentidos corporais das criaturas, mas inexistente para a visão panorâmica do espírito. Assim como as contas coloridas de um colar estão presas pelo mesmo fio de segurança, os espíritos do Senhor estão ligados pelo mesmo elo divino.

Em conseqüência, Deus não criou castas privilegiadas ou deserdadas, mas proporciona a felicidade a todas as suas criaturas. O americano descria da reencarnação protestando contra a idéia de renascer um negro desprezado; o inglês oferecia resistência à possibilidade de regressar à Terra como mísero plebeu, após ter sido orgulhoso aristocrata; os brâmanes jamais podiam humilhar-se à perspectiva de retornarem à carne na figura de párias expulsos para a marginalidade da vida.

Mas nenhum deles poderá fugir de sua origem em comum com todos os demais seres, na sua formação de centelhas lucíferas da mesma Chama Criadora. As palavras e sofismas jamais destroem ou desmentem a realidade divina da Criação. Deus não admite privilégios a qualquer de seus filhos.

PERGUNTA: — Certos espíritas acham que o espiritismo deve interferir publicamente na política do mundo, a fim de higienizar as atividades dos seus responsáveis. Outros alegam que a doutrina nada tem a ver com a política. Que dizeis?

RAMATÍS: — Não cabe ao espiritismo a missão de criar partidos, sistemas ou escolas que sirvam de orientação política aos homens. A sua principal função é desenvolver o amor, a tolerância, a fraternidade, a honestidade, a renúncia e o altruísmo entre os homens, influindo para que as instituições humanas se harmonizem pela moralização de suas próprias partes. Deve conquistar os corações dos homens, mas não impor

... uma Proposta de Luz

243

condições partidaristas ou criar as leis próprias do facciosismo político do mundo.

Tratando-se de movimento destinado a atrair em seu seio as criaturas de opiniões, crenças, cor, casta, nacionalidade, cultura ou moralidade mais diversas, jamais deve isolar-se na condição de partido político, credo religioso ou sistema de casta social. Em verdade e independente do espiritismo, os espíritos influenciam continuamente os homens, onde quer que eles laborem ou interfiram, quer sejam párias ou reis, mendigos ou afortunados, sábios ou analfabetos, pretos ou brancos.

Em conseqüência, os bons políticos serão assistidos por bons espíritos, e os maus políticos são o alvo predileto dos malfeitores e zombeteiros do mundo oculto. Não seria a doutrina Espírita a que sanearia a imoralidade dos conchavos e partidos políticos maquiavélicos, mas é a renovação moral do indivíduo que o distingue e o transforma como peça sadia do meio ou da organização política, social, religiosa ou educativa onde passa a atuar.

MAGIA DE REDENÇÃO

CAPÍTULO 10

O mau-olhado

PERGUNTA: — Há fundamento no fato de certas pessoas serem portadoras do mau-olhado?

RAMATÍS: — O mau-olhado é um acontecimento bastante comum em certas regiões da Europa, cujas criaturas de instintos muito primitivos e vingativos assemelham-se a verdadeiros geradores de maus fluidos.

PERGUNTA: — Há diferença entre as pessoas que têm "jetatura" e as de mau-olhado?

RAMATÍS: — Em ambos os casos, o fenômeno é o mesmo. "Jetatura" é palavra derivada do latim "jectitare", significando lançar, mas sinonimiza feitiço ou má influência que certas pessoas exercem sobre as outras por meio do olhar. Antigamente era fenômeno muito temido entre o povo grego e italiano.

PERGUNTA: — Qual é o fundamento do mau-olhado?

RAMATÍS: — É conseqüente da projeção do raio vermelho de natureza primária e penetrante, o qual resulta principalmente do acúmulo de fluidos nocivos em torno da região ocular de certas criaturas. É uma condensação mórbida, que se acentua na área da visão perispiritual, produzindo uma carga tão aniquilante ou ofensiva, conforme seja o potencial e o tempo de fluidos enfermiços acumulados.

PERGUNTA: — Poderíeis exemplificar-nos a respeito do potencial e do efeito do mau-olhado?

RAMATÍS: — Sabe-se que os insetos e répteis venenosos

245

se tornam inofensivos, depois de terem despejado a sua carga tóxica sobre alguma vítima, pois a virulência da picada também depende da quantidade do veneno acumulado no momento da ação agressiva. Daí, o fato de nada acontecer a algumas pessoas mordidas por cobras e aranhas venenosas, enquanto outras sucumbem fatalmente sob a picada dos mesmos répteis. Mas o fato explica-se facilmente, pois enquanto as primeiras foram atingidas por diminuta cota de veneno dos répteis, as segundas tiveram a infelicidade de sofrer o impacto de uma carga tóxica vigorosa.

Isso acontece com as pessoas portadoras de mau-olhado cujo efeito ofensivo também depende da maior ou menor quantidade de fluido nocivo, que elas retêm no olhar no momento da descarga maléfica. O mau-olhado parece coisa lendária, supersticiosa e crendice, porque o seu poder ofensivo, capaz de liquidar plantas, flores, aves ou animais de pequeno porte, só é positivo quando na sua projeção coincide de extravasar a máxima carga do fluido pernicioso. Considerando-se que uma ninhada de pintos, uma planta de bela florescência ou um pássaro delicado podem extinguir-se tanto por efeito do mau-olhado, como conseqüente de acontecimentos comuns, então é muito difícil saber-se quando é realmente o mau-olhado.

Sem dúvida, as pessoas cépticas e de mentalidade científica são capazes de alinhar diversas conjecturas para justificar o acontecimento desairoso e inesperado do mau-olhado. A planta tão florescente pode extinguir-se por falta de adubo adequado ou pela ofensiva de insetos venenosos; o pássaro teria sido vítima de uma enfermidade desconhecida e os pintainhos, frágeis e desamparados, morrem tão facilmente.[1]

PERGUNTA: — O mau-olhado é uma condição mórbida permanente na criatura ou também pode surgir acidentalmente?

RAMATÍS: — Também pode surgir de modo acidental, em certas pessoas fortemente invejosas ou enciumadas, que se enco-

---

1 — Considerações do Dr. Norberto R. Keppe, psicanalista da Clínica do Aparelho Digestivo, Serviço do Prof. Edmundo Vasconcelos, do Hospital de Clínicas, da Universidade de S. Paulo, ao comentar a introdução da obra Fenômeno Psi e Psiquiatria, do famoso parapsicologista J. B. Rhine: "Quando criança, determinada senhora que nos visitava, cada vez que cobiçava uma flor, uma planta de pequeno porte, ou mesmo uma ave, depois de alguns dias a planta secava e o pássaro morria. Tínhamos uma trepadeira com um tronco respeitável, pela idade. Pois bem, essa mulher conseguiu liquidá-la num simples olhar! Quando percebemos a sua maléfica influência, não a deixávamos mais ultrapassar a porta da sala".

lerizam com facilidade. Elas geram uma carga fluídica perniciosa, que por lei de equilíbrio vibratório precisa ser descarregada, sobre algo que atraia a atenção ou desperte uma impressão violenta. Ademais, em face do primarismo espiritual da humanidade terrícola, é muito comum o intercâmbio de petardos fluídicos lançados dos olhos e gerados pelo ódio, ciúme, inveja ou vingança. O homem é uma poderosa usina viva e criadora quando sintoniza-se à freqüência angélica; mas destrói e infelicita, quando nivela-se às faixas diabólicas da vida inferior.

PERGUNTA: — Gostaríamos de conhecer melhor a ação e o processo do mau-olhado.

RAMATÍS: — A mente humana é uma estação emissora. Na pessoa estigmatizada pelo mau-olhado, a substância mental excita-se facilmente, quando sob a força de algum desejo veemente, emoção violenta ou sentimento incontrolável. Os fluidos constritivos, em circuito magnético, descarregam-se sobre os objetos, vegetais, aves, animais ou seres humanos.

Sob o impulso detonador da mente, essa descarga fluídica ou jato maléfico atinge o campo etereomagnético dos objetos ou seres, e ali adere, penetrando, pouco a pouco, na sua constituição física. Sabe-se que certas crianças alvoroçam os vermes intestinais e adoecem quando são frustradas por algum desejo veemente de guloseimas, brinquedos ou mesmo caprichos excêntricos. Isso prova que um capricho ou desejo ardente nutrido por forte emoção também pode produzir e lançar impactos fluídicos daninhos sobre a própria criatura, a ponto de desarmonizar-lhe o equilíbrio vital das coletividades microbianas responsáveis pela organização carnal.

É óbvio que uma carga fluídica violenta lançada sobre outros seres delicados, como aves, pássaros, animais de pequeno porte ou crianças tenras, ainda pode causar perturbações mais graves, se, além de sua natureza agressiva, ainda conduzir as emanações mentais de ódio, raiva, inveja ou ciúme. Conforme seja a quantidade de fluidos nocivos que se acumulam à altura da região visual das pessoas de mau-olhado, disso também resulta o grau de intoxicação magnética fluídica onde incide. A carga maciça do raio vermelho projetado do mau-olhado, reveste-se do energismo mental, astral e etéreo do seu portador, e na sua descarga afeta o duplo etérico de aves, plantas ou seres, ali incorporando o fluido danoso e produzindo os efeitos

... uma Proposta de Luz 247

letárgicos opressivos, desarmônicos e até destrutivos.[2]

PERGUNTA: — *O mau-olhado é sempre conseqüência de uma pessoa maldosa?*

RAMATÍS: — O mau-olhado, já explicamos, também pode originar-se acidentalmente de estados de espírito censuráveis, como ambição, inveja, ciúme, despeito, ira, cobiça ou vingança, projetando fluidos ruinosos.

Mas há pessoas de bons sentimentos portadoras do mau-olhado, que sofrem crucialmente por causa das mortificações e prejuízos ou males involuntários semeados na vida do próximo. Basta, às vezes, expressar o desejo muitíssimo natural de possuir uma planta, ave ou animal, que outros possuem, para que a carga fluídica acumulada no olhar se despeje sobre tais coisas ou seres, produzindo efeitos nefastos, como doença, melancolia e até a morte.[3]

PERGUNTA: — *Por que as pessoas de bons sentimentos também podem ser portadoras do estigma do mau-olhado?*

RAMATÍS: — Infelizmente, conforme preceitua a lei cármica, a "semeadura é livre, mas a colheita é obrigatória". Em conseqüência, mesmo depois de nortearmos a agulha de nossa vida espiritual para o Norte do Cristo, ainda temos de colher os frutos ruins da sementeira imprudente do pretérito. Embora a criatura viva atualmente uma conduta sadia e benfeitora, nem por isso ela fica livre dos efeitos daninhos que resultam dos seus desatinos pregressos. A criança, que por traquinagem ou rebeldia espalha o lixo no jardim ou nas calçadas, é obrigada a recolhê-lo novamente, embora prontifique-se a jamais cometer tal desatino. Quem transforma o seu lar num salão de festas

---

2 — Nota do Médium: - Rasputin chegava a intoxicar certas pessoas pela simples projeção do seu olhar diabólico, enquanto Jesus despertava as forças criativas nos enfermos e aleijados, através do energismo vitalizante dos seus olhos. Em criança, assisti a um indivíduo firmar o seu olhar daninho sobre um pardal, e o pássaro infeliz caiu do arvoredo estrebuchando.

3 — Nota do Médium: - Quando eu era noivo de minha atual esposa, freqüentava a casa de meu sogro um senhor libanês, homem humilde e serviçal, e que muitas vezes vi com lágrimas nos olhos, porque sabia-se portador do mau-olhado. Meu sogro, de origem italiana, homem despachado, certo dia, num ímpeto amistoso, apanhou o seu amigo pelo braço e levando-o até junto de um majestoso peru que havia adquirido para a festividade de Natal, disse-lhe: "Turco, dizem que você tem "olho ruim"! Pois então descarregue essa ruindade boba nesse bicho, e veja como tudo isso é besteira!"

Três dias depois, o peru movia-se aos arrastos pelo terreiro e morria sob estranhos tremores, enquanto os entendidos diziam que ele fora morto de melancolia, por causa do mau-olhado!

248   Ramatís...

sob a prodigalidade alcoólica, depois terá de limpar o assoalho, os móveis e tapetes, mesmo que deplore a sua imprudência. O homem que, num momento de cólera, envenenou a cisterna de água pura, mesmo depois de arrependido terá de esgotá-la completamente para mitigar a sede.

O espírito que em vidas anteriores serviu-se indiscriminadamente de energias subvertidas para semear prejuízos e dores alheias, a fim de usufruir egoisticamente os bens prematuros, mesmo depois de convertido ao bem, ainda sofre os efeitos dos seus atos ruinosos. A Lei Cármica não atua como processo punitivo das ações irregulares e pecaminosas do espírito, mas apenas determina o ônus "a cada um segundo as suas obras".

PERGUNTA: — Mas conhecemos criaturas tão magnânimas e santificadas, que achamos um verdadeiro sacrilégio acharem-nas portadoras de mau-olhado.

RAMATÍS: — Ainda não transitam pela superfície da Terra "inocentes", "santos" ou "corações puros", injustamente estigmatizados com mau-olhado, câncer ou enfeitiçamento. Malgrado a surpresa das pessoas que nada encontram de nódoa ou culpa nessas almas boníssimas e aparentemente injustiçadas, elas colhem os frutos podres das ruins sementes lançadas no passado.

Mesmo devotando-se ao bem, elas podem ser portadoras do mau-olhado, cujo fluido pernicioso ainda é o residual sobejado das existências anteriores! Sem dúvida, elas sofrem e mortificam-se, curtindo remorsos pelos prejuízos que semeiam involuntariamente, devido ao prolongamento da ação e da carga maléfica estigmatizada nas atividades de outrora. Elas percebem o temor alheio à sua amizade e suportam os mais cruéis vexames das criaturas primitivas, pois são alvo de práticas supersticiosas e esconjuros hostis contra o seu "olho ruim".[4]

---

4 — Nota do Médium: — Quando menino, presenciei um acontecimento trágico a que somente agora dou o devido apreço. Defronte de minha moradia viera morar uma senhora procedente de Pernambuco, simpática e bastante serviçal para com os vizinhos. Mas alguns meses depois corria a notícia de que ela possuía mau-olhado provocando na vizinhança as mais descontroladas reações e temores. Dali por diante, a infeliz senhora foi responsabilizada por toda espécie de doenças, desentendimentos caseiros, morte de aves, quebranto de crianças e prejuízos nas plantações. Quando ela aparecia à janela, os vizinhos persignavam-se ostensivamente, faziam esconjuros e figas, inclusive algumas mandingas à sua porta, a fim de ela mudar-se. Finalmente, certo dia estourou a notícia trágica: ela suicidara-se com soda cáustica, desesperada pelo sofrimento de tão estranho estigma.

... uma Proposta de Luz

PERGUNTA: — E que poderiam fazer tais pessoas para diminuir ou neutralizar os efeitos danosos do próprio mau-olhado?

RAMATÍS: — Só a continuidade de uma vida regrada, amorosa e sacrificial ao próximo poderá reduzir no ser um estigma tão infeliz. O fluido mau do passado, acumulado na região perispiritual adjacente à visão humana, lembra o fenômeno da água suja da cisterna, a qual deve ser esgotada incessantemente para surgir a água limpa. No caso do mau-olhado só há duas coisas a fazer: a criatura libertar maior cota de luz interior pela renúncia, pelo amor e perdão incondicional a todas as ofensas do mundo, ou descarregar o fluido do seu mau-olhado em algum objeto que sirva propositadamente para um despejo preventivo. Aliás, a carga maligna do mau-olhado se enfraquece pelo seu esgotamento natural ou então purifica-se pelo sofrimento.

PERGUNTA: — O mau-olhado também pode afetar as crianças?

RAMATÍS: — A projeção do mau-olhado nas crianças causa o quebranto, uma "prostração, fraqueza ou suposto resultado mórbido", conforme diz o dicionário comum. O povo pressente que se trata de uma carga fluídica, pois quando uma pessoa boceja é costume dizer-se que ela está com quebranto. Em nossa esfera espiritual o quebranto é conhecido por "anemia etérica", pois o duplo etérico, o veículo intermediário entre o perispírito e o corpo físico, é que recebe o impacto fluídico do mau-olhado ou do enfeitiçamento, sofrendo a desvitalização local.

Há criaturas que produzem o quebranto por meio de inveja, ciúme ou frustração pela criança alheia, a qual é mais robusta, inteligente ou esperta do que seus filhos. Em razão de sua inconformação e infelicidade, mães e pais de crianças aleijadas ou retardadas podem produzir e lançar fluidos mórbidos contra os filhos alheios sadios.

PERGUNTA: — No entanto, causa-nos espécie a existência desse poder maléfico, e que nos olhos humanos causa prejuízos ao próximo.

RAMATÍS: — O poder benéfico ou maléfico do espírito humano age por meio dos pensamentos e pelo corpo astral através dos sentimentos e emoções. É nos olhos que se acumula, particularmente, o bom ou o mau fluido mental, e que resulta a cada momento das boas ou más ações de nossa alma. Mesmo os poetas e literatos do mundo já gastaram toneladas de tinta para dizer que os "olhos são o espelho da alma". Através deles projetam-se todos os matizes dos sentimentos e pensamentos das criaturas; por isso, a literatura romântica tradicional atribui aos seus personagens "olhos felinos, argutos, cobiçosos, balsâmicos, frios, amorosos, amargurados, cruéis e astuciosos", e outras dezenas de definições pitorescas, buscando identificar a multiplicidade de sentimentos e pensamentos do espírito nas suas relações íntimas com o mundo exterior. O fluido elaborado e potencializado no âmago do ser traz a sua marca ou característica pessoal, e quando flui pelo olhar, é energia que vitaliza, conforta e anima o próximo, ou então, a força que debilita, arruina e desanima. O olhar misterioso e hipnótico do mago a impor a sua vontade criadora nas almas mais débeis é um símbolo tradicional de forças existentes nos olhos, é a revelação da vivência íntima do espírito.

O quebranto, portanto, resulta do impacto mental e astralino fluídico lançado pelos olhos de alguém, sendo tão mórbido ou inofensivo, conforme seja o potencial e a natureza psíquica do seu autor.

PERGUNTA: — Existe algum poder na fitinha ou figa vermelha, comumente colocadas no pescoço das crianças, junto de certas flores, aves, animais ou gaiolas de passarinhos?

RAMATÍS: — Lembramos-vos, novamente, que os "semelhantes atraem os semelhantes", pelo qual motivo a fita, figa ou qualquer outro objeto de cor vermelha têm por função absorver a cota nociva das pessoas de mau-olhado. De acordo com os princípios da cromática, ciência da cor, o vermelho é a tonalidade de intensa vibração no plano físico, que excita e destaca-se sobre qualquer outra cor e vos chama a atenção. Girando rapidamente um ramalhete de flores selecionadas entre todas as cores existentes, nesse rodopio colorido, sempre atrairá a atenção dos vossos olhos principalmente a espécie de cor vermelha.

O sangue, linfa da vida, é caldeado no vermelho, pois o vermelho é realmente uma cor primária, física e excitante. Os clarividentes podem confirmar-vos que no mundo astralino, inferior, tudo o que é vigoroso, hostil, impressionante, explosivo e dominante é de cor vermelha, no simbolismo flamejante do fogo no tom encarnado das paixões primárias. Os espíritos desencarnados sensuais e escravos das paixões violentas do mundo carnal mostram-se com as auras de um vermelho-escuro fumoso. Todos os tons vermelhos brilhantes e afogueados, obscuros e ostensivos, revelam as nuanças de paixões primitivas. Nas corridas de touros, o vermelho é a tonalidade preferida para excitar os animais e torná-los descontrolados de raiva.

A cor vermelha fixa-se com facilidade na retina humana e influi fortemente no ser humano, sendo preferida entre os selvagens e nas fantasias de carnaval. Algo mórbido e hipnótico surge dessa cor, pela predominância de suas vibrações vigorosas em qualquer plano adjacente à Terra. Sob a nossa visão espiritual, temos visto que a própria nota musical primária "dó" é profundamente vermelha, dominando fortemente sobre as demais notas na execução de peças musicais.

O mau-olhado é descarregado rapidamente pelas pessoas na primeira pousada de olhos sobre objetos ou seres que mais os impressionam; por isso, as fitas ou objetos vermelhos colocados no curso desse olhar condensam e absorvem imediatamente a carga tóxica fluídica no seu duplo etérico, livrando de ação nefasta coisas e seres mais preciosos.

PERGUNTA: — Por que os recém-nascidos ou as crianças de tenra idade são alvo mais comum desse quebranto? Seria justa essa vulnerabilidade, tratando-se de criaturas que mal despertam para a vida física?

RAMATÍS — A criança é o corpo físico do espírito que renasce na matéria para recuperar-se dos débitos das vidas anteriores, cujo credor é o próprio planeta onde habita. Todavia, tratando-se de espírito já onerado carmicamente pelos desacertos espirituais no pretérito, embora criança, já nasce vulnerável às hostilidades do meio físico. Algumas crianças nascem marcadas pelo estigma das doenças congênitas; outras, desde o berço, são assediadas implacavelmente por velhos adversários de existências anteriores e vítimas das cargas fluídicas malignas do mundo.

Dificilmente elas conseguem opor defesa eficiente ao quebranto que se produz pelas cargas do mau-olhado, assim como a planta tenra verga sob o impacto do vento gélido. A criança, sob o impacto do mau-olhado, abate-se e empalidece, num estado de anorexia e fica prostrada, algo desligada da vida física. A medicina comum emprega os recursos tradicionais da vitaminoterapia, para restabelecer o equilíbrio na vida da criança com quebranto, mas é impotente para eliminar o mal que é de origem etereoastral. Em tal caso, só o benzimento confiante e de boa vontade, ministrado por criaturas entendidas, constitui-se na melhor terapêutica pela renovação de bons fluidos.

PERGUNTA: — Quais seriam os recursos mais eficientes para protegermos a criança em sua fase tão delicada?

RAMATÍS: — Até os sete anos de idade a criança é amparada pelo espírito do técnico que lhe preside a reencarnação, e que a vigia até a glândula timo ultimar a sua função fisiológica. A tradição católica chama de "anjo da guarda" essa figura protetora, e a terminologia espírita ensina que é o guia, cujo êxito também depende muito do fardo cármico do espírito reencarnante.

Mas ainda é a vigilância espiritual da mãe, a verdadeira médium da vida, a defesa mais vigorosa e positiva da criança no mundo físico contra os maus fluidos do mundo oculto. Em sua fase infantil o espírito encarnado não só absorve as características próprias do espírito materno, como ainda alimenta-se de suas emanações protetoras.

PERGUNTA: — Só a cor vermelha pode atalhar o mau-olhado?

RAMATÍS: — Os objetos ou cousas na cor vermelha podem desempenhar duas funções proveitosas contra o mau-olhado: primeiramente, absorvem a emanação nociva e concentram o raio vermelho, enquanto pelo seu aspecto ou natureza excêntrica atrai e desvia o olhar nocivo, que deveria incidir sobre certa planta, ave ou criança.

Mas não é apenas a cor vermelha que se presta para neutralizar o raio vermelho produzido pelo inusitado fenômeno do mau-olhado; quaisquer objetos de aspecto gritante, excêntrico e incomum ou até assustador podem atrair a atenção das pessoas, fazendo-as descarregar ali a sua dose fluídica nociva. Por isso, é algo comum encontrarem-se ferraduras, chifres de animais, amuletos gigantescos, carantonhas burlescas, imagens excêntricas ou demais objetos insólitos colocados em portões ou nas portas de residências do interior, que têm a função de

... uma Proposta de Luz

atrair a veemência do mau-olhado. Trata-se de singela defesa magnética para desviar o fluido ruim através de um recurso excêntrico, mas eficaz, que então condensa a carga maléfica, evitando que ela incida e prejudique pássaros, plantas, flores, animais e crianças mais delicadas.

A Vida Humana e o Espírito Imortal

Capítulo 5

Problemas do trabalho

PERGUNTA: — Que dizeis de nossa sina terrena, em que devemos trabalhar desde a infância para conseguirmos o sustento humano?

RAMATÍS: — Entre os diversos planetas habitados no Universo ou entre as diversas moradas da "Casa de Meu Pai" enunciadas por Jesus, a Terra é um dos incontáveis mundos de educação espiritual primária. Em conseqüência, o trabalho é o principal tema de vida e progresso terreno, pois o homem deve abastecer-se a si mesmo e ganhar pessoalmente o necessário para viver. É o aluno primário que ainda precisa aplicar todos os seus dons e esforços para alfabetizar-se sem esperar que isso lhe caia do céu na forma de um bem prematuro.

O trabalho, na Terra, é uma lei de biologia inerente ao tipo do orbe educativo. Constitui-se no meio de o homem desenvolver as suas energias primárias e preparar-se para viver futuramente em esferas superiores até libertar-se das exigências dos mundos físicos e desenvolver a sua consciência para tornar-se um espírito eminentemente criador. Mas não basta ao homem viver na Terra apenas acumulando bens e objetos, como um proprietário de quinquilharias que, ao morrer fisicamente, tem de renunciar aos seus bens por não poder transportá-los para o Além-Túmulo. Todos os acontecimentos e fenômenos da vida terrena compõem o curso letivo da alfabetização do espírito para, no futuro, manusear a língua sublime das humanidades siderais.

Por isso, os espíritos que habitam a Terra ainda enfrentam a natureza de uma vida primária, justificando perfeitamente o versículo de Gênese que assim diz ao homem: "Tu comerás o teu pão com o suor do teu rosto, até que te tornes à terra de que foste tomado; porque és pó, e ao pó hás de tornar".[1] Evidentemente, ao dirigir-se a Adão, o símbolo da humanidade terrena, Deus o adverte de que teria de viver do suor do seu rosto até se tornar o senhor em espírito e desenvolver a consciência espiritual, "porque o corpo é pó e em pó se tornará".

Mas o trabalho, na Terra, apesar de exigir do homem um esforço árduo e indesejável, é uma condição transitória. Ela existe só enquanto o espírito desenvolve e fortalece a sua consciência individual, proporcionando-lhe o ensejo de ativar a paciência, a resignação, a perseverança e dinamizando iniciativas criadoras. Malgrado a fadiga e a obrigação, o labor humano adestra o espírito para a vida superior e o conduz a tarefas agradáveis e prazenteiras noutros planos mais saudáveis. O trabalho terrícola não é castigo nem desperdício, mas um processo de desenvolvimento, assim como o aluno primário só pode gozar a alegria futura de ler e compreender as coisas do mundo depois do sacrifício e da resignação em alfabetizar-se na escola primária. Após a sua alfabetização no curso dos mundos primários, o espírito do homem também poderá usufruir de sublimes venturas na sua escalonada sideral. Terminando o curso na Terra, ele então pode habitar Marte, onde o principal motivo de vida é a Técnica; em seguida, Júpiter, o planeta da Arte; e, mais tarde, Saturno, cuja humanidade vive exclusivamente para a Filosofia.

PERGUNTA: — De que modo a atividade laboriosa do trabalho obrigatório beneficia o espírito encarnado na Terra?

RAMATÍS: — É justificável que o espírito primário encarnado na Terra ainda duvide de sua origem divina e do seu venturoso destino futuro, pois vive imensamente preocupado em atender aos seus desejos grosseiros e próprios de uma consciência primária. Ele precisa prover à sua subsistência carnal, e o trabalho então lhe parece coisa fatigante e desagradável. Mas, obrigado a concentrar-se no objetivo laborioso, embora indesejável, desenvolve as aptidões latentes do espírito eterno e disciplina a sua capacidade criadora.

A atividade física exerce-se sob o comando do instinto animal de sobrevivência, mas, ante o esforço para atender e

---

1 — Gênese, 3:19.

avaliar os fenômenos do mundo exterior, o espírito centraliza a consciência num proveitoso estado de vigília e verdadeira marcação dos acontecimentos vividos. Ademais, o trabalho é uma condição providencial para o espírito primário. Durante a sua consciência infantil, preenche-lhe o tempo com uma atividade dinâmica e que o afasta obrigatoriamente de atos danosos e próprios da imaturidade espiritual. Os próprios animais, como os cavalos, exercem função útil e pacífica depois de domesticados; enquanto soltos e entregues à sua natureza selvagem, eles são manadas agressivas e indisciplinadas.[2] Assim, os espíritos primários também precisam ser domesticados pelo trabalho, a fim de serem dominados os seus instintos inferiores.

PERGUNTA: — Qual é a vossa opinião sobre os homens bem-aquinhoados na vida, que enriquecem rapidamente pelos "trustes" e "golpes" explorando o trabalho dos mais deserdados e tolos? Porventura, em tal caso, o trabalho não é uma exploração humilhante dos mais poderosos sobre os mais fracos?

RAMATÍS: — Não é o homem rico que explora os mais pobres e que dificulta a vida dos mais ingênuos. Na verdade, tudo é conseqüência do espírito primário do homem terreno, egocêntrico, ambicioso, mesquinho, cruel, mercenário e cobiçoso, tipo inferior que ainda predomina na humanidade. Então abusa do próximo tanto quanto seja a oportunidade, pois se é servil na pobreza, torna-se déspota e explorador assim que ascende a qualquer condição social superior.

O espírito primário e comumente servil aos seus superiores, quando investido de poderes, então despeja os seus recalques morais agressivos sobre os novos subalternos. Sabe-se que o soldado mais queixoso torna-se o pior sargento do quartel, quando a oportunidade lhe permite vazar os ressentimentos que acumulou sob o comando hierárquico. O mendigo lamentoso, com aspecto de mártir, que dramatiza facilmente as suas vicissitudes vulgares, pode ser o mais impiedoso tirano e avarento, caso seja

---

2 — Corroborando Ramatís, lembramos as hordas bárbaras chefiadas pelos flagelos da humanidade, como Gêngis-Can, Átila e outros, que, pela sua selvageria, arrasavam cidades pacíficas, trucidavam mulheres, crianças e velhos, como verdadeiras alcatéias de lobos vorazes a devorarem as presas menores. Tamerlão, só num combate contra Bakazet, matou 400.000 homens, encheu dois navios de cabeças e mandou atirá-las ao mar, pois o seu principal "hobby" era exatamente fazer pirâmides de cabeças. Cortez, um desconhecido condutor de porcos, consciência primária e selvagem, à frente de cento e cinqüenta homens, destruiu o império dos Astecas, pela ambição do ouro.

... uma Proposta de Luz

bafejado pela fortuna ou poder. Há miseráveis que escondem o pão esmolado do companheiro mais faminto, assim como certos negociantes, em tempos belicosos, escondem a mercadoria no jogo ilícito do câmbio negro, mesmo que isso contribua para a morte de crianças esfomeadas. E se a sorte lhe for adversa, tais criaturas retornam à antiga pusilanimidade. Há caudilhos que trucidaram, impiedosa e cruelmente, os adversários caídos em suas mãos; mas quando vencidos, arrastam-se, lacrimosos e desesperados, aos pés do pelotão de fuzilamento.

Em geral, o empregado mais lamurioso, quando chega a patrão é o mais injusto e avarento; o cidadão vezeiro em condenar os administradores públicos, quando eleito para algum cargo, transforma-se num indivíduo ainda mais inescrupuloso. Certos operários espoliados por patrões gananciosos, quando conseguem o comando de alguma indústria ou negócio promissor, quase sempre exploram de modo impiedoso os seus assalariados.[3]

PERGUNTA: — Apesar de o homem dignificar-se com uma tarefa nobre, ninguém deseja, em sã consciência, ser um escravo do trabalho. Que dizeis?

RAMATÍS: — Em verdade, o trabalho não honra nem dignifica o homem à guisa de uma função meritória para graduação celestial. São as criaturas extremamente ambiciosas que trabalham como animais desde o nascer até o pôr-do-sol, mas apenas buscando a sua segurança e fortuna, avaros e indiferentes aos problemas dos subalternos ou companheiros. E o pior é que tais homens, depois de ricos e injustos para os que os ajudam a enriquecer, às vezes causam mais prejuízos ao próximo do que quando pobres.[4]

---

3 — Conheci dois operários da indústria madeireira, no Paraná, os quais viviam se queixando dos patrões injustos e avarentos, alegando salários miseráveis, negativa de férias e escamoteação de horas extras de trabalho anormal. Quis-lhes a sorte, no entanto, que em 1943, eles puderam aliar-se a outro empreiteiro de serraria, enriquecendo rapidamente na fase golpista da última guerra. Atualmente, eles são abastados industriais, mas, confirmando o aforismo de que "a pior cunha é que sai da mesma madeira", são conhecidos como patrões tão avarentos e mesquinhos, que se envolvem freqüentemente em questões trabalhistas por negacearem os mais primários direitos dos seus empregados.

4 — Conheci em 1939 certo mendigo lamurioso, que se queixava amargamente das injustiças sofridas no mundo, inclusive quando prostituíram-lhe a filha mais velha, por culpa de afortunado industrial liberado pela Justiça. Mas, por um golpe de sorte, durante a última guerra ele conseguiu acumular regular fortuna vendendo ferro e metais velhos, esmolados. Quando morreu, em 1965, esse "ex-mendigo" deixou o seguinte passivo na sua vida: desonrara cinco menores; duas degradaram-se

Por isso, a Divindade ajusta os espíritos primários aos orbes físicos, como a Terra, onde o trabalho é uma condição fundamental de sobrevivência. Ficam presos às obrigações cotidianas, sustados na excessiva liberdade ou no poder financeiro, que poderiam levá-los prematuramente a atos danosos para si e para a coletividade. O conceito de que os "burros andariam cheios de medalhas, se o trabalho fosse honra", demonstra a ignorância do terrícola quanto à ação dinâmica e criadora do trabalho na formação indireta da consciência espiritual do homem, que lhe ativa o processo criador do futuro anjo. O homem tanto pode aceitar como renegar o trabalho, tornando-se um cidadão útil ou marginal revoltado e danoso para a comunidade. Ele dispõe do "livre-arbítrio" para decidir e agir quanto à sua própria pessoa; mas, é de Lei Sideral que será tolhido espiritualmente, toda vez que de seus atos egotistas resultarem prejuízos aos demais companheiros.

No entanto, tudo o que existe sobre a face do orbe terreno, que glorifica e beneficia a humanidade, é fruto indiscutível do trabalho. Embora a mente humana seja criadora, ela nada poderá realizar sem o recurso dinâmico do trabalho, operação indiscutível, que transforma em atividade concreta os desejos e as idéias permanentemente vividas na alma humana. Sob qualquer hipótese, o trabalho disciplina, dá calor e energia aos músculos do homem, faz convergir a sua atenção e cuidado para uma realização positiva.[5]

PERGUNTA: — Mas o trabalho, pela sua condição incômoda e desagradável, parece-nos recurso discutível pela

---

na prostituição e uma delas suicidou-se infamada. Além disso, lançara na miséria um sobrinho que lhe emprestara importância da venda de sua casa; ludibriara duas firmas fornecedoras, esquivando-se de assumir o compromisso público, além de prejuízos a diversos operários numa concordata fraudulenta. Finalmente, nos últimos meses de vida abandonara a própria mulher e os filhos, que o haviam acompanhado nas horas amargas, para viver nababescamente com uma vedete.

5 — "O trabalho distingue a humanidade do animal. Desperta as messes nos pampas, extrai metal luzente dos mais negros antros, converte a argila em lar, a pedreira em estátua, o trapo em vela, a cor em quadro, a chispa em frágua, a palavra em livro, o raio em luz, a catarata em força, a hélice em asa. Seu esforço secular criou o poder do homem sobre as forças naturais, dominando-as antes, para utilizá-las depois. É obra sua a alavanca, a cunha, o machado, a roda, a serra, o motor e a turbina. Nada existe no mundo que não conserve o vestígio de suas virtudes vencedoras do tempo. O trabalho é um dever social. Os que vivem sem trabalhar são parasitas, mórbidos, que usurpam aos outros homens uma parte do seu labor comum". - Trechos extraídos da obra *As Forças Morais*, de José Ingenieros, editada pela Livraria Tupã.

Divindade, pois escraviza os espíritos incipientes à condição compulsória algo degradante. Não é assim?

RAMATÍS: — O trabalho significa, intrinsecamente, apenas ação. E a ação tanto pode ser um esforço criador como destruidor. A mesma atividade de trabalho, que na Terra é motivo de sofrimento e símbolo de escravidão, noutros planetas é considerada ação criadora e ensejo divino para o espírito criar obras fecundas. Enquanto os terrícolas trabalham pela ambiciosa competição de lucros, sacrificando a qualidade de sua ação pelo incessante acúmulo de bens transitórios, noutros mundos os homens exercem o trabalho com absoluto desprendimento pessoal. O trabalho é uma ação manifesta em todos os atos da vida; é a dinâmica criadora do próprio Universo e o oposto da inércia.

Sem dúvida, pode distinguir-se entre o "trabalho-prazer" e o "trabalho-obrigação", pois enquanto o homem ambicioso acha-se explorado pelo trabalho compulsório, que resulte em mais benefícios para outrem, há os que se rejubilam pelo ensejo e serviço a favor da comunidade. Há muitos enfermeiros, médicos, freiras, padres, pastores, médiuns, professores, curandeiros e escritores, que se sentem venturosos em trabalhar para servir os seus irmãos da jornada humana. Daí, o motivo por que os malandros e vagabundos fogem do trabalho, pois no seu egotismo de espíritos inferiores e mercenários eles preferem viver na miséria e na incerteza, em vez de exercerem qualquer atividade benéfica ao próximo. Espécie de parasitas bípedes, eles sugam a seiva da árvore generosa da vida, mas não contribuem em nada para o bem e progresso alheio. Jamais sentem o prazer espiritual de servir o próximo, e não trabalham de espontânea vontade, ao menos para embelezar ou melhorar o próprio mundo onde vivem.

Evidentemente, é infelicidade o "trabalho escravo", quando a criatura não passa de uma maquinaria humana ou matéria-prima explorada por outros homens ambiciosos e injustos. Mas os homens que conhecem o processo de reencarnação espiritual sabem que o próprio trabalho escravo é um benefício de reajuste do passado, quando a Lei do Carma corrige o espírito faltoso e o ajusta beneficamente ao conjunto da humanidade.

Investigando-se a história do vosso mundo desde as origens da civilização, verifica-se que o trabalho também evoluiu de acordo com o progresso e a maior consciência espiritual do homem. O trabalho, principalmente na atualidade e no vosso país, malgrado ainda obrigue os homens à escravidão dos horários draconianos, já proporciona concessões liberais como férias, descanso domingueiro remunerado, gratificações, salários extras de fim de ano e a indenização de estabilidade na própria empresa onde trabalham. Nos estabelecimentos fabris e comerciais modernos, o rádio, a televisão e a música ajudam o operário a vencer o seu dia monótono e laborioso, oferecendo-lhe distrações e estímulos agradáveis, que até há pouco tempo eram considerados exageros e absurdos pelos magnatas do mundo.[6]

As associações agremiativas, os institutos de pensões e aposentadorias, as entidades socorristas são hoje comuns sob a égide trabalhista. Funcionam nos setores industriais e comerciais do mundo, significando um segundo lar coletivo que ampara e ameniza a luta física do trabalhador no esforço de conseguir o sustento do lar. Pouco a pouco, extingue-se do mundo a infamante escravidão assalariada do passado, quando o ser humano vivia desamparado e nivelava-se ao animal de carga, sem qualquer descanso ou direitos pessoais. O seu destino era nascer, crescer e morrer sob o chicote dos mais poderosos. Hoje, o trabalho distingue o homem na comunidade e o considera célula útil, proporcionando-lhe uma existência agradável e prazenteira no próprio ambiente onde ganha o seu pão cotidiano.

PERGUNTA: — Cremos que Deus poderia ter criado um mundo mais ameno, sob condições mais agradáveis e prazenteiras para os seus filhos sobreviverem na matéria, em vez de obrigá-los à tarefa medíocre de mourejarem dia e noite para cobrir as suas necessidades. Que dizeis?

RAMATÍS: — É evidente que ainda seria mais absurdo e tolo Deus criar um mundo ameno e exclusivamente prazenteiro para a vivência de espíritos primários, quando eles ainda arrasam jardins, pomares, florestas, campos, silos de cereais, cidades pacíficas, igrejas, centros de cultura e de arte, escolas, hospitais e crianças, mulheres e velhos.

---

6 — Nota de Ramatís: - O Brasil, país acentuadamente fraterno e liberal, já figura nos fichários do mundo espiritual como uma entidade terrena onde o trabalho humano é exercido sob expressivas demonstrações de justiça e amparo ao trabalhador. Malgrado as incompatibilidades ainda existentes entre patrões e empregados, às vezes açuladas por elementos desagregadores e malévolos.

... uma Proposta de Luz

Ninguém constrói palácios de vidro para moradia de macacos, nem confecciona tapetes macios de grama aveludada para criar elefantes. Não há dúvida, quando o espírito do homem domina as paixões animais, ele também adquire o direito de habitar ambientes mais agradáveis, onde, além de ativar o espírito criador, pode contemplar as belezas criadas por Deus. Mas, infelizmente, a humanidade terrena ainda consome a maior parte de sua existência preciosa arruinando e destruindo a sua própria moradia, apesar de vinculada ao trabalho obrigatório, e que lhe evita piores delitos e insânias próprios da ociosidade.

Conforme o dístico "a cada um segundo as suas obras", o espírito do homem, como centelha que desperta e cresce individualmente no seio divino de Deus, precisa descer à carne para adquirir o conhecimento de si mesmo e usufruir o mérito de sua própria angelização. Deve submeter-se à disciplina ou técnica sideral, e como célula individualizada no Todo, aproveitar todo o tempo disponível num sentido útil e para o desenvolvimento de sua consciência espiritual. O trabalho, de início, consome-lhe o tempo que tem disponível para cometer desatinos e tropelias tão próprias da vida instintiva animal.

O trabalho, na sua exigência compulsória, disciplina e fortalece, obrigando o homem a concentrar-se num ritmo sadio e criador, que lhe dinamiza a contextura espiritual, despertando e aflorando as qualidades latentes herdadas de Deus. É um processo ou recurso técnico de aperfeiçoamento espiritual operando no mundo de formas, que acelera a sublimidade angélica inata no ser humano, por força de sua procedência divina. Até o escravo em condições degradantes e explorado pelo senhor insaciável pode desenvolver as virtudes de submissão, resignação, paciência e estoicismo, dinamizando os seus poderes espirituais na atividade produtiva que é o trabalho. Muitos magnatas, cuja fabulosa resistência, produtividade e perseverança criadoras os elevaram a níveis da indústria e do comércio mundial, desenvolveram esse potencial em vidas pregressas e comumente no serviço compulsório da escravidão. Na atividade de um labor escravocrata, eles puderam exercitar a vontade, treinar a persistência através do espírito atento e vinculado a objetivos e interesses dos seus senhores.

Reconhecemos que a espécie de trabalho ainda existente na Terra é uma condição desagradável e algo humilhante, mas de natureza transitória e absolutamente necessária ao tipo primário do espírito terrícola. É uma atividade benéfica e criadora, evoluindo para outros níveis superiores de vida planetária, pois o homem sublima-se no seu labor cada vez mais excelso. A própria pintura e a composição musical, embora consideradas atividades artísticas, também são uma espécie de trabalho ou ação, que embora espontânea e prazenteira exige persistência, obstinação e estoicismo criador, que só se desenvolvem por força de incessante ação e atividade laboriosa. É arte, mas um produto do trabalho requintado, malgrado o homem possa fazê-lo ou abandoná-lo quando lhe convier.

O espírito terrícola ainda precisa ajustar-se ao trabalho rude para sobreviver na face da Terra, a fim de exercitar a sua capacidade criadora e adquirir as qualidades de direito para viver no seio das humanidades angélicas. O trabalho, seja agradável ou desagradável, digno ou degradante, vale pelo seu objetivo criador e pelo seu dinamismo atuando na intimidade espiritual do homem.

PERGUNTA: — Em conseqüência, o trabalho é uma condição intrínseca a qualquer humanidade inferior ou mesmo superior. Não é assim?

RAMATÍS: — O trabalho, que na Terra ainda é considerado "obrigação incômoda" ou "tarefa desagradável", em planetas superiores é aceito como "trabalho-missão". O terrícola rebela-se ante a idéia de que o trabalho é uma necessidade injusta e irredutível para a maioria dos homens sobreviverem no mundo físico, enquanto outros homens são privilegiados, pois não trabalham e vivem nababescamente. Então, o trabalhador comum julga-se um tolo ou infeliz, explorado para sustentar a "doce vida" dos espertos que não trabalham. Sem dúvida, ele ignora que a alma incipiente eleva a sua freqüência vibratória espiritual sob a ação dinâmica do trabalho, enquanto a inércia o estagna no tempo e no espaço.

Assim como dormir é sinônimo de "não-existir", a imobilidade é um treino para a morte, pois o anjo não dorme, nem cessa a sua atividade criadora. Nos planetas de graduação superior, onde o espírito não se fatiga em atrito com o meio suave e eterizado, dormir ou estacionar seria tão absurdo como o processo de fuga, que é o suicídio no vosso mundo. Enquanto a criatura menos mental e mais digestiva forra-se facilmente no sono reparador para compensar o desperdício das energias mais físicas, o

... uma Proposta de Luz

263

sábio dorme pouco. O espírito terrícola sente prazer em dormir, nessa espécie de "suspense" da vida em vigília, porque ele ainda é escravo do jugo violento das emoções humanas indisciplinadas e dos desejos incontrolados do corpo carnal.

O trabalho é operação que desperta o dinamismo angélico da alma e amplia a consciência espiritual para abranger maior área de manifestação do Macrocosmo. Quando Jesus afirmou que a "fé como um grão de mostarda poderia remover montanhas", refere-se, principalmente, à ação perseverante e criadora do trabalho, tal qual ocorre no seio da semente laboriosa, também desperta no psiquismo do homem os poderes sobre as coisas e os seres. A semente da mostarda, malgrado sua imobilidade no fundo da terra, põe-se a trabalhar ininterruptamente até se transformar na planta benfeitora, sob o recurso dos próprios elementos hostis do ambiente. Ela opera em condições sacrificiais, mas rompe, desabrocha e aflora à superfície do solo numa configuração inconcebível, quando comparada à sua pequenez original. Mas tudo isso acontece sob ação transformativa do trabalho e sem a rebeldia às leis do crescimento vegetal.

PERGUNTA: — Mas não há outro meio de livrar-nos dessa condição de trabalho servil e obrigatório, que exige a nossa sobrevivência na matéria?

RAMATÍS: — Paradoxalmente, só trabalhando podereis livrar-vos do trabalho, porque se trata de ação e processo indispensáveis para a modificação e o aperfeiçoamento de qualquer coisa no Universo. O homem livra-se do trabalho degradante substituindo-o por outro trabalho mais sublime, à medida que apura a sua contextura espiritual. Trabalham os músculos de carne, quando o homem movimenta as cargas do mundo, mas o cérebro também trabalha e gasta a substância mental quando o homem pensa. São formas de trabalho ou de ações grosseiras ou delicadas, mas conforme a natureza e a exigência dos planos de manifestação de vida.

Mas embora viva constrangido sob o jugo do "trabalho-obrigação", confie o homem terrícola que, ao subir de nível espiritual, ele também se candidata a outras formas mais agradáveis de trabalho. A mesma semente, que trabalha sacrificialmente no âmago da terra, mais tarde se embevece de júbilo, quando num trabalho mais sublime se entreabre na flor sob o beijo acariciador do Sol. A Lei Espiritual, equânime e benfeitora para tudo e todos, jamais deserda o homem e só lhe proporciona a colheita "segundo as suas obras".

PERGUNTA: — Mas não é um desperdício de tempo o aprendizado exaustivo do espírito, na matéria, quando ele já poderia manifestar as suas qualidades espirituais inatas, sem necessidade da atividade incômoda do trabalho?

RAMATÍS: — Os colares de astros e mundos rodopiantes no Universo provam que Deus não é uma "espiritualidade estática" ou "criador inerte", mas ativo e laborioso, numa incessante atividade fecunda em todas as latitudes do Cosmo.

Os elétrons que giram em torno dos núcleos atômicos do microcosmo e os astros que se movem ao redor dos sóis no macrocosmo demonstram que o trabalho é a ação básica de qualquer atividade da Consciência Divina. Deus pensa e cria o Macrocosmo; o anjo trabalha e cria o microcosmo. Os santos, artistas, gênios e condutores de multidões são produtos fundamentais de um labor incessante e aperfeiçoável, pois a atividade, em qualquer plano cósmico, é um "ritualismo" iniciático, que disciplina e dinamiza os movimentos ascensionais do espírito para despertar-lhe o conhecimento e o poder divinos.

O labor é o fundamento das coisas mais sublimes do mundo; o trabalho obstinado de um homem estóico sobre o piano produziu na esfera da música o gigante chamado Beethoven; da persistência no manejo de tintas, resultaram os gênios como Rubens, Ticiano, Da Vinci ou Rafael; o labor teimoso do buril sobre a rigidez da pedra fez a glória de Miguel Ângelo; a própria santidade de Francisco de Assis modelou-se na sua atividade desprendida e fatigante em favor dos desgraçados. Foi o trabalho mental movendo o raciocínio acerca dos mistérios da vida e da existência do espírito que plasmou a figura benfeitora e grandiosa de Buda e do sublime Jesus.

No âmago da bolota já existe a microssíntese da gigantesca árvore do futuro carvalho; mas é graças ao trabalho exaustivo e incessante que ela desabrocha e cresce no seio da terra até se transformar no vegetal benfeitor. O minúsculo fio do regato, que escorre das encostas do Peru, só adquire as prerrogativas do majestoso rio Amazonas após o árduo trabalho de abrir sulcos na terra, cavar as pedras e desenvolver as forças adormecidas sob o primeiro impulso de vida latente na gota de água.

... uma Proposta de Luz

PERGUNTA: — *Mas o fato de o homem inventar e construir robôs, máquinas e computadores eletrônicos, que pouco a pouco o livram do trabalho mais fatigante, não comprova que ele já merece melhor condição laboriosa?*

RAMATÍS: — Referimo-nos ao trabalho como "ação", "atividade" ou "movimento" que catalisa e sublima as energias adormecidas do espírito do homem. Tratando-se de um processo de melhoramento espiritual, que eleva o energismo humano, o trabalho é valioso processo benfeitor em qualquer setor de atividade no mundo. É útil e produtivo ao homem simples, que esgaravata os esgotos da cidade, como ao ministro que consome fosfatos tentando melhorar a alimentação, a saúde e a educação do seu povo. Em ambos os casos, o trabalho se efetua em níveis diferentes, mas produz os resultados adequados a cada plano da vivência humana. Tanto o magnata que dirige portentosa indústria de responsabilidade coletiva, como o servente que junta pedras e argamassa nos fundos das valas, ambos são anjos em crescimento consciencial no mundo físico, dispondo do trabalho como o ensejo de melhorar o seu padrão sideral.

PERGUNTA: — *Aliás, os próprios chefes de indústrias e empresas comerciais do mundo parecem reconhecer a função meritória do trabalho, pois já oferecem um ambiente mais agradável aos seus empregados, inclusive música para ajudar a "passar o tempo".*

RAMATÍS: — Os responsáveis pelas indústrias e empresas laboriosas do mundo, que aliam à conveniência utilitarista e aos recursos de sua produção o bem-estar e o conforto de seus empregados, sem dúvida, são espíritos de boa natureza, pois materializam, na Terra, o modo de vida que já é próprio de outros planetas mais evoluídos. Eles elevam o trabalho terrícola para um nível superior, além de torná-lo mais ameno e até prazenteiro aos seus assalariados.

Aliás, espíritos de escol também podem comandar grandes capitais e indústrias do mundo moderno, pois não é a pobreza nem a riqueza, que realmente definem o grau espiritual evolutivo do homem, mas o seu comportamento digno. Os mestres iniciáticos e velhos instrutores do Oriente, após os estágios de desenvolvimento mental e psíquico, que habitualmente faziam nas confrarias esotéricas, grutas e templos iniciáticos, às vezes, pálidos, seminus e febris, depois renascem no Ocidente para cooperar no seu progresso material. Então, envergam ternos de casimira ou de brim, usam cabelos rente, barbeiam-se com "giletes", movem-se pelas ruas das cidades populosas, ombreando-se com todos os homens, além de proporcionar bom ambiente para os seus empregados e contribuindo para melhorar o índice da vida humana.

O espírito do homem não adquire o conhecimento cósmico fugindo da vida onde Deus permanece ativo; mas isso ele o consegue à medida que aprende a movimentar os valores autênticos e definitivos no próprio trato da matéria. E isso ele realiza através do labor físico, mental e psíquico, que é obrigado a movimentar nas relações com as formas do mundo. A contemplatividade é um corolário da atividade, pois ninguém se torna contemplativo sem entender o que contempla.

Por isso, muitos magnatas que aparentemente estão presos aos tesouros da Terra, ainda podem ser mais libertos da escravidão da matéria do que os próprios mendigos, cuja avareza e apego se dissimula sob a falsa humildade dos trapos. Libertação espiritual não é o culto à seminudez do corpo ou deliberado sofrimento masoquista; mas, acima de tudo, saber viver entre tesouros e gloríolas do mundo sem escravizar a alma. Há homens afortunados, que trabalham exclusivamente para o bem do gênero humano; às vezes retardam os seus próprios prazeres e o repouso merecido, pelo júbilo de criar e servir. Eles trabalham impelidos por um impulso oculto, que lhes desenvolve as energias espirituais através da atividade, tal qual a semente, que desperta e cresce até a postura do arvoredo benfeitor, independente de qualquer interesse mercenário.

PERGUNTA: — Não seria mais razoável e justo que Deus proporcionasse a todos os homens o mesmo ensejo de trabalho e enriquecimento? Isso melhoraria o padrão de vida humana, pela alegria e fartura a todas as criaturas. Não é assim?

RAMATÍS: — Sem dúvida, o "tema" fundamental da vida espiritual criada por Deus é proporcionar a fartura, alegria e felicidade para todos os seus filhos. Mas tais coisas só podem ser vividas autenticamente nos ambientes angélicos, onde a freqüência vibratória não causa fadiga nem decepções ao espírito imortal. No entanto, é impossível a ventura espiritual nos mundos físicos, porque são instáveis e sujeitos ao desgaste. O seu ambiente é precário por causa das imprevistas mutações e dos

... uma Proposta de Luz

reajustamentos próprios dos orbes primários. A Terra ainda é uma escola espiritual primária destinada à alfabetização de espíritos incipientes, e que mal soletram as primeiras letras da linguagem do Céu.[7]

O cenário físico e os múltiplos apetrechos da vida humana são apenas ensejos educativos à disposição de todos os homens que desejam desenvolver os seus poderes mentais e espirituais latentes. Na escola terrena a "semeadura é livre, mas a colheita é obrigatória" ou "cada um pagará até o último ceitil", e suas regras pedagógicas são inflexíveis. É de senso comum que o aluno não deve folgar no estudo, nem o operário no seu trabalho, enquanto não completarem as suas tarefas, pois seria prematuro usufruir o prazer e a ociosidade antes de se cumprir o dever para consigo e para a humanidade. Mas Deus proporciona a todos os homens os mesmos direitos e ensejos no seu aprendizado físico primário. No entanto, seria insensato o professor aprovar indistintamente, no fim do curso escolar, tanto os alunos criteriosos como os relapsos, indisciplinados e preguiçosos. Da mesma forma, não se justifica o homem gozar da fortuna e da ventura, quando ainda não sintonizou-se à freqüência vibratória superior.[8]

PERGUNTA: — Temos pensado que, sob a mesma igualdade de vivência, no mundo, todos os homens seriam razoavelmente felizes. No entanto, parece-nos que o trabalho escraviza e sacrifica os mais ingênuos, mas enriquece e diverte os mais espertos. Que dizeis?

RAMATÍS: — A multiplicidade de aspectos, situações e ensejos educativos que o mundo físico oferece aos seus habitantes permite a cada homem ou grupo de homens viverem segundo a sua própria experiência e conforme o seu grau de entendimento espiritual. Não é a pobreza e a riqueza o que realmente assegura a felicidade humana, pois há ricos infelizes e pobres venturosos. Homens sadios e desesperados, mas há também cegos que can-

---

7 — Nota de Ramatís: - De acordo com a cartilha terrena, o homem conjuga as pessoas do verbo de modo egocêntrico; eu ou o ego, em primeiro lugar; tu ou o próximo, em segundo lugar; e Ele ou Deus, em terceiro. No entanto, a cartilha angélica é exatamente o oposto; Ele ou Deus, em primeiro lugar; você ou o próximo, em segundo, e eu ou o ego, que fala em terceiro.

8 — Nos Estados Unidos, em 1945, J. F. suicidou-se por tédio, malgrado a sua fabulosa fortuna; B. H. M. afogou-se na piscina alegando estar farto e saturado das emoções do mundo. Ambos, infelizmente, esqueceram de vencer esse tédio e saturação emocional, ajudando o próximo.

tam e tocam violão. Ninguém é exclusivamente feliz só porque recebeu os melhores dons da vida humana. É preciso compreender conscientemente qual é a mensagem que se oculta atrás desses bens. Assim, enquanto o adepto da música sinfônica sentir-se-á extasiado ouvindo a sublime "Coral" de Beethoven, o bugre há de ser infeliz sob a mesma condição, mal suportando a saudade do batuque primitivo.

A dor e a pobreza são circunstâncias provisórias, que funcionam num certo tempo de experiência e necessidade do espírito encarnado, no curso da recuperação do tempo perdido no passado. Sob a Lei do Carma, o mendigo chagado de hoje já foi o homem rico e sadio, que outrora abusou da saúde e serviu-se da fortuna para atos ignominiosos. Ele teve os seus momentos de alegria e fartura, mas viveu-os exclusivamente para si e sem produzir qualquer bem ao próximo. A fortuna, a saúde ou alegria, em excesso, não resolvem as equações e incógnitas latentes no recôndito da alma ignorante, pois o espírito do homem só vive e dinamiza emoções, pensamentos e desejos, conforme seja o grau de sua consciência, já desperta na matéria.

Buda e Francisco de Assis foram felizes só depois que deixaram o conforto e a riqueza da aristocracia para vestirem a estamenha na vida deserdada no mundo. Gauguin só conseguiu criar os primores vivos da cor na sua pintura expressionista e iluminada, depois que abandonou o epicurismo do seu lar europeu e foi viver entre os párias e leprosos do Taiti. O modelo mais perfeito do homem angélico plasmado na Terra não se originou dos palácios afortunados do mundo, mas do trabalho paciente, humilde e pobre do Mestre Jesus.

PERGUNTA: — Há pouco aludistes ao "trabalho redentor", o que nos induz à crença de um sentido doutrinário ou regenerativo do trabalho?

RAMATÍS: — Consideramos o trabalho uma atividade redentora, além de sua ação dinâmica, pois, realmente, ele desperta as qualidades laboriosas e latentes do espírito imortal. A incessante atividade nos diversos planos da vida humana ajusta o homem a freqüências mais sutis e próprias dos mundos angélicos. O trabalho familiariza a criatura com as virtudes da perseverança, resignação, paciência e o estoicismo, as quais se desenvolvem nela por força da continuidade laboriosa. Quem se obriga a tarefas num tempo dado e para um certo objetivo, que lhe exige

... uma Proposta de Luz

constância, submissão e disciplina, desenvolve outros valores correlatos, meritórios. Aliás, no caso da escravidão dolorosa, que por vezes conduz até ao martírio, o trabalho, sem dúvida, oferece características místicas.

O trabalho, como ação preliminar, ativa o psiquismo primário do homem e opera compulsoriamente na sua transformação interior. O prazer, a ociosidade, o excesso de conforto e a liberdade do mando atrofiam mais facilmente as virtudes divinas e latentes no espírito do homem, porque o cristalizam na despreocupação de centralizar suas forças para fins proveitosos. Mas durante o treino laborioso, que afasta do espírito as elucubrações censuráveis e os desperdícios da mente acéfala, há determinada concentração de energias convergindo para um fim útil, seja científico, técnico, artístico e até religioso. Por isso, o homem de espírito esclarecido não encara o trabalho como coisa detestável e humilhante, mas o considera um ensejo energético para despertar o seu conteúdo espiritual superior, adormecido.

Embora não se verifique um sentido doutrinário na simples função laboriosa do trabalho, trata-se de uma ação disciplinadora e que proporciona o ajuste, o progresso ou a realização das concepções mentais do homem. No metabolismo evolutivo da vida humana, cada coisa atua de um modo peculiar, mas vinculada a toda manifestação da vida. O importante é ninguém interferir extemporaneamente na vivência alheia, nem perturbar o labor do próximo. Isso lembra a harmonia e sabedoria com que funciona o próprio organismo humano, onde cada órgão exerce a sua função laboriosa sob o mesmo comando cerebral, mas respeitando sempre o trabalho e o objetivo dos demais componentes orgânicos. O fígado não intervém nas funções do coração, nem este pretende modificar a composição da bílis produzida pela vesícula; o baço purifica o "quantum sangüíneo", os rins drenam as substâncias tóxicas, a medula compõe o sangue, o pâncreas produz a insulina e os fermentos de praxe. Cada órgão trabalha disciplinado e entrega a sua cota de produção assumida para com todo o organismo. Cada "plexo" nervoso funciona na sua região familiar, mas embora distribua os estímulos de sua competência, não tenta influenciar ou modificar os demais campos de ação dos seus irmãos ganglionares. O mínimo deslize, a mais sutil negligência, podem gerar transtornos perigosos ao equilíbrio e à harmonia do edifício celular do corpo humano e dificultar a manifestação do espírito encarnado na matéria.

Portanto, a alegria e a fartura do corpo dependem da alegria e da fartura do espírito, cuja vontade, ânimo e disciplina controlam e coordenam o labor das células e dos órgãos num ritmo progressista, o qual também se conhece por trabalho.

PERGUNTA: — Que dizeis da concepção de "Capital" e "Trabalho", que deram influxos às doutrinas do capitalismo e do comunismo, as quais dividem os homens e causam angústias aos povos, ante a preocupação de domínio exclusivo deste ou daquele grupo?

RAMATÍS: — Que importam os sistemas políticos, as doutrinas democráticas, comunistas, fascistas ou nazistas, quando a saúde, o equilíbrio e a harmonia de tais sistemas dependem fundamentalmente da saúde, do equilíbrio e da harmonia espiritual de cada homem e de cada uma das peças que os compõem? Ninguém modifica ou melhora o conteúdo de um bolo só porque lhe aplica uma forma artística agradável para levá-lo ao forno. O fato de o doceiro achar agradável a forma de um peixe para fazer o seu bolo, não implica em que todos os doces feitos sob tal modelo fiquem bons e agradáveis; eles dependerão, essencialmente, dos ingredientes que constituem o seu conteúdo e não a forma modelada. Nenhuma doutrina, partido ou sistema político, social, capitalista, democrático, nazista ou fascista conseguirá solucionar a carência de fraternidade no seio da humanidade, nem proporcionar a paz de espírito desejada, caso o indivíduo ainda permaneça cheio de problemas e aflições. O estado sadio do corpo humano, por exemplo, não é obra de um sistema ideado e criado de fora para dentro, por um grupo de órgãos com certo gosto pessoal, mas um produto resultante da soma de todas as células sadias. Enquanto houver uma célula enferma não existirá nesse corpo a higidez desejada. Assim como o funcionamento perfeito do relógio depende do funcionamento exato e perfeito e harmônico de todas as suas peças, é evidente que antes de se cogitar do sucesso de democracia, comunismo, nazismo, fascismo ou socialismo, é necessário primeiramente aperfeiçoar-se as "peças-homens", que deverão compor e integrar o conjunto doutrinário, simpático. Aperfeiçoado o homem, obviamente, pouco importa depois o rótulo do movimento, sistema político, religioso ou social que

... uma Proposta de Luz

ele integrar.

No entanto, cada sistema, doutrina ou instituição política do mundo pretende impor a sua maneira de governar ou atuar, pouco se importando com as idiossincrasias dos adeptos de outros movimentos. Seria ilógico, por exemplo, que o fígado resolvesse criar um sistema baseado exclusivamente em sua própria função hepática, pretendendo, com esse "hepatismo", governar as necessidades de todo o corpo. Os "ismos" separam os homens em grupos afins e ligados pelos mesmos interesses, que passam a competir com outros grupos de homens etiquetados por determinadas legendas. Mas quando o cidadão aperceber-se conscientemente da sua realidade espiritual e a conseqüente feição transitória do mundo material, capaz de integrar-se fraternalmente no seio de toda a humanidade, jamais ele precisará de qualquer legenda ou dístico que o vincule a uma doutrina separatista e enquadrada sob determinado "ismo".

E como "só pelo Amor se salva o homem", ainda é a doutrina do Cristo, o "Evangelismo", a única solução capaz de unir todos os homens sob um só ritmo de vida venturosa e sadia.

O Evangelho à Luz do Cosmo

CAPÍTULO 3

O Evangelho é a lei do Cosmo

PERGUNTA: — Qual é o motivo de vossa escolha do título "O Evangelho à   Luz do Cosmo" para esta obra?

RAMATÍS: — O Evangelho não é simplesmente um repositório de máximas e advertências morais, nem somente código de preceitos exclusivos de qualquer instituição humana religiosa, devidamente credenciada para representar Deus na Terra. Em verdade, o Evangelho relatando a experiência vivida integralmente por Jesus, em 33 anos de sua vida física, é para demonstrar a todos as leis que governam e disciplinam o Universo. Os conceitos do Mestre Jesus, paralelamente à sua conduta e ação incomum, podem ser aceitos como um compêndio humano a expor os objetivos de Deus na Sua Criação. Enfim, repetimos: o Evangelho não é um Código Moral adequado a um certo tipo de humanidade, mas um tratado perfeito de bem viver, que pode orientar em qualquer época qualquer tipo humano, em qualquer longitude terrestre ou astronômica. Proporciona uma transmutação consciente evangélica, onde o homem termina vivendo a sua melhor experiência para Deus.

O Evangelho, portanto, é o "Caminho" da evolução indicado pelo Criador à criatura, constituindo-se numa fonte íntima de libertação do Deus em nós. O homem evangelizado é a criatura que vive corretamente no seu "mundo pequeno", a mesma pulsação criativa e vibração sublime do "mundo grande". Daí o motivo por que os velhos orientais já apregoavam há milênios, que o "macrocosmo está no microcosmo" e o "que está em cima está embaixo", enquanto a ciência moderna aceita que "átomo é a miniatura duma constelação e a constelação a amplitude do átomo". Integrando-se na vivência absoluta do Evangelho, o homem exercita-se no mundo transitório da matéria para assimilar e ajustar-se ao metabolismo da Lei Suprema do Universo. Em consequência disso, os preceitos morais expostos por Jesus refletem, também, os princípios do próprio Universo.

PERGUNTA: — Poderíeis explicar-nos de modo mais claro, o fato de que os conceitos expostos por Jesus também refletem os princípios da Mente Universal?

RAMATÍS: — Embora a mente humana se diversifique pela necessidade de subdividir e operar em várias esferas de atividades, o certo é que no âmago do ser a pulsação criativa de Deus é um princípio único e indesviável sustentando as criaturas. O homem, que é partícula divina, e não o Todo Cósmico, precisa convencionar contrastes e elementos opostos em todos os fenômenos e condições da vida humana. Essa "dualidade", então, serve-lhe de base para firmar e desenvolver a sua consciência individual. Apesar de sentir, ou mesmo saber, que Deus é entidade monística, indivisível e único a gerir o Cosmo, o espírito humano ainda encontra dificuldade em conceber essa natureza divina absoluta. Assim, embora não exista qualquer separação na manifestação da vida, o homem cria uma conceituação de aparente oposição no metabolismo da vida cósmica. Mas o certo é que o Universo fundamenta-se exclusivamente na imutável e irrevogável Lei Suprema, que disciplina, sob um só metabolismo, todos os fenômenos e acontecimentos da Vida.

Em verdade, a mesma lei que rege a "gravitação", coesão entre os astros, também disciplina o fenômeno de "afinidade" entre as substâncias químicas e incentiva a "união" ou o amor entre os seres. Daí a equanimidade do progresso que ocorre com exatidão tanto num grão de areia, como na própria montanha de que ele faz parte. A legislação divina, atendendo as necessidades organogênicas do corpo humano, age pelos mesmos princípios de síntese e análise bioquímica, tanto no homem, como no vírus. Eis por que as orientações propostas por Jesus e de sua própria vivência e exemplificação pessoal, inseridas no Evangelho, são acontecimentos educativos, que podem ser usados pelo ser humano em qualquer latitude da Terra, noutros planetas e mesmo noutros mundos espirituais. São diretrizes de comportamentos, que na sua realização no mundo das formas abrem cientificamente as portas do infinito livre ao espírito humano.

O Evangelho, como a súmula das atitudes sublimes e definitivas no Universo, promove a mais breve metamorfose do homem em anjo, porque o homem, depois de evangelizado, vive em si a síntese microcósmica do macrocosmo.

PERGUNTA: — Quereis dizer que toda a atividade doutrinária e evangélica do Cristo-Jesus, entre os homens, baseava-se especificamente nos próprios princípios científicos do Cosmo?

RAMATÍS: — A Lei de Deus é perfeita, sem jamais se modificar para atender a qualquer particularidade ou privilégio pessoal. Ela tem por função exclusiva a sabedoria e perfeição de todos os seres. Jesus, em sua fidelidade espiritual, exemplificou em si mesmo o desenrolar das paixões humanas e, depois, a sublimação, assegurando a ascese angélica. A sua vida no cenário do mundo físico é condensação das leis definitivas que regem o Cosmo. Ele proclamou-se com justiça o "Caminho, Verdade e Vida". As regras do Evangelho, ensinadas para a vivência correta e evolutiva das humanidades nos mundos físicos, correspondem aos mesmos esquemas disciplinadores da vida das constelações, dos planetas e asteróides pulsando no Universo. Assim, Jesus movimentou-se na Terra, sob a regência das mesmas leis que governam o Cosmo, e as revelou em perfeita equanimidade com as ações e transformações microcósmicas dos homens à luz do Evangelho.

Em conseqüência, o seu Evangelho é uma síntese para orientar o comportamento humano na Terra, na mais perfeita sintonia com os postulados científicos das leis do Macrocosmo. Aliás, no curto espaço de 33 anos, Jesus efetuou o resumo de toda a paixão humana, através de milênios e milênios de aprendizado e emancipação espiritual do homem.

PERGUNTA: — Quereis dizer que Jesus vivia mais propriamente a redução das leis do Cosmo, em vez de buscar a solução de suas necessidades comuns na vida humana?

RAMATÍS: — A vida de Jesus tão sublime, correta, pacífica e vivida sob a força do amor criativo, teve por norma fundamental expor o resumo da Lei de Deus. Jamais o Divino Mestre praticou um só ato de sua vida, na qual buscasse pri-

... uma Proposta de Luz

meiramente atender os próprios desejos; nem mesmo quando disso dependesse a sua ventura sideral. Nascendo num berço físico, ele já trazia no âmago de sua alma o esquema de apenas servir e ajudar o homem na sua redenção espiritual. Justo, bom e sábio, assim como Deus transborda de Amor e nutre a Vida no Universo, o Sublime Amigo transfundia todo o seu amor nos atos mais simples. Em qualquer circunstância, ele se colocava sempre em último lugar no jogo dos interesses humanos, pois semelhante à Lei do Pai, que promove indistintamente a felicidade de todos os seres, bastava-se a si mesmo.

Era semelhante à árvore benfeitora, que nasce, cresce e torna-se frondosa, para depois amparar com a sua sombra amiga desde o cordeiro inofensivo até as feras mais carniceiras. Toda a sua vida teve um único objetivo: mostrar o caminho da redenção pelo amor, que se traduzia nele através do servir desinteressado e absolutamente fiel. O seu coração e a sua mente nada mais lhe significavam do que o fundamento em incessante oferenda viva para ajustar, corrigir e orientar o homem no sentido de realizar a sua mais breve felicidade.

Diante da mulher adúltera, quando ele exclamou: "Vai e não peques mais", buscou cumprir a Lei de Deus, que atua de modo corretivo, mas não punitivo, pois ela ajusta e cria, jamais destrói. E, ainda, em correspondência à vibração cósmica, que restabelece toda harmonia, Jesus fez a advertência severa aos perseguidores da pecadora e os chamou à ordem, uma vez que projetavam na infeliz os próprios erros e recalques humanos. Quando, então, lhes disse: "Quem não tiver pecado, atire a primeira pedra" pôs a descoberto todos os vícios e paixões humanas, conclamando aqueles falsos virtuosos a uma correção íntima, convencendo-os de que embora a lei do Sinédrio mandasse lapidar as mulheres adúlteras, isso só poderia ser executado pelas criaturas que não tivessem nenhum pecado.

Em verdade, através de Jesus, refletiam-se tanto quanto possível as leis cósmicas, que corrigem excessos, distorções e desvios do metabolismo da vida e, magnificamente, sintetizadas no Evangelho, ali se demonstravam na forma de conceitos, máximas, parábolas e princípios, que devem reajustar a constelação humana.

PERGUNTA: — Por que o homem, que é na realidade um espírito encarnado, não aceita ou não compreende de ime-

diato a natureza tão sublime e salvadora do Evangelho? Não deveria crer absolutamente em Jesus, tanto quanto o aluno confia no seu professor?

RAMATÍS: — A mais breve ou demorada integração evangélica depende fundamentalmente do grau da consciência espiritual de cada um, e não de sua memória pregressa. O vosso orbe é pródigo de líderes religiosos, católicos, protestantes e mesmo espíritas, ou pretensos iniciados, que pregam e divulgam o Evangelho, mas ainda não assimilaram, para o próprio viver cotidiano, os mesmos ensinos sublimes que eles tentam incutir no próximo. São apenas distribuidores de azeite, com o objetivo de acenderem as lâmpadas alheias, mas, infelizmente, pela sua negligência ou retardo espiritual, terminam às escuras por falta de combustível em sua própria lâmpada.

Só as almas que abrangem maior área da realidade espiritual assimilam mais facilmente toda força, coerência e veracidade da Lei Suprema, expressa através do Evangelho. Aliás, nenhum homem pode transmitir a outra pessoa a sua experiência espiritual do reino divino, assim como o cego de nascença não se apercebe do teor da luz que ilumina o mundo, pois ele não vê. A assimilação exata do Evangelho, como uma experiência viva para toda a Eternidade, só é possível pela iniciação gradativa e ascendente da Intuição. É a faculdade de saber a Realidade Divina independente das formas e dos fenômenos dos mundos transitórios da matéria.

... uma Proposta de Luz

SOB A LUZ DO ESPIRITISMO

CAPÍTULO 7

A mente

PERGUNTA: — Seria útil para a doutrina espírita estudar a mente, no sentido de investigar todos os seus refolhos, como fazem o esoterismo, a teosofia, a rosa-cruz e a ioga?

RAMATÍS: — Evidentemente, deve interessar à doutrina espírita o estudo profundo de todas as faculdades, poderes e recursos do espírito imortal, a fim de apressar a evolução da humanidade. E, sendo o espiritismo um movimento espiritualista prático e popular, sem complexidades iniciáticas, sua principal missão é transmitir o conhecimento direto da imortalidade e ensinar aos homens os seus deveres espirituais nas relações com o próximo.

PERGUNTA: — Que achais da bibliografia espírita sobre o estudo da mente?

RAMATÍS: — Embora não existam compêndios espíritas especializados sobre o estudo da mente, já é bem extensa a bibliografia que trata desse assunto de modo prático e bastante compreensível. São escritas, comunicações e mensagens mediúnicas dispersas, em várias obras, revistas, jornais e panfletos doutrinários, constituindo excelente repositório de conhecimentos, análises e soluções sobre os problemas da mente.[1]

---

1 — Vide "Ante a Vida Mental", obra *Roteiro*; "Guardemos Saúde Mental", obra *Pão Nosso*, ambas de Emmanuel; *Parasitose Mental*, de Dias da Cruz, *Pensamento*, de Lourenço Prado; *Concentração Mental*, André Luiz e *Fixação Mental* de Dias da Cruz, capítulos da obra *Instruções Psicofônicas*, de F. C. Xavier. Vide *Os Fantasmas da Mente* de Albano Couto, *Nem Mesmo Jesus*, de Alberto Seabra, da obra *Seareiros de Volta*, do médium Waldo Vieira; "A Epífise", cap. I, obra *Mis-*

PERGUNTA: — Há necessidade de uma terminologia específica, ou linguagem apropriada, para se compreender a natureza da mente?

RAMATÍS: — Sem dúvida! Os orientais, principalmente os hindus, apercebem-se facilmente dos arrazoados complexos sobre a mente — embora eivados de alegorias, símbolos ou chaves iniciáticas —, porque sentem, através de tais recursos, aquilo que a palavra escrita não pode exprimir na sua frieza. Os ensinamentos orientais parecem complicados na sua expressão figurada, quando compulsados pelos ocidentais, cujo intelecto é avesso a símbolos, terminologias exóticas, alegorias convencionais ou aforismos poéticos. Mas, aquilo que o ocidental precisa "ver" claramente para "crer" o oriental "sente" pela sua avançada sensibilidade intuitiva. Os antigos sacerdotes, magos ou instrutores da vida oculta eram obrigados a resguardar os seus conhecimentos esotéricos, a fim de evitar que os leigos fizessem mau uso de tais revelações.

Todavia, a missão do espiritismo no século XX é explicar, à luz do dia, a prática desses ensinamentos milenários do mundo espiritual, os quais só eram acessíveis aos discípulos iniciados nas confrarias de mistérios. Cumpre à doutrina de Kardec transferir para a capacidade psíquica do ocidental aquilo que os mestres hindus, caldeus, assírios, egípcios ou persas ministravam sob hieróglifos, símbolos, códigos ou sinais cabalísticos.

PERGUNTA: — Poderíeis explicar-nos algo proveitoso sobre a mente?

RAMATÍS: — A mente é o principal meio de ação do espírito sobre as formas ocultas ou visíveis da matéria; é responsável por todas as criações e metamorfoses da vida. Há muitos séculos, já se citava, na Terra, o sábio aforismo hindu: "o homem se converte naquilo que pensa"; equivalente, também, ao conceito ocidental de que "O homem é o produto do que pensa". O poder, ou a energia mental própria de todo espírito, serve para realizar seus objetivos, de conformidade com as aspirações da consciência. É um reflexo do poder do pensamento emanado da Mente Divina, manifestado através dos espíritos imortais.

---

sionários da Luz; *Nossa Vida Mental*, cap. 56, obra *Ideal Espírita*, cap. V e XXV, "Assimilação de Correntes Mentais" e "Em Torno da Fixação Mental", obra *Nos Domínios da Mediunidade*; "Leitura Mental", obra *Obreiros da Vida Eterna*; estas últimas pelo espírito André Luiz, pelo médium Chico Xavier. Vide o cap. "Mentalismo", da obra *Falando à Terra*, pg. 174, ditado pelo espírito Miguel Couto.

... uma Proposta de Luz

O espírito do homem aciona, pelo pensamento, a energia sutilíssima da mente e atua, de imediato, através do duplo etérico, no corpo físico, onde cessa o impulso gerado no mundo oculto. Sob o processo mental, produzem-se modificações incessantes nas relações do indivíduo com o ambiente e as pessoas. Em conseqüência, o homem é o resultado exato do seu pensamento, porque a mente é o seu guia, em qualquer plano da vida. A mente, enfim, é a usina da inteligência, do progresso moral, físico, científico, artístico ou espiritual. É a base da felicidade ou da desventura, da saúde ou da doença, do sucesso ou da fracasso. A atitude mental pessimista do ser estigmatiza-lhe, nas faces, o temor, o desânimo ou a velhice prematura, enquanto os pensamentos otimistas dão juventude ao rosto velho, coragem ao fraco e desanuviam os aspectos desagradáveis. Através das diversas vidas físicas, o espírito educa e aprende a governar suas forças mentais, até plasmar sua forma angélica e usufruir a Ventura Eterna.

O homem pensa pela mente, sente pelo astral e age pelo físico. Sofre, por conseguinte, o bem ou mal que pensar, pois, há pensamentos destruidores e há pensamentos construtivos. O pensamento, sendo imaterial, possui um poder maior do que as realidades físicas. E deve conhecer, tanto quanto possível, a ação e o mecanismo da mente, a fim de governá-la como senhor, e não, ser seu escravo.

PERGUNTA: — No entanto, parece que somente o corpo físico é algo real em nossa vida.

RAMATÍS: — O homem ainda não distingue a positiva ação mental sobre o seu corpo físico; e, por isso, o julga mais importante do que a mente. Mas, em verdade, a mente é o veículo poderoso do espírito, pois, o corpo carnal é, apenas, a vestimenta provisória, que, minuto a minuto, envelhece e se encaminha, fatalmente, para o "guarda-roupa" do cemitério.

Nada se pode fazer sem pensar, porque a mente é a fonte imutável de toda a criação. Mesmo aquilo que se faz por instinto já foi pensado antes e automatizado no "depósito" da memória; e se revela, no momento propício, na forma de ações instintivas. O pintor, o escultor ou o compositor só criam suas obras depois de produzi-las, em pensamento. Mesmo quando julgam produzir algo por "inspiração" alheia à sua mente, eles recebem sugestões de outras mentes encarnadas, ou libertas no Além, resultando, às vezes, surgirem descobertas e invenções semelhantes, produzidas ao mesmo tempo, por autores diferentes.[2]

Em certos casos, os gênios, artistas, poetas ou cientistas, compõem verdadeiros arranjos "inéditos", mas, em parte, obedecem aos impulsos instintivos do subconsciente, o perispírito que lhes transmite "velhas cousas", em conexão com fragmentos de novos pensamentos, realmente, originais. Jamais, pode ser criada alguma coisa no mundo das emoções ou da matéria, sem que, antes, tenha sido criado pela mente.

PERGUNTA: — Apreciaríamos mais algumas considerações sobre o fundamento desse poder mental do homem.

RAMATÍS: — Sabemos que o Universo é fruto do Pensamento de Deus. Em conseqüência, tudo o que concebermos, por mais fantasioso ou miraculoso, já existe no Pensamento Divino, porque nada poderíamos pensar fora de Deus. Não existem dois Criadores do Universo. E o próprio Diabo, como entidade adversa, antítese e oposta a todas as qualidades divinas, é um mito ou produto da lenda e da ignorância humana.

Atribuindo-se a Deus nossas virtudes, Ele é infinitamente Bom, Sábio, Justo, Magnânimo, Poderoso e o Autor indiscutível do Cosmo, planejado na Sua Mente. E, sendo o homem uma centelha, fagulha ou chama emanada do Criador, indubitavelmente, também herdamos essas qualidades, embora isso aconteça de modo finito e de acordo com a nossa compreensão e capacidade espiritual. Não só a Bíblia assegura que "o homem foi feito à imagem de Deus", como, o próprio Jesus, mais tarde, confirma tal conceito, observando: "Eu e meu Pai somos um" ou ainda "Vós sois deuses".

Assim, poderemos mobilizar o fabuloso poder da mente, modelando os nossos destinos para objetivos venturosos, porque, em nossa intimidade espiritual, ele permanece indestrutível por ser o alento e a sabedoria do Pai. Muitos homens passaram pelo mundo produzindo fenômenos incomuns, que os classificaram de "magos" poderosos, pois, não só dominavam as leis da natureza, como processavam modificações no próprio organismo. Através do poder fabuloso da mente, eles levitavam, desmaterializavam objetos e chegavam a se transportar de um local para outro, além de exercerem toda sorte de interferência

---

2 — Vide o capítulo "Um chafariz da alta função terapêutica", da obra *A Sobrevivência do Espírito*, de Ramatís e Atanagildo, **EDITORA DO CONHECIMENTO**.

... uma Proposta de Luz

no seu organismo, conforme narra a história iniciática sobre os famosos iogues Babají, Lahiri Mahasaya e Nagendra Bhaduri.

Feitos à imagem de Deus, nós também possuímos a miniatura do poder, da glória e da sabedoria divinas. O fracasso, o infortúnio, a ignorância e o mal são frutos exclusivos de nossa incapacidade de mobilizarmos a miraculosa energia da mente. São de profunda significação oculta as palavras de Jesus, quando diz "Aquele que crê em mim, também fará as obras que eu faço, e ainda mais". Evidentemente, o Mestre aludia ao governo da mente, porque o pensamento é a base de todas as manifestações da vida, que nos possibilita crer e fazer.

PERGUNTA: — Dissestes que a mente produz a doença ou a saúde. Poderíeis mencionar algo a esse respeito?

RAMATÍS: — "A saúde é o pensamento em harmonia com a Lei de Deus", disse certo espírito[3]. Afora acidentes ou autodestruição deliberada, o homem só enferma quando há desequilíbrio no seu organismo. O corpo humano é constituído de átomos, moléculas, células e tecidos, mas, sustentado, fundamentalmente, pelas coletividades de micróbios, vírus, ultravírus e outros elementos vitais das mais variadas espécies, podendo caber milhões na cabeça de um alfinete. O homem é um aglomerado de vidas infinitesimais em incessante efervescência, pois há espécies que nascem, crescem, procriam e morrem, em alguns minutos.

Trata-se de fabulosa atividade oculta na intimidade do ser, criando, construindo, substituindo ou destruindo tecidos, sangue, ossos, linfa, sucos, fermentos ou hormônios, resultando as mais inconcebíveis transformações, na composição do edifício carnal. E tudo acontece mesmo sem o conhecimento direto ou a interferência do seu dono.

No entanto, qual é o gênio, ou poder, que atrai e aglutina a fauna heterogênea dessas vidas inferiores, conhecidas por micróbios, vírus, ultravírus e outros, proporcionando a manutenção da forma plástica humana e suas atividades? Quem aumenta no corpo as espécies virulentas, causando a doença ou mantendo o equilíbrio da saúde? Qual é o poder miraculoso criado por Deus, que arregimentou as coletividades microbianas dispersas no seio psíquico, dispondo-as nos reinos mineral e vegetal, e plasmando-as nas espécies animais inferiores, até lograr a configuração humana?

É desnecessário dizer-vos que esse poder fabuloso, à disposição do espírito imortal no planejamento de sua consciência, é a mente. Ela construiu, na noite dos tempos, o atomismo do corpo humano e deu ao homem o poder de raciocinar. Através do tempo, a mente mobilizou e aglutinou a extraordinária "mão-de-obra" fornecida pelos infatigáveis "trabalhadores microscópicos", no cumprimento do plano traçado pelo Criador. Os germens mais díspares confraternizaram-se, para realizar um trabalho construtivo, até comporem os vasos carnais para a moradia das centelhas espirituais emanadas da Fonte Divina. Porém, sob o comando de pensamentos negativos, essas vidas inferiores rebelam-se, causando a desordem, o caos, a doença e a morte; mas, sendo mobilizadas pela vontade forte e energia mental superiores, reativam-se, renovando células, fortificando tecidos e ajustando órgãos à dinâmica fisiológica que proporciona a saúde.

Por conseguinte, se a enfermidade é, realmente, fruto do caos, da desordem e do desequilíbrio na intimidade do equipo psicofísico do homem, a saúde é o fruto do equilíbrio e do trabalho harmonioso dessas vidas microscópicas, que se condensam, preenchendo harmonicamente o invólucro perispiritual do homem para compor o corpo carnal.

PERGUNTA: — Que experimentos comprovam esse poder admirável da mente, em sua ação dinâmica na harmonia fisiológica do corpo humano?
RAMATÍS: — Os espíritos esclarecidos no estudo e treinados no comando das forças ocultas, principalmente, os iogues e os faquires, comprovam o poder da mente, em si mesmos, pelas experiências e fenômenos incomuns que processam no corpo físico, sob a força implacável da concentração de pensamentos positivos e dinâmicos.

Também, podem ser observados os admiráveis recursos e o potencial da mente humana mediante as assombrosas experiências de hipnotismo, quando o "sujet", bastante sensível, dominado pelas sugestões do hipnotizador, produz, em si mesmo, diversos fenômenos anormais e impossíveis de execução durante o estado de vigília. Sob o estado de hipnose, modificam-se as atividades fisiológicas do sensitivo e a própria sensibilidade

---

3 — Conceito do espírito de Lourenço Prado, através do médium Chico Xavier, no capítulo "O Pensamento", da obra *Instruções Psicofônicas*.

... uma Proposta de Luz

283

nervosa; aceleram-se, ou reduzem-se os batimentos cardíacos, eleva-se, ou baixa, a pressão e a temperatura corporais; treme de frio ou sente calor excessivo; embora abstêmio, ingere alcoólicos fortes, sem nenhuma reação; embriaga-se com um simples ccpo d'água pura. Ri, chora, canta e executa mímica perfeita, tocando hipotéticos instrumentos. Ainda sob sugestão, acusa todas as funções próprias das glândulas salivares, sucos gástricos e fermentos, como se, realmente, estivesse fazendo refeições. O hipnotizado elimina dores habituais ou acusa sofrimentos inexistentes; abandona, por tempos, os vícios mais arraigados, liberta-se de paixões violentas, perde a memória, a identidade, troca os nomes dos familiares; regressa à fase de lactente, ingerindo só leite e rejeitando alimentos próprios dos adultos. Mesmo depois de acordado, ou livre da hipnose direta, ainda cumpre, instintivamente, as ordens que lhe foram determinadas durante o sono hipnótico, sob o controle de um "signo sinal". Tudo isso comprova o tremendo poder da mente.

PERGUNTA: — Por que as crianças podem adoecer desde cedo, se ainda não sabem usar, de modo favorável ou prejudicial, o seu poder mental?

RAMATÍS: — Os espíritas sabem que o homem sofre em vidas futuras os efeitos cármicos do bem ou do mal causados a si e ao próximo, nas existências pregressas.

O perispírito é o invólucro que sobrevive às diversas mortes do corpo físico; e, por isso, registra, na sua contextura plástica, todos os impactos produzidos pela mente humana, nas encarnações anteriores e durante a sua liberdade no Além-túmulo. Já esclarecemos em obra anterior[4], que as energias mentais e tóxicas se incrustam na vestimenta perispiritual e, depois, "descem" para o corpo carnal, que se transforma no "mata-borrão" vivo, a chupar as impurezas do perispírito. Quando o organismo físico se desintegra no túmulo, não só liberta as coletividades microbianas que constituem a sua contextura física, como ainda dissolve, no solo, os tóxicos, os líquidos e as substâncias nocivas da qual é portador.

Na maioria dos casos, o espírito já se encarna em novos corpos com o estigma insuperável da enfermidade congênita (pré-reencarnatória), que é fruto de venenos aderidos ao perispírito, ou de deformações, atrofias e lacerações conseqüentes de abusos pretéritos ou do suicídio. Então, renasce aleijado,

284   Ramatís...

quando há deformação perispiritual, ou enfermo congênito, pela descarga muito violenta de toxinas "pré-perispirituais"; assim como pode adoecer por etapas cada vez mais graves, até consumar-se a morte. A bagagem funesta de outras vidas na indumentária do perispírito é sempre fruto do mau uso da força mental incorporada aos fluidos astralinos perniciosos, gerados pelo corpo astral nas emoções indisciplinadas. Essa carga deletéria, depois, requer longo tempo para a mente efetuar a sua drenagem, ou modificação futura através de novas encarnações.

Aliás, a criança doente também é um espírito adulto com o estigma enfermiço do passado, buscando a sua limpeza perispiritual, no processo doloroso de drenar a escória detestável para o corpo de carne. Ademais, os próprios familiares das crianças enfermas podem agravar-lhes a doença, se as bloquearem com pensamentos mórbidos, idéias funestas, sugestões perigosas ou emoções incontroláveis, que atravessam o lençol mental da criança e a desguarnecem na sua defesa psíquica.

Assim como a concentração de forças mentais agradáveis e esperançosas, projetadas por diversas pessoas, modifica o ambiente para uma atmosfera alegre e saudável, o oposto produz efeito destrutivo. Obediente à lei de que "os semelhantes atraem os semelhantes", a enfermidade agrava-se nos ambientes mentalmente enfraquecidos. Em nossa romagem terrena, conhecemos, na Índia, um adágio que dizia: "Os pensamentos são como os colibris, que se alimentam das flores; ou, como os corvos, que vivem das carniças".

Jesus erguia aleijados, limpava as chagas, ou curava os cegos, pela palavra enérgica e persuasiva. Acasalando sua força mental à mente dos enfermos, modificava-lhes a contextura celular. Ele sabia que o corpo humano é um agregado de microorganismos vivos, dependentes das condições positivas ou negativas da mente, capazes de operarem transformações miraculosas na intimidade atômica do ser humano. Jamais, alguém viu Jesus ordenando que as estátuas caminhassem ou que as pedras se limpassem de suas crostas, pois as pedras não pensam, nem são agregados microbianos sensíveis aos impulsos poderosos da mente humana.

---

4 — Vide o capítulo "A saúde e a enfermidade", da obra *Fisiologia da Alma* de Ramatís, **EDITORA DO CONHECIMENTO**.

PERGUNTA: — Quais os ensinamentos de Jesus que demonstram mais particularmente o poder da mente?

RAMATÍS: — Quando o Mestre recomendava a "fé que remove montanhas" ou o "buscai e achareis", se referia, mais propriamente, ao poder do espírito sobre a substância mental, pois, a fé não é poderosa através da mente insegura e desajustada. O afastamento da "montanha" de dificuldades, doenças, vicissitudes, tristezas e temores, requer uma convicção inabalável e mente serena.

Os acontecimentos produzidos pelos faquires, magos ou iogues, fundamentam-se no poder da mente; eles conseguem atuar diretamente nos invólucros astral-etéricos das plantas e dos animais. São Francisco de Assis prelecionava aos peixes e domesticava os lobos; Jesus aquietava as cobras, à sua passagem; e inúmeros santos da Índia cobriam-se de formigas e aranhas, sem que elas lhes fizessem mal.

PERGUNTA: — O espiritismo de Kardec também admite essa noção do poder mental em suas atividades doutrinárias?

RAMATÍS: — As tradicionais concentrações que os dirigentes espíritas recomendam nas sessões mediúnicas são para fortificar as "correntes mentais". Por isso, a Igreja Católica Romana adota cerimoniais, orações coletivas e cânticos sacros, focalizando a mente dos crentes à concentração de forças, num só objetivo benfeitor. A energia mental atua positivamente sobre a matéria astral muito plástica e se incorpora formando uma cadeia invisível, constituindo uma criação coletiva, que pode aglutinar-se de forma compacta e bastante visível pela faculdade psíquica, conhecida no Oriente por Egrégora.[5]

Essa coordenação mental é tão necessária que, nos traba-

---

5 — "Os pensamentos concentrados por um grupo de pessoas podem criar poderosos centros ou focos de energias mentais, impenetráveis às más influências, e irradiantes de forças em todos os sentidos. Tais focos são imagens astral-mentais geradas por uma coletividade consciente, cadeias invisíveis, ou uma espécie de ser coletivo que, em Ocultismo, se denomina Egrégora". (Trecho extraído da obra *Sabedoria Esotérica*, de Cinira Riedel Figueiredo, editada pela Editora Pensamento).

Diz C. Phaneg, abalizado ocultista: "O pensamento, a vontade, o desejo, são forças tão reais, talvez mais do que a dinamite ou a eletricidade. Sob sua influência, a matéria astral, tão plástica, faz-se compacta e toma forma, como o têm provado inúmeras experiências.

Vide o capítulo III, "A Oração Coletiva", de André Luiz, na obra *Nosso Lar*, que diz: — "Pairavam no recinto misteriosas vibrações de paz e alegria e, quando as notas argentinas fizeram delicioso estacato, desenhou-se, ao longe, em plano elevado, um coração maravilhosamente azul, com estrias douradas".

lhos espirituais, se sugere pensar ou meditar firmemente em Deus, Jesus, no Amor ou no Bem. Os esoteristas, rosa-cruzes ou teosofistas preferem meditar em imagens simples, familiarmente conhecidas como flores, estrelas, signos e símbolos comumente conhecidos da própria comunidade, porque é mais fácil serem pensados pelas próprias crianças e pessoas comuns. A "Egrégora", ou imagem mental, enfraquece, quando os pensadores divergem nas suas ideações contraditórias; e, por isso, vacilam na configuração do objetivo escolhido para a atração mental.

Embora reconheçamos que é bem mais elevado pensar em Jesus, em Deus, no Amor ou no Bem, como é próprio dos ambientes espíritas, nem por isso, os freqüentadores logram mais êxito se divergem na configuração mental. O Amor e o Bem não são entidades conhecidas de modo concreto ou objetivo, mas estados de espírito, que não se podem configurar na mente. Obviamente, pensando em tais sugestões, os freqüentadores lembrar-se-ão de atos caritativos e amorosos, correspondendo à sugestão do Amor e do Bem, mas não se livram da disparidade de imagens e lembranças pessoais, diferentes entre cada presente. Dificilmente, será criado um "centro de forças" homogêneo e semelhante para o êxito da concentração mental, quando convergem imagens e idéias diferentes.

Da mesma forma, Deus não é entidade morfológica e, jamais, alguém pode conhecer a sua exata Realidade Divina, ou explicá-la de modo a conseguir imagem coerente. Há criaturas que concebem Deus como um Arcanjo, o Senhor; e, até, um Ser humano divinizado, administrando o Cosmo e julgando os homens. Algumas aceitam a idéia de Energia, Sopro Vital, Foco Criador, Centro Luminoso, Luz, Fluido Eterno; outras preferem admiti-lo como o Pensamento Incriado, a Mente Divina ou o Espírito Puro. Não há dúvida de que tudo isso é um esforço, ou tentativa, em que os homens, servindo-se de suas próprias criações finitas e vocábulos insuficientes da linguagem humana, tentam definir o Absoluto. No entanto, tais concepções diferentes, jamais, formam um "foco mental" atrativo de pensamento semelhante.

PERGUNTA: — Mas é evidente que pensar em Jesus, como fazem os espíritas na sua concentração, não dificulta a harmonia de pensamentos. Não é assim?

RAMATÍS: — Pensar na imagem de Jesus é bem diferente

de "sentir" Jesus. No primeiro caso, é preciso fixar sua imagem na tela da nossa mente; no segundo, isso varia conforme o nosso sentimento ou grau espiritual.

Como conciliar tantas imagens diferentes que os pintores modelaram, da figura do Divino Mestre, e unificá-las numa só ideação mental, de modo a constituir um centro de forças homogêneo?

PERGUNTA: — Mas, não disse Jesus:"Onde estiverem dois ou mais reunidos em meu nome, eu aí também estarei?

RAMATÍS: — Mas, Jesus também advertiu: "Eu não vim destruir as leis, e sim, cumpri-las". E o mentalismo também é lei inderrogável, mesmo para o Mestre, pois disciplina a técnica da concentração mental que controla os pensamentos. A arte de pensar e dinamizar energias para um fim construtivo exige os requisitos de convicção e uniformidade de idéias ou de imagens.

Aliás, não basta só pensar em Jesus para Ele manifestar-se junto aos homens reunidos em seu nome; isso também depende das credenciais e intenções humanas. Evidentemente, seria uma traição à confiança do Mestre, alguém se reunir em seu nome, com objetivos ofensivos à sua graduação angélica. Os cruzados massacravam os infiéis, os inquisidores queimavam hereges e os católicos matavam protestantes, na França de Catarina de Médicis, aos gritos de "Viva o Cristo". Na última guerra, os pilotos das aeronaves modernas jogaram bombas fratricidas sobre cidades indefesas, rogando o ajutório de Deus e de Jesus para o êxito dessa empreitada infernal.

PERGUNTA: — Qual é a influência mais positiva do espiritismo na esfera do aprimoramento mental dos homens?

RAMATÍS: — A Terra é um orbe primário de educação espiritual, palco de retificações cármicas muito onerosas e trágicas, pois ainda predominam em sua humanidade paixões selvagens, vícios desregrados, ódios ferozes, ambições desmedidas, guerras devastadoras e crimes tenebrosos. Em sua aura mental, sombria e viscosa, explodem, incessantemente, as cargas violentas de energias inferiores, concentradas pela mente humana, ainda escrava dos instintos bestiais.

Na lei de que os "semelhantes atraem os semelhantes", a carga mental nefasta produzida pelos homens transforma-se no alimento tão desejado pelos espíritos desencarnados atrasados que se debruçam, famélicos, sobre a crosta terráquea para saciar seus desejos torpes. Então, recrudesce o teor mental prejudicial à humanidade presa aos prazeres incontroláveis da cobiça e da posse material, multiplicando-se, em sua freqüência inferior, pela contaminação das mentes desencarnadas. Assim, a aura terráquea mostra-se cada vez mais nociva e perigosa à vida superior. As correntes mentais supercarregadas de magnetismo explosivo atuam sobre os homens inconscientes e irresponsáveis, ativando-lhes a bagagem inferior e fluindo, na forma de emoções violentas e selvagens, através do corpo astral. Por isso, os homens tornam-se cada vez mais neuróticos e desafogam a sua tensão perigosa e apocalíptica nos alcoólicos, entorpecentes e sedativos, aliviando, provisoriamente, os efeitos mórbidos, mas, depois, recrudescem as causas enfermiças da mente descontrolada. Malgrado os esforços da medicina, debatendo-se, aflita, para erradicar esses males, os espíritos diabólicos ganham terreno através da "ponte mental" venenosa, que os homens edificam no intercâmbio perigoso e detestável de "repastos vivos" das Trevas.[6] Por isso, em épocas assim, o Senhor prescreve o "Fim dos Tempos", como medida saneadora da humanidade mentalmente enfermiça, a fim de evitar a ruinosa saturação. Daí, a necessidade de o Alto abrir as portas dos templos e das confrarias iniciáticas, difundindo os ensinamentos ocultos, através do espiritismo, como socorro urgente para neutralizar os efeitos tenebrosos, gerados pelo egoísmo, ambição, maldade e pensamentos maléficos dos homens.

Num chamamento apressado, "in-extremis", Allan Kardec codificou o espiritismo, como a terapêutica heróica da medicina espiritual, prescrita em vésperas da grande e severa transformação espiritual da humanidade. Portanto, a doutrina espírita deve ser administrada com urgência, por "via endovenosa", sem ritos, símbolos, devoções, alegorias, ladainhas, idolatrias, paramentos ou organizações sacerdotais. A humanidade está gravemente enferma de espírito, e não há mais tempo de confiar nos diagnósticos falhos e dogmáticos da "junta médica" sacerdotal do mundo. É preciso aproveitar, incondicionalmente, o precioso tempo ainda disponível para a urgente renovação espiritual do homem.

---

6 — Vide o capítulo "Como servimos de repastos vivos aos espíritos das trevas", da obra *A Vida Além da Sepultura* de Ramatís e Atanagildo.

PERGUNTA: — Estranhamos que os homens, em cujo âmago permanece, indestrutível, a chama divina oriunda de Deus, produzam essas energias inferiores resultantes dos maus pensamentos.

RAMATÍS: — Os homens não *produzem* substância mental inferior ou superior, mas a utilizam em sua virgindade cósmica para modelar os pensamentos e concretizar seus desejos bons ou maus. Quando a energia mental é consumida no uso de pensamentos sublimes, ela se eleva e se volatiza, passando a influir sobre outras mentes afins às mesmas virtudes. Mas se a utilizam para fins ignóbeis, então produzem resíduos detestáveis, que aderem ao perispírito dos seus próprios autores e infelicitam-lhes a vida. A Mente, portanto, é a fonte energética do pensamento que cria a ventura ou a desventura do seu agente.

PERGUNTA: — Como entendermos o uso da substância mental virgem do Cosmo e sua conseqüente transformação em energia nociva?

RAMATÍS: — Considerando-se que a água pura e limpa seja "energia mental" virgem no Cosmo, depois de lavardes as mãos sujas, ela será "energia deletéria". Aliás, a Mente Cósmica é uma só essência em todo o Infinito, mas varia em sua manifestação, conforme o campo e o nível onde atua.

PERGUNTA: — Como se processa a atuação da Mente Cósmica, que se gradua de conformidade com os planos ou graus onde se manifesta?

RAMATÍS: — Evidentemente, o Universo é produto do pensamento ou da Mente de Deus. Mas, Deus não só criou o Cosmo e toda a vida nos campos materiais, como é o sustentáculo dessa vida, distribuindo-a, eqüitativamente, entre toda a criação.

A Mente Cósmica, de amplitude infinita, que impregna todas as coisas e todos os seres, tanto atende aos pensamentos e à vida dos anjos, como atende aos mundos materiais e aos seres inferiores. Lembra a condição da luz, que se gradua aos nossos olhos de acordo com as circunstâncias do meio onde se manifesta e dos veículos que lhe são intermediários. Há grande diferença de qualidade e poder entre a luz de uma vela e a de um lampião de querosene, a de uma lâmpada elétrica e a de um farol de alta voltagem.

Assim, a Mente Cósmica, ao filtrar-se pelo homem, restringe o seu potencial à respectiva função e graduação humana, ou ao meio por onde atua. Indubitavelmente, há grande diferença na qualidade da substância mental que atende ao desenvolvimento instintivo do selvagem, em comparação à que impulsiona os avançados raciocínios do cientista. E, conseqüentemente, não pode haver igualdade entre a energia mental própria de ambientes inferiores e a sublimidade que cogita das conquistas morais e materiais referentes à evolução da humanidade.

Em verdade, cada espírito possui, em si mesmo, a poderosa energia mental de alto nível criador e também a do mais baixo campo de vida, dependendo do seu tipo, de seus objetivos e do ambiente onde atua. Porém, a Mente Cósmica jamais se modifica em sua essência, embora se manifeste através de vários caracteres humanos e reinos materiais, tal como a luz do Sol, que não se altera em sua origem, quer seja filtrada por vidros coloridos, opacos, ou translúcidos.

PERGUNTA: — Que nos dizeis a respeito da natureza física, mental e espiritual do homem?

RAMATÍS: — O homem é um ser muitíssimo complexo, e nós mesmos, espíritos desencarnados, ainda pouco sabemos da sua contextura espiritual eterna. O espírito do homem é um fragmento ou centelha virginal do Espírito Cósmico. É inconsciente em sua origem, até habitar a matéria, onde aprende a engatinhar e a modelar a sua consciência de "existir" ou "ser" alguém no seio do todo. Através dos estímulos da vida animal inferior ou instintiva, entra em relação com o meio ambiente e, gradualmente, coordena as suas reações, passando a sentir-se um indivíduo de existência à parte, porém, intimamente ligado ao Espírito de Deus.

O espírito virginal emanado de Deus não pode se ligar, de súbito, ao plano denso da matéria. Deste modo, ao emanar do Criador, tem de operar em si mesmo uma incessante e gradativa "redução vibratória" ou "descida espiritual", até conseguir ajustar-se ao padrão do mundo material.

Ainda inconsciente, deixa o seu "lar sideral" e viaja em direção ao mundo físico. No primeiro plano da descida, a mente, então, modela o seu veículo mental, incorporando a energia para pensar; em seguida, no Plano Astral, compõe o veículo astral e emotivo, que lhe dá a faculdade de sentir; depois,

... uma Proposta de Luz

291

no Plano Vital, incorpora o veículo vital para viver no plano exterior; e, finalmente, alcança o último plano, modelando o corpo carnal para agir na matéria. Em verdade, nessa descida, o espírito desprendido da Consciência Cósmica permanece intimamente ligado a Deus, pois, somente reduz o seu estado vibratório, mas não se desprende da fonte criadora.

Mesmo encarnado, o homem já é um espírito imortal, pois a morte física apenas o desliga do mundo exterior, dando-lhe maior amplitude na sua verdadeira manifestação espiritual. Através das esferas da mente, do Astral e Vital, vai atraindo e aglutinando as energias ativíssimas do mundo oculto para configurar, pouco a pouco, o modelo do corpo que deverá plasmá-lo com a substância carnal no término da última etapa de sua descida.

Após completar esse descenso vibratório e atingir a fase mais íntima da vida na matéria, então, se inicia a composição da consciência instintiva, embora, ainda seja um joguete das forças animais. A centelha virgem e ignorante emanada do Espírito Cósmico de Deus desperta e desenvolve-se modelando sua consciência individual na experiência das espécies inferiores. Mais tarde, desperta o intelecto, que lhe dá o raciocínio, capaz de fazê-lo discernir sobre o que é proveitoso ou maléfico, bom ou ruim, certo ou errado, como elementos aquisitivos na formação de sua consciência individual. Mas, assim como a lagarta possui, no seu âmago, o esquema alado da mariposa, o homem agrilhoado à carne contém em si o poder microcósmico do potencial de Deus. E, à medida que progride no crescimento de sua Consciência Espiritual, se desveste gradualmente das formas carnais, ensejando o vôo definitivo para os mundos felizes.

PERGUNTA: — Essa "descida vibratória" que mencionais também é conhecida por "queda angélica". Não é assim?

RAMATÍS: — Na "descida angélica", a massa espiritual virgem emanada de Deus vai compondo as consciências individuais, através da ação das energias redutivas de cada plano inferior, enquanto, na "queda angélica", trata-se de espíritos conscientes e até de poderes psíquicos desenvolvidos, que são exilados para outros orbes inferiores, pela sua rebeldia ou indisciplina espiritual nos mundos planetários.

PERGUNTA: — Em face da variedade de concepções sobre

os princípios que compõem o homem, qual seria a definição "psicofísica" mais próxima da realidade?

RAMATÍS: — Atualmente, ainda é a concepção da ioga a que mais se aproxima da realidade esquemática do homem. Fora de qualquer cogitação numerológica ou supersticiosa, a criação do Universo obedeceu ao padrão septenário, o qual se constitui num ritmo disciplinado para o apoio sensato e lógico do espírito, na sua manifestação nas formas.[7] O homem, conforme a ioga, manifesta-se em sete planos, sete reinos ou sete esferas, porque também é composto de sete princípios, que o relacionam desde o mundo do espírito puro até à forma inferior da matéria.[8]

PERGUNTA: — Quais são esses princípios conforme o molde da ioga?

RAMATÍS: — A filosofia iogue, cujos ensinamentos milenários jamais foram desmentidos, ensina que o homem constitui-se de sete princípios, assim conhecidos: Espírito, Mente Espiritual, Mente Intelectiva e Mente Instintiva, considerados os princípios superiores; e Prana ou Corpo Vital, Corpo Astral e Corpo Físico, considerados os princípios inferiores. Todavia, é necessário fazer-se pequena alteração na tradicional classificação da ioga, embora seja a mais próxima da realidade, pois o corpo astral antecede o corpo vital; este é o conhecido "duplo etérico" com os "chacras", e é composto de éter físico, na

---

7 — A filosofia oriental considera o septenário o número universal e absoluto, porque encerra, em si, os seguintes componentes: binário, representativo de corpo e espírito, luz e sombra, vida e morte, homem e mulher, virtude e pecado; ternário, emblema da trindade Pai, Filho e Espírito Santo; Espírito, Energia e Matéria; o quaternário, equilíbrio perfeito, simbolizado pela cruz, pontificando os quatro elementos ar, água, fogo e terra; e, finalmente, o quinário, o pentagrama ou estrela de cinco pontas, símbolo do domínio do espírito, nos quatro elementos. Ainda sobre o número sete, observa-se que está presente nas coisas mais importantes da Terra. São sete os dias da criação, os dias da semana, as cores do arco-íris, as notas musicais, os pecados e as virtudes teológicas, os sacramentos, os sábios da Grécia, as maravilhas do mundo, as esferas em torno da Terra, os degraus da escada de Jacó e as vacas proféticas do Egito. A criança é inocente até sete anos, a puberdade verifica-se aos 14 anos, e o Juízo do moço, aos 21 anos. Mesmo Jesus, mandou perdoar setenta vezes sete.

8 — "O mundo espiritual está dividido em esferas ou reinos. A essas esferas foram dados números, por alguns estudantes e vão, desde o primeiro, que é o mais baixo, até o sétimo que é o mais alto. É costume, entre nós, seguir o sistema de numeração". (Trecho extraído do capítulo "Posição Geográfica", da obra *A Vida Nos Mundos Invisíveis*, de Anthony Borgía, Editora Pensamento. Vide o capítulo "Os Engenheiros Siderais e o Plano da Criação", da obra *Mensagens do Astral*, de Ramatís, **EDITORA DO CONHECIMENTO**).

... uma Proposta de Luz

mais íntima relação com o organismo físico.[9] Em conseqüência, esta é a ordem mais certa dos três princípios inferiores do homem: corpo físico, o veículo inferior e visível aos sentidos físicos, espécie de janela viva aberta para o mundo exterior da matéria; corpo vital, ou duplo etérico, veículo provisório e mediador plástico, entre o mundo oculto e a matéria; e finalmente, o corpo astral, também conhecido por corpo fluídico ou "fantasma", pelo qual o espírito expressa as suas emoções e sentimentos.

Em seguida, predominam os quatros princípios mentais superiores, ou sejam, a mente instintiva, a mente intelectiva, a mente espiritual e o espírito, que as escolas ocidentais definem, respectivamente, por instinto ou subconsciente, intelecto ou consciente e superconsciente.

Mas, há certa confusão entre os estudiosos do Ocidente, pois, tudo o que sobeja da mente objetiva ou consciente, eles despejam na mente subjetiva ou subconsciente, ali misturando os resíduos e automatismos inferiores com as sublimes qualidades do espírito, nivelando tudo na mesma categoria. Assim, agrupam no subconsciente o que é grandioso e o que é inferior, os produtos do gênio e os do débil.

No porão do subconsciente ou inconsciente, ou arquivo dos automatismos das experiências da construção animal, também se misturam as inspirações da fonte excelsa da mente espiritual, autora de tudo o que é nobre e edificante, além da vivência humana. Mas, os iogues distinguem, perfeitamente, as qualidades e funções de cada um destes princípios, embora, aproximando-se da terminologia ocidental, assim conhecidos: a Mente Instintiva, que abrange as partes inferiores da Mente Subjetiva ou Subconsciente, a Mente Intelectiva, conhecida por Consciente ou Mente Objetiva, que é a responsável pelo raciocínio; e, finalmente, a Mente Espiritual, fonte dos mais sublimes desejos, pensamentos e nobres inspirações, que, atualmente se manifesta em pequeno número de criaturas, e conhecida no Ocidente como o Superconsciente. É a senda da Intuição Pura, pois, o conhecimento do Reino Divino não se obtém pela frialdade do intelecto calculista, baseado nas relações com as formas

---

9 — Vide os capítulos "Algumas noções sobre o Prana", "O duplo etérico e suas funções" e "Os chacras", da obra *Elucidações do Além*, de Ramatís, **EDITORA DO CONHECIMENTO**.

limitadas do mundo ilusório da matéria. A Mente Espiritual enseja o crescimento da Consciência Espiritual do homem; e, pouco a pouco, desperta-lhe a sensação do Supremo Poder e da Glória de Deus, tornando-o convicto de sua comunhão espiritual com a Família Universal.

PERGUNTA: — *O que é, enfim, a Mente Instintiva?*

RAMATÍS: — A Mente Instintiva é realmente a sede ou o lugar, onde na intimidade do homem, permanecem em estado latente as paixões, emoções, sensações, os apetites, instintos, sentimentos, impulsos e desejos da natureza grosseira e violenta, porque são provindos da época de sua formação animal. Cabe ao homem disciplinar e dominar essas forças vivas que herdou da "fase animal" e lhe fazem pressão interior. Deve examinar-lhes as ações intempestivas, os impulsos sub-reptícios e submetê-los ao raciocínio superior, antes de agir. Sem dúvida, já foram energias louváveis na construção de sua animalidade, mas, podem se transformar em forças prejudiciais, quando sobrepujam o domínio intelectual ou a razão.

Aliás, a própria guerra entre os homens ainda é um produto do domínio da Mente Instintiva, nas coletividades, exacerbando-lhes as paixões, os desejos e impulsos, que já foram bons, na época da formação animal, mas, são "ruins", quando mobilizados depois que o homem raciocina. É certo que a fome, a sede ou o desejo sexual animal são anseios justos e imprescindíveis, que a Mente Instintiva transmite aos homens para prosseguir ativos no plano físico. No entanto, apesar dessa justificativa, angeliza-se mais cedo o homem frugal, abstêmio e de continência sexual, porque tais práticas, além do limite fixado pelas necessidades humanas, terminam por escravizar o homem aos grilhões da vida inferior animal. As botas grosseiras são boas e adequadas para serem usadas nos terrenos pantanosos e sujos; mas, é um erro injustificável, se os homens teimam em usá-las no assoalho limpo e lustroso dos palácios que habitam.

No entanto, as coisas do mundo instintivo não devem ser condenadas, porque todas são úteis e boas no seu devido tempo e lugar, significando degraus benfeitores na escalonada do espírito, através das formas dos mundos. O mal provém de o homem usar, exageradamente, ou fora de tempo, as coisas já superadas da fase animal. Assim, a brutalidade, a malícia, a violência, a

... uma Proposta de Luz

295

desforra, a astúcia ou a voracidade, embora sejam qualidades louváveis e necessárias à sobrevivência, ao crescimento e à proteção dos animais sob a direção da Mente Instintiva, hão de ser um grande mal, quando a serviço do homem, que já possui o discernimento superior do raciocínio. Isso é um bem necessário e justificável praticado entre os animais; mas, é um mal, quando usado extemporaneamente pelos homens. Daí, a curiosa identificação de alguns pecados com certos tipos de animais, pois, a traição é instinto do tigre, a perfídia é da cobra, o orgulho é do pavão, a glutonice é do porco, a crueldade é da hiena, o egoísmo é do chacal, a libidinosidade é do macaco, a fúria é do touro, a brutalidade é do elefante e a astúcia é da raposa.

Considerando-se que a Mente Instintiva atua mais fortemente nas criaturas primárias, incipientes e de pouco intelecto, podemos comprovar-lhe a ação mais vigorosa e dominante nos agrupamentos aldeônicos, selváticos ou nas multidões entusiastas ou enfurecidas, em cujo ulular descontrolado se percebe a atuação de um só "espírito grupal" ou instinto, em manifestação através de muitos corpos.[10]

PERGUNTA: — Como se formou a Mente Instintiva?
RAMATÍS: — A Mente Instintiva é considerada pelo ensino da ioga a manifestação Cósmica mais elementar operando nos mundos planetários, pois, a sua primeira atuação é no reino mineral, onde dá forma aos cristais. Do reino mineral, a sua atividade amplia-se para o reino vegetal, motivo por que as plantas já demonstram uma instintiva inteligência, como nos fenômenos de "tropismo",[11] no processo de fecundação, germinação e crescimento. Aliás, essa inteligência instintiva é perfeitamente visível nas espécies vegetais carnívoras, que usam de processos e recursos hábeis, armando ciladas mortais para os

---

10 — Corroborando Ramatís, verificamos a existência desse espírito global instintivo, dominando as coletividades, quando as multidões se deliciavam na matança dos huguenotes pelos católicos, na França; na queima dos hereges, nas fogueiras da Inquisição; no massacre praticado pelos cruzados; no trucidamento dos cristãos nos circos de Roma; ante a guilhotina sangrenta da Revolução Francesa; no linchamento de negros, em nosso século; ou, ainda, na cólera e agressividade das massas, nos campos de futebol, identificando, realmente, o domínio da Mente Instintiva, sob a coação animal.

11 — Tropismo: desenvolvimento de um órgão, ou organismo, em certa direção, influência ou estímulo nas plantas, atraindo-as para determinada orientação, como heliotropismo, atração pelo sol, geotropismo, pela gravidade, principalmente no caule e nas raízes; fototropismo, excitação pela luz, ou hidrotropismo, pela umidade ou água.

insetos que pretendem devorar.

Depois, em sentido cada vez mais ascendente, ela elabora e coordena o reino animal, onde a sua interferência valiosa prepara os rudimentos do equipo carnal para servir ao homem futuro. Em sua sabedoria instintiva ela orienta e controla todos os atos humanos, que podem ser executados sem a atenção do consciente, pois toda experiência ou conhecimento acumulado é o resultado do desenvolvimento desde o reino mineral, vegetal e animal, e transforma-se no alicerce para o homem firmar-se na conquista dos planos superiores. Quando a Mente Instintiva termina o seu trabalho, principia a ação do Intelecto ou da Mente Intelectiva, surgindo a razão humana ou o discernimento superior, a diferenciar o homem do animal irracional. Então, ele adquire certa individualidade e se separa da espécie global, mas ainda anda às apalpadelas, tentando reconhecer o seu destino; pois se surpreende com as diferenças verificadas nas suas relações exteriores.

Em conseqüência, a Mente Instintiva também é utilíssima na fase inicial da Mente Intelectiva, porque é a base segura do crescimento incessante da consciência do ser. Mas, é um campo de forças criadoras de natureza inferior e torna-se bastante perturbador, quando interfere facilmente na escala superior intelectiva. É uma fase intermediária perigosa, em que o homem desperta o raciocínio, podendo distinguir as realizações nobres e superiores, mas, ainda pratica atos próprios da bagagem hereditária da Mente Instintiva, a qual lhe desenvolveu a linhagem animal para a confecção do corpo carnal. Ele, então, oscila no comando intelectivo, entre o "demônio" dos impulsos atávicos da animalidade e o convite do "anjo", pela voz silenciosa da Mente Espiritual.[12]

PERGUNTA: — E como se processa a atuação ou orientação da Mente Instintiva na estruturação das espécies inferiores?

RAMATÍS: — À medida que os animais progridem na sua escala evolutiva, precisam saber, ou fazer, certas coisas indis-

---

12 — Diz o brocardo hindu: "Difícil é andar sobre o aguçado fio de uma navalha"; e "árduo, dizem os sábios, é o caminho da Salvação". Para o leitor estudioso, recomendamos a obra "O Fio da Navalha", de W. Somerset Maugham, romance que expõe de modo compreensível inúmeros ensinos e admiráveis atitudes do discípulo oriental. É o simbolismo significativo do homem caminhando sobre o perigoso fio de navalha do intelecto, entre os impulsos traiçoeiros da mente instintiva e as aspirações nobres da mente espiritual.

... uma Proposta de Luz

pensáveis à sua sobrevivência no cenário do mundo físico. A Mente Instintiva, ou inteligência subconsciente, então, age no animal e orienta-lhe a experiência nos planos inferiores, fazendo-o realizar inúmeras coisas que lhe garantem a proteção, a vivência e o progresso ordeiro, sem a necessidade de mobilizar qualquer raciocínio.

Desse modo, tanto o animal selvagem como o pássaro, apesar de nascerem em ambientes tão impróprios e hostis, sobrevivem e se armam de poderes instintivos, que os adestram na luta e na defesa, e lhes desenvolvem a prudência e a astúcia. É a Mente Instintiva que também propicia aos animais, insetos e aves o admirável recurso de "mimetismo",[13] verdadeira camuflagem para os proteger, disfarçando-os na própria semelhança com o meio ou terreno onde atuam. Essa sabedoria instintiva também ensina as aves a construírem seus ninhos, a emigrarem em vésperas de tempestades ou a fugirem, a tempo, do inverno rigoroso; também instrui o tatu a construir sua toca; e o joão-de-barro a edificar sua casa, protegida das tormentas; orienta o elefante a buscar vegetação medicinal para se vacinar contra as epidemias dos trópicos; o cão, a nutrir-se com ervas curativas de indigestão e reencontrar seu lar, depois de abandonados a quilômetros de distância.

Ainda guia as abelhas, na confecção matemática dos favos de mel; auxilia as aranhas a tecer as teias admiráveis, as formigas a se organizarem de modo ordeiro e a abandonarem os formigueiros, à margem dos rios, em vésperas de inundações.

Depois que a Mente Instintiva ensina as espécies animais a fazerem as coisas necessárias para a sua sobrevivência e progresso, transforma essas experiências vividas em ações autômatas, e as arquiva, como "tarefas modelos" para, mais tarde, servirem ao homem sem necessidade de consultar o intelecto ou gastar as energias do raciocínio. Por isso, o homem não precisa pensar para andar, respirar, digerir ou crescer, nem para outras múltiplas atividades do organismo, como produção e reparação de

---

13 — No fenômeno de mimetismo entre as aves e os animais, a natureza produz determinadas espécies de modo engenhoso. Assim, o leão do Saara tem a cor da areia do deserto, o urso branco confunde-se com o gelo, o tigre é listado como as florestas de bambus onde se esconde; entre as aves, os papagaios têm a cor das folhas das bananeiras, inúmeros pássaros confundem-se com as cascas de árvores. As cobras tomam a tonalidade do capim verde ou seco. Imaginemos que excelente alvo para os caçadores seria o urso polar com a pele toda negra, a destacar-se ostensivamente sobre o gelo.

células, de lesões orgânicas, defesas contra vírus, obliteração de vasos sangüíneos ou formação de cicatrizes protetoras.

Graças à inteligência milenária da Mente Instintiva, o recém-nascido ingere leite branquíssimo por alguns meses e, no entanto, crescem-lhe cabelos louros, castanhos ou pretos, os olhos ficam negros, pardos ou azuis, o sangue vermelho, a bílis esverdeada, a pele rosada, os dentes brancos e o fígado num tom vinhoso.

Isso tudo acontece tão naturalmente porque, à medida que o homem supera a memória consciente, transfere os seus conhecimentos adquiridos para a Mente Instintiva, a qual, então, os arquiva para que sejam usados no momento oportuno.

PERGUNTA: — Poderíeis dar-nos alguns exemplos?

RAMATÍS: — Os pintores, músicos, escultores, datilógrafos ou motoristas aprendem a desempenhar sua função mediante o intelecto, mas é evidente que se fatigariam imensamente, caso tivessem de "pensar" ou "rememorar" tais coisas, todas as vezes que delas necessitassem. A Mente Instintiva se encarrega de arquivar as experiências do homem no processo de pintar, tocar, dirigir, escrever à máquina ou aprender qualquer outra coisa, e esse arquivo pode ser usado quando tais aquisições devem ser evocadas e usadas.

Sem dúvida, seria exaustivo e inconseqüente se o homem tivesse de refazer todo o caminho já percorrido no estudo da música, da pintura, da escultura ou da alfabetização, cada vez que precisasse desempenhar essas funções. Assim, ele só precisa pensar quando deve aprender coisas novas, pois, há muita diferença entre aprender a fazer alguma coisa e fazê-la, depois de aprendida. A Mente Instintiva, portanto, encarrega-se de recordar ao homem o seu aprendizado anterior pela persistência e sacrifício, livrando-o de perder o seu precioso tempo em repetir e consultar o Intelecto, a cada momento. Os orientais consideram a Mente Instintiva uma espécie de depósito repleto de coisas recebidas de várias procedências; ali, existem fatos de origem hereditária e da ancestralidade animal; há também, arquivos de trabalho intelectual, experiências emotivas alegres e tristes e até sugestões alheias gravadas para o uso apropriado no futuro.

Mas, quando a Mente Espiritual principia a influir no homem, ele não demora a reconhecer em si que ainda é joguete dos impulsos animais, pois, logo se arrepende de suas precipi-

... uma Proposta de Luz

tações ou decisões egoístas, coléricas ou hostis. Isso já é meio caminho andado para o seu crescimento espiritual, pois, os instintos inferiores são como feras que moram em nossa própria intimidade espiritual. O que ainda é legítimo para o animal, há de ser ilícito e ilegítimo para o homem.

Jesus foi muito hábil, aconselhando o "Orai e Vigiai" ao homem, conceito que, traduzido, em sua essência, bem poderia dizer: "Clareai a vossa consciência e vigiai os instintos inferiores da vossa herança animal". Não deveis desprezar as coisas da Mente Instintiva, porque ela vos serviu e vos serve, continuamente, para o vosso bem. Mas, assim como o homem consegue dominar o leão, o elefante, o lobo ou o cavalo selvagem e, depois, os aproveita em benefício da existência humana, também precisa transformar as forças violentas e agressivas da bagagem desenvolvida pela mente instintiva em energias dóceis e benfeitoras, à disposição do raciocínio superior.

O instinto de violência, por exemplo, pode ser graduado na forma de uma energia que, depois, alimenta uma arte ou um ideal digno; o orgulho disciplinado estimula o heroísmo, a vaidade controlada desenvolve o bom gosto pela limpeza e o capricho pessoal; a avareza esclarecida pode nortear o princípio de segurança econômica para o futuro e a astúcia, a serviço do intelecto, pode transformar-se em elevado instinto de precaução.

PERGUNTA: — Que nos dizeis sobre a Mente Intelectiva ou Intelecto?

RAMATÍS: — O Intelecto é o princípio mental que distingue o homem do bruto; o seu aparecimento marca um grande avanço na senda da realização do espírito lançado na corrente da matéria. Antes, o ser é apenas emoção, desejos ou paixões, mas, depois do advento do Intelecto, goza da vontade raciocinadora e sente, em si, a manifestação da condição humana. É o despertar ou o amanhecer da consciência do "eu", porque o homem, então, já pode comparar-se aos outros seres e coisas; classifica, analisa, junta e separa os acontecimentos nos quais intervém ou os fatos que presencia. Principia a julgar os acontecimentos em torno de si, a ter consciência do "eu", embora, não possa definir tal condição.

O homem já é um ser bom e evoluído, porém, o advento do Intelecto o ajuda a exercer o comando e o controle, cada vez mais enérgico, sobre os próprios instintos animais. Dominando as forças instintivas da velha animalidade, pode dispor de energias submissas para realizar a sua própria ascensão espiritual. Mas, se enfraquecer na posse da razão pode tornar-se pior do que as bestas, pois raros animais abusam de suas forças e desejos, como é feito habitualmente entre os homens, conforme se verifica comumente, no caso do prazer sexual.

Ademais, se o Intelecto ajuda a raciocinar, e tanto pode exercer o seu poder sobre a Mente Instintiva como preparar o caminho para a melhor influência da Mente Espiritual, como só abrange certo limite, também pode criar a ilusão perigosa do "ego" separado do Todo, que é Deus. O intelecto humano é de raciocínio frio, como um jogador que só vê resultados compensadores e imediatos, num jogo de cartas. Quando o homem se abandona ao jugo do intelecto puro, de sua Inteligência imediatista e operante nos limites da forma, a própria razão sem o calor da intuição cria a ilusão de separação.

Por isso, o Intelecto funciona exatamente entre a Mente Instintiva, que tenta atrair o ser para o nível inferior dos brutos, e a Mente Espiritual, que prodigaliza as noções sublimes da vida superior dos espíritos puros.

PERGUNTA: — Poderíeis dar-nos algumas noções sobre a Mente Espiritual?

RAMATÍS: — A Mente Espiritual é o porvir, assim como a Mente Instintiva é o passado; e o Intelecto, o que está para se processar no presente. A Mente Espiritual é produtora de sentimentos excelsos e derrama-se pela consciência do homem, como a luz invade os cantos frios de uma gruta escura.

As aspirações, as meditações puras e sublimes, proporcionam ao homem a posse, cada vez mais ampla e permanente, do conteúdo angélico da Mente Espiritual; e o ego humano capta, no seu mundo assombroso, os conhecimentos mais incomuns, através da intuição pura. Sem dúvida, tal fenômeno não pode ser explicado pelo Intelecto, que só fornece impressões, símbolos, cunhos, fatos, credos e propósitos tão provisórios como a figura do homem carnal. Por isso, o sentimento de fraternidade, a mansuetude, a bondade, a renúncia, o amor e a humildade não são elaborados pelo frio raciocínio, mas, trazem um sentido cálido de vida superior, que se manifesta acima da torpeza e da belicosidade do mundo material.

... uma Proposta de Luz

A Mente Espiritual, cuja ação se exerce através do "chacra coronário",[14] ainda é patrimônio de poucos homens, os quais se sentem impelidos por desejos, aspirações e sonhos cada vez mais elevados, crescendo, sob tal influência sublime, para a maior intimidade e amor com o plano Divino. Ela nutre a confiança nos motivos elevados da existência e alimenta a Fé inabalável no âmago do ser, enfraquecendo a força atrativa do domínio animal e acelerando as forças íntimas do espírito imortal.

PERGUNTA: — Porventura, não existe alguma confusão entre a ação do Intelecto e a da Mente Espiritual?

RAMATÍS: — O Intelecto é seco e frio nos seus raciocínios, pois, não vibra mesmo quando fortemente influenciado pela Mente Espiritual. No entanto, pela constante e progressiva atuação da Mente Espiritual desenvolve-se no homem a Consciência Espiritual, que, pouco a pouco, vai despertando a sensação misteriosa da realidade da existência do Supremo Poder Divino. Reconhece-se tal evento quando, no homem, começa a se desenvolver a compaixão, o despertar gradativo do seu senso de justiça superior e um contínuo sentimento de fraternidade.

Só a Mente Espiritual proporciona os empreendimentos superiores e sua ação sobrepuja o Intelecto, pois, aviva o Amor entre os homens e os impele a semear a ventura alheia, como condição de sua própria felicidade.

Assim, a luta entre a Consciência Espiritual do homem, identificando-lhe a natureza superior, e a Mente Instintiva, que tenta escravizá-lo ao seu domínio inferior, é algo de épico e angustioso. Desse combate exaustivo, incessante e desesperador, então, surgiu a lenda de que o homem é aconselhado à esquerda pelo demônio e, à direita, inspirado pelo anjo. Na realidade, essa imagem simbólica representa a Mente Instintiva com o seu cortejo da experiência animal inferior, tentando o homem a repetir os atos do jugo animal; do outro lado, a Mente Espiritual, na sua manifestação e convite sublime, é bem o emblema do anjo inspirando para a vida superior.

PERGUNTA: — E que dizeis sobre o espírito do Homem, indubitavelmente, ser mais importante que a Mente Instintiva e a Mente Espiritual?

---

14 — Chacra coronário, centro responsável pela sede da consciência do espírito.

RAMATÍS: — Sobre a contextura essencial do espírito do homem e, naturalmente, em fusão consciente com o próprio Espírito de Deus, ainda pouco sabemos em nosso atual estado evolutivo. Ademais, não encontramos vocábulos e meios de comparação para explicar ao Intelecto humano, na sua tradicional limitação, qual seja a concepção exata do Infinito.

Na verdade, o espírito só pode ser sentido e não descrito; é um apercebimento interno, íntimo e pessoal de cada ser, impossível de ser explicado a contento para aquele que ainda não usufrui da mesma experiência. Ninguém pode explicá-lo pelo simbolismo das palavras transitórias do mundo material; o Intelecto, jamais, poderá percebê-lo, porque o espírito existe antes do homem e muito antes do Intelecto.

A fim de auxiliar o estudo da mente, a filosofia iogue considera o espírito do homem o sétimo princípio, a "Chispa Divina", um raio de Sol ou gota do Oceano Cósmico. Mas, ainda terá de vencer muitos degraus, em sua escada evolutiva, desde a sua fase animal até o estado de arcanjo, para que o espírito humano se faça sentir, em sua glória e poder. Os que já sentem essa realidade habitam planos inacessíveis ao nosso entendimento e não poderiam explicar-nos, pela insuficiência da linguagem humana.

No entanto, há momentos em nossa vida, quando imergimos na profundidade religiosa, alimentados por pensamentos sublimes; quando nos enternecemos ante maravilhoso poema, ou nos empolga a misteriosa beleza da alvorada. Então, sentimos o vislumbre da nossa origem Divina. É, na realidade, o apercebimento fugaz, num ápice de segundo, o início da Iluminação, o prenúncio da Consciência Espiritual.

PERGUNTA: — Como se processa esse acontecimento?

RAMATÍS — Independente de crença religiosa do homem e de suas realizações intelectivas no mundo, à medida que a Mente Espiritual estende o seu domínio no ser, libertando-o, gradualmente, dos grilhões da animalidade inferior também se amplia a sua área de conexão com o Espírito de Deus. Diríamos que aumenta a tensão Divina e interna, na criatura; esse impulso de transbordamento das formas e do intelecto humano parece só aguardar um instante apropriado para exercer a sua predominância sublime. É a luz do Senhor, pronta a iluminar a criatura, ante o primeiro descuido da consciência em vigília, ou

... uma Proposta de Luz

personalidade, formada na romagem obscura da linhagem animal. Através do elo do espírito, Deus, então, se revela ao homem e dá-lhe alguns vislumbres de Sua existência Real.[15]

Sem dúvida, é um acontecimento que varia materialmente, conforme o temperamento, a sabedoria e o sentimento individual, mas, depois de sucedido, deixa uma sensação de segurança, de imaterialidade e de confiança em toda a experiência vivencial. É o espírito principiando a fazer valer os seus direitos divinos, através dos rasgões da personalidade humana, a caminho da desagregação no mundo de formas.

É um estado estranho e incomum, em que o ser se sente fora do seu estado normal, transportado para um plano de consciência mais elevado, tendo se enriquecido de mais bens e conhecimentos; não o podendo explicar claramente na consciência física, depois de passado o maravilhoso momento de desprendimento das formas. É um ingresso súbito, um vislumbre ou prenúncio do espírito imortal, fugaz demonstração da Realidade Eterna. É o "samadhi", tradicionalmente presente na vida dos grandes iluminados do Oriente, ou o "êxtase", do conhecimento ocidental.[16]

Como a própria natureza espiritual do ser não dá saltos, esses vislumbres, êxtases ou iluminações súbitas podem aumentar em sua freqüência, na mesma existência, à medida que logram maior domínio sobre a consciência em vigília. É o treino sublime do espírito eterno, iniciando o desvestimento dos trajes transitórios da personalidade humana, em atividade nas superfícies planetárias, até manifestar-se em toda a sua refulgência e beleza sideral. Então, chegará o tempo no qual esses vislumbres e êxtases de Iluminação serão tão freqüentes, que se transformarão na plenitude da Consciência Espiritual para toda a Eternidade. É o fim das reencarnações de dores e sofrimentos.

---

15 — Aconselhamos o leitor a ler o último tópico da obra "Deus na Natureza", de Camille Flammarion, após o capítulo "Deus", que o autor assim inicia: "Uma tarde de verão, deixara eu as flóreas vertentes de Sainte-Adresse..."Trata-se da descrição de uma das mais empolgantes e convincentes experiências do êxtase, do amanhecer da Consciência Espiritual, no estilo ocidental.

16 — "Samadhi" ou Êxtase: "espécie de arrebatamento espiritual que pode ser provocado de diversos modos. Êxtase é uma espécie de suspensão dos sentidos, pela absorção da mente na contemplação divina. Nesse estado, o indivíduo não sente qualquer ação a que seu corpo possa ser submetido. Enlevo, deslumbramento inexplicável pelo mecanismo do intelecto".

Ramatís e seus conceitos[1]

PERGUNTA: — Gostaríamos de vos ouvir quanto às varia-
das apreciações que têm despertado as vossas mensagens
mediúnicas. Para isso, contamos com o vosso espírito tolerante
e isento de susceptibilidades tão comuns à nossa humanidade.
RAMATÍS: — Consideramos de boa ética essa vossa disposição, pois os labores que cumprimos também são inspirados
por almas superiores à nossa exigüidade espiritual. Não podemos alimentar susceptibilidades nas indagações justas; tudo
faremos, tanto para contentar os que nos censuram, como os
que se afinam com a nossa índole psicológica. Reconhecemos
a impossibilidade de satisfazer a todos, coisa que nem o nosso
amado Mestre Jesus conseguiu realizar no vosso mundo. A crítica ao nosso labor é um direito com o qual concordamos pron-
tamente, e é justo que cada um procure aquilo que deseja.

PERGUNTA: — As opiniões, sobre as vossas comunicações
mediúnicas variam muito, principalmente quanto a vos
situarem num labor doutrinário definido. Uns classificam-
vos como entidade espírita kardecista; alguns dizem que sois
umbandista; outros vos consideram simpático às sociedades
teosóficas ou aos labores esoteristas. Existem, ainda, os que
afirmam que sois excentricamente devotado à escolástica
hindu. Queixam-se certos confrades do vosso ecletismo emba-
raçante. Que nos dizeis?

---

1 — Texto retirado do livro *Mensagens do Astral*, Ramatís, **EDITORA DO CONHECIMENTO**, 14ª edição, pág. 27 a 35.

RAMATÍS: — Não procuramos classificação em nenhuma doutrina, mas a compreensão daqueles que consideram as seitas religiosas como verrugas no corpo do Cristo. Nossos propósitos objetivam a aproximação crística entre os valores doutrinários de todos os espiritualistas de boa vontade. O Cristo é um estado pleno de amor e de associação divina; é radiosa fisionomia espiritual destituída de rugas sectárias. É princípio de nutrição cósmica para todas as almas, amor entre os seres e coesão entre os astros. A verdade crística não pode ser segregada por ninguém; é um estado permanente de procura e de ansiedade espiritual, bem distante dos invólucros estandardizados. Qualquer sistema ou seita religiosa que se considere o melhor pesquisador da Verdade é apenas mais um concorrente presunçoso entre os milhares de credos isolacionistas do mundo. O fanatismo, que é próprio do homem inculto, feroz e destrutivo, também se afidalga nas vestes respeitáveis do cientista, do filósofo ou do intelectual já consagrado no academismo do mundo. A teimosia sistemática, mesmo sob a lógica científica, é sempre um índice de fanatismo, que cria disposição adversa à maturidade dos conceitos novos. O jardineiro progressista estuda e experimenta sempre os novos espécimes, antes de negar-lhes os novos valores estéticos. Em conseqüência, não vos preocupeis em nos situarem neste ou naquele postulado religioso ou filosófico; preferimos, antes, a condição singela de noticiarista sem compromisso dogmático.

PERGUNTA: — Acusam-vos alguns espíritas de não serdes entidade exclusivamente devotada aos princípios da doutrina de Kardec.

RAMATÍS: — Apenas evitamos a exclusividade que exalta os caprichos e as teimosias sectaristas e contraria o dinamismo da vida espiritual. É de senso comum que mediunismo difere muito de espiritismo; o primeiro é uma faculdade independente de doutrinas ou de religião; o segundo, doutrina codificada por Allan Kardec, cuja finalidade é a libertação do homem dos dogmas asfixiantes. O espiritismo é o conjunto de leis morais que disciplina as relações desse mediunismo entre o plano visível e o invisível e coordena também o progresso espiritual dos seus adeptos. Os fenômenos mediúnicos começaram a ocorrer muito antes da doutrina espírita e podem se suceder independentemente de sua existência. A literatura mediúnica é pródiga em vos comprovar a quantidade de sensitivos que recepcionam mensagens daqui, embora não operem diretamente sob a inspiração do espiritismo codificado por Kardec. Podereis encontrá-los nos círculos esotéricos, nas reuniões teosóficas, nas fraternidades rosa-cruzes, nas comunidades protestantes e nos próprios agrupamentos católicos. Independentemente da codificação kardeciana, foram recebidas do Espaço as importantes *Cartas de Meditações* e *Luz da Alma*, ditadas pelo instrutor tibetano a Alice A. Bailey; as missivas a Helena Blavatsky, dos mestres Moria e K. H.; as *Cartas do Outro Mudo*, ditadas a Elza Barker por um magistrado inglês desencarnado; a *Luz no Caminho* a Mabel Collins; as mensagens do Padre Marchal a Ana de G.; *O Mundo Oculto* inspirado a M. Sinnett; *A Vida Além do Véu*, ao pastor protestante Rev. G. Vale Owen. As inéditas experimentações mediúnicas de Eduardo Van Der Naillen, entre os maias — que ignoravam o espiritismo — originaram a *Grande Mensagem*, obra admirável como repositório de conhecimentos do Além; C. H. Leadbeater, bispo anglicano e um dos esteios da Sociedade Teosófica, revelou poderosas faculdades de clarividência, sem contacto com o kardecismo. No vosso século, Pietro Ubaldi, Ergos, Ermibuda e outros entregam-vos mensagens de inspiração mediúnica, embora sem o selo da insígnia espírita. Os profetas eram médiuns poderosos: Isaías, Daniel, Ezequiel, Jeremias, Jonas, Naum, Habacuc e outros, iluminavam as narrativas bíblicas com os seus poderes mediúnicos; Moisés hipnotizou a serpente e a transformou num bastão, fazendo-a reviver diante do Faraó surpreendido; sabia extrair ectoplasma à luz do dia; praticava levitações, transportes, e produziu chagas no corpo, curando-as rapidamente. Realizando a mais assombrosa hipnose da História, usou o povo egípcio como *sujet* e o fez ver o rio Nilo a correr como sangue; atuando nas forças vivas da Natureza, Moisés semeava o fogo em torno de si, cercando-se da "sarça ardente", e punha em fuga os soldados escolhidos para matá-lo. Na esfera católica, Terezinha via o sublime Senhor nimbado de luz; Francisco de Assis revelava as chagas de Jesus; Antônio de Pádua transportava-se em espírito, de Portugal à Espanha, para salvar o pai inocente; Dom Bosco, em transe psicométrico, revia Jesus na infância; Vicente de Paula extinguia úlceras à simples imposição das mãos e São Roque curava a lepra à força de orações. Tereza Neumann, no vosso século, apresenta os estigmas da crucificação, e alguns sacerdotes católicos se tornam curandeiros milagrosos sob a terapêutica dos benzi-

... uma Proposta de Luz

mentos. Entretanto, nenhum desses consagrados seres da história religiosa era espírita, na acepção do vocábulo, embora todos fossem médiuns, o que ignoravam. Eis pois, o porquê de não carecermos assumir responsabilidade doutrinária exclusivamente kardecista ou, isoladamente, em outra nobre instituição, porquanto esse exclusivismo de modo algum ampliaria as nossas idéias. Estas justificar-se-ão por si mesmas, independentemente de qualquer particularismo redutivo.

PERGUNTA: — Esses confrades temem que a divulgação acentuada de vossas mensagens possa desviar do roteiro progressivo os novos adeptos espíritas. Consideram prematura a preocupação com os conceitos heterogêneos de vossas comunicações, antes que possuam o entendimento puro do espiritismo. Esta concepção está certa?

RAMATÍS: — Embora não nos situemos na área codificada do kardecismo, reconhecemos este como a doutrina evolutiva que melhor atende às necessidades espirituais da humanidade terrícola, em seu conjunto geral. É a síntese popular da Verdade Oculta e o mais eficiente caminho de ascensão espiritual para a mente ocidentalista. Allan Kardec, corajosamente, ergueu a ponta do "Véu de Ísis"; abriu a porta da iniciação em comum e revelou a preliminar do Céu. Após fatigante labor, através de milênios, em contacto com todos os esforços iniciáticos, codificou os valores suficientes para libertar o homem da "roda das reencarnações". A disposição ferrenha de muitos discípulos, que fossilizam os conceitos dinâmicos do espiritismo e os transformam em sentenças rígidas no "espaço" e no "tempo", é que traça fronteiras separatistas e contrárias à dinâmica evolutiva da doutrina. Muitas desilusões fraternas que os recém-chegados recebem dos "tradicionais" terminam afastando-os para certos exotismos e sincretismos embaraçantes. O espiritismo é essencialmente evolutivo, mas os seus adeptos, desavisados da realidade funcional dos seus postulados, tornam-no letárgico com o sistema de afirmação dogmática. O Evangelho, que é a verdadeira garantia crística do espiritismo, ainda não foi bem compreendido pela maioria dos seus discípulos. Raros são os que não confundem o sentido crístico do Evangelho com o sentido espirítico de afirmação doutrinária separatista, firmado nos pontos de vista isolados e contrários à harmonia fraterna. Essa preocupação purista, que invocais, fortifica, realmente, a doutrina como configuração sectarista, mas reduz-lhe a amplitude evangélica, que deve ser sempre a base da "Terceira Revelação". Muitos espíritas revivem, em modernas sublimações, os dogmas dos velhos credos que esposaram nesta ou em reencarnações passadas. Revelam novamente, no meio espírita, a mesma intolerância religiosa, a sisudez pessimista e a má disposição para com as idéias e labores que ultrapassam as fronteiras de suas convicções e simpatias. Reproduzem sob novos aspectos doutrinários, embora mais cultos, a mesma excomungação sistemática do passado.

PERGUNTA: — Afirmam alguns que a dissociação que podeis provocar no seio do kardecismo será pelo fato de propagardes por via mediúnica os princípios e os conceitos de seitas e instituições adversas à singeleza do espiritismo.

RAMATÍS: — O perigo de dissolução doutrinária ante esses conceitos adversos há de desaparecer, se estiverdes plenamente convictos e integrados nos próprios postulados kardecistas que aceitais. Só a convicção absoluta pode afiançar a "fé que remove montanhas". Se temeis essa dissolução doutrinária, é porque ainda não tendes fé absoluta no que admitistes; se assim não fora, o vosso temor seria infantil. A debilidade de vossas convicções tornará o kardecismo tão desamparado diante de nossas mensagens quanto diante de todas as demais comunicações que nos sucederem. Só a negligência e a incúria dos seus discípulos é que permitirão que seja tisnada a pureza iniciática dos princípios de Kardec. Necessitareis, então, da fé sincera e vigorosa que sempre impediu as dissoluções e as promiscuidades em quaisquer setores altruísticos do vosso mundo. É a fé irredutível dos protestantes que os imuniza contra as infiltrações estranhas às suas congregações; é a fé absoluta dos santos que os livra da sedução da matéria; é a fé nos seus postulados morais que mantém alguns povos europeus em neutralidade pacífica no seio das nações belicosas. Apesar das influências heterogêneas da época, Mozart, Bach e Beethoven conservaram a pureza iniciática de suas composições musicais; embora vicejassem numerosos arremedos de pintores, não se tisnaram a beleza e a pureza da pintura de Rubens, de Da Vinci, de Ticiano ou de Rembrandt. Apesar da lubricidade que ainda impera em alguns conventos religiosos, muitos frades e freiras são cópias vivas de um Francisco de Assis, de uma Tereza d'Avila. Malgrado as promiscuidades imorais que pululam na sociedade e a desonestidade que corrói a administração pública, inúmeros caracteres se conservam íntegros no seio dessas influências dissolventes. Naturalmente, só uma fé viva, contínua e forte, sustenta qualquer ideal, e essa espécie de fé é que recomendamos que os espíritas tenham para com a consagrada doutrina codificada por Allan Kardec. Se assim fizerem — não opomos dúvida — serão infantis todos os temores às nossas mensagens dissociativas.

PERGUNTA: — Alegam outros que as vossas mensagens geram confusão entre os espíritas, porque estes se deixam fascinar pelo exotismo exterior, e se perturbam com o conteúdo, que não se afina com a doutrina espírita.

RAMATÍS: — Tornamos a repetir: Não está em nossas mensagens essa probabilidade perturbadora, mas sim naqueles que ainda estão em condições eletivas para serem perturbados ou vítimas de confusão. O espírito humano é dotado de razão e de sentimento; quando a razão não está suficientemente desenvolvida para protegê-lo da perturbação, que o salve — pelo menos — o sentimento cristão. Se não existe a garantia espiritual de qualquer um desses atributos, como quereis evitar a perturbação? Inegavelmente, ainda sereis os candidatos e as vítimas de todas as influências e sugestões exteriores. Se viverdes em confusão convosco, naturalmente estareis em confusão com tudo o que pesquisardes, quer sejam as nossas mensagens, quer sejam as comunicações de outros espíritos mais elevados. Não conhecemos doutrina mais pura e santificante do que o Evangelho de Jesus; no entanto, ireis responsabilizar o Divino Mestre pela confusão que os homens fizeram com os seus abençoados ensinamentos? Não foi o seu Evangelho, mas as confusões humanas que assassinaram os infiéis nas impiedosas cruzadas da Idade Média; que armaram odiosas fogueiras e criaram as tenebrosas torturas da Inquisição; que trucidaram indefesos huguenotes na sangrenta Noite de São Bartolomeu. Ainda sob a égide do Evangelho, a confusão humana queimou Joana D'Arc, João Huss, Giordano Bruno, e atualmente ainda consagra os instrumentos de morte para as guerras fratricidas. Lamentamos que as nossas mensagens possam criar confusões à pureza iniciática espírita, do mesmo modo que lamentamos seja culpado o Evangelho pelas atrocidades humanas. A dinamite destinada ao serviço pacífico das edificações humanas ainda a usais, pela vossa confusão, como agente de morte; a embarcação idealizada para a confraternização entre os povos serve-vos como cruzadores, submarinos e canhoneiras mortíferas; o avião, ideal de fraternidade, a confusão o transformou na terrível ave semeadora de ruínas e crueldades. A energia atômica, pacífica em Marte, é no vosso mundo elemento feito para derreter os corpos nascidos para o amor e para a vida. A confusão, na realidade, depende do destino que derdes às coisas que ledes, que inventais ou que descobris, provando que ainda vos falta o verdadeiro discernimento dos objetivos idealizados por Deus.

PERGUNTA: — Afirma-se que os "velhos espíritas", conservadores da ética kardecista, são menos simpáticos às vossas mensagens. Que dizeis?
RAMATÍS: — É muito natural que assim suceda. As épocas de renovações artísticas, assim como as de renascimento espiritual, provocam sempre maior relevo na clássica posição de "moços" e "velhos", embora as idéias novas sejam as mesmas idéias velhas sob atraente vestuário moderno. Os moços de hoje, concomitantemente os velhos de amanhã, também hão de oferecer resistência teimosa aos novos valores que surgirem no futuro, sob o império da evolução. Na pintura, na filosofia, na música, na ciência e na própria indústria, sempre se digladiaram essas duas condições distintas: velhos e moços. No entanto, embora se situem em extremos antagônicos, são duas forças que disciplinam a evolução; tanto os moços entusiastas como os velhos ponderados atendem aos imperativos naturais da vida progressista. Os primeiros, idealistas, corajosos, traçam os rumos do futuro, e os segundos, conservadores, prudentes, tolhem seus passos quanto aos excessos prejudiciais. Disciplina-se a imprudência excessiva do moço pela experiência sensata e orientadora do velho. E diante de assuntos como o "Juízo Final" ou o "Fim do Mundo", ainda mais se acentuará o conflito entre as velhas e as novas idéias, instigadas pela afirmação pessoal de cada grupo à parte. Se os velhos espíritas são menos simpáticos às nossas comunicações, deveis concluir que, realmente, não estamos transmitindo mensagens para conjuntos exclusivos ou para adeptos que nos lisonjeiem. O nosso esforço é de caráter geral. Estamos ditando para além da efervescência

... uma Proposta de Luz

moral que já estais vivendo; só os eletivos à nossa índole espiritual é que nos sentem no momento, sem a exigência férrea de primeiro nos compreenderem.

PERGUNTA: — Há os que afirmam que as vossas mensagens são destituídas de qualquer proveito; outros há que vêem nelas uma associação de idéias do médium, ou seja puro animismo. Que podeis nos esclarecer?

RAMATÍS: — Se estes relatos forem fruto de puro animismo do médium, independentemente de nossa ação espiritual, cabe-lhe o indiscutível mérito de nos haver interpretado a contento, evocando o sentido crístico em que realmente desejaríamos situar as nossas comunicações. Quanto ao sentido proveitoso, depende, naturalmente, do próprio leitor, a quem cumpre tirar as ilações construtivas ou rejeitar as afirmações que suponha perniciosas. O lavrador inteligente sabe que o mais opulento feixe de trigo pede a separação cuidadosa do joio. Recordamos, a propósito, aquele sentimento elevado que Jesus revelou diante do cão putrefato, ante a repugnância dos apóstolos, quando enalteceu a brancura dos dentes do animal e os comparou a pérolas preciosas. A Terra também vos oferece inúmeras mensagens vivas, das quais podereis extrair ilações proveitosas ou destrutivas. O mesmo arsênico que os Bórgias empregavam para assassinar os seus desafetos, a medicina aproveita para o tratamento da amebíase e do sangue. A cicuta, que mata, cura as convulsões rebeldes quando aplicada em doses homeopáticas; o escalpelo do homicida, nas mãos do cirurgião, é instrumento que prolonga a vida. Sob o toque da magia divina de Deus, o monturo fétido se transforma em roseiral florido e perfumado. A serventia que dormita no seio de todas as coisas criadas pelo Onipotente exige que a boa intenção a saiba aproveitar no sentido benéfico à vida. Estas mensagens também contêm um sentido oportuno; cabe ao leitor encontrar os objetivos sadios.

RAMATÍS UMA PROPOSTA DE LUZ
foi confeccionado em impressão digital, em fevereiro de 2025
Conhecimento Editorial Ltda
(19) 3451-5440 — conhecimento@edconhecimento.com.br
Impresso em Book Bold 70g – Bignardi Papeis